齐素玲 著

尹达传

从考古到史学的研究之路

河南文艺出版社
·郑州·

图书在版编目(CIP)数据

尹达传:从考古到史学的研究之路 / 齐素玲著. --
郑州:河南文艺出版社,2021.10
ISBN 978-7-5559-1122-7

Ⅰ.①尹 … Ⅱ.①齐… Ⅲ.①尹达-传记 Ⅳ.①
K825.81

中国版本图书馆 CIP 数据核字(2021)第 188238 号

选题策划　张　娟　肖　泓
责任编辑　肖　泓　张　娟
书籍设计　吴　月
责任校对　赵红宙
责任印制　陈少强

出版发行　河南文艺出版社
本社地址　郑州市郑东新区祥盛街 27 号 C 座 5 楼
承印单位　安阳市长顺印务广告有限责任公司
经销单位　新华书店
纸张规格　700 毫米×1000 毫米　1/16
印　　张　20.75
字　　数　277 000
版　　次　2021 年 10 月第 1 版
印　　次　2021 年 10 月第 1 次印刷
定　　价　56.00 元

目　录

第一章　厚重底蕴　鸾翔凤集

一　焜燿之意

清光绪年间，滑县牛屯集南街四合院住着一户姓刘的殷实人家，主人刘绍宣为科举制最后一次乡试举人，其夫人尹氏是牛屯尹庄大户之女，虽不识字，但也属世事洞明、人情练达之人。二人膝下育有二子，后皆参加革命，成为国家栋梁之材。大儿 1904 年 1 月 5 日出生，取名刘焜（后改名赵毅敏）。二儿 1906 年 10 月 17 日出生，取名刘燿，后改名尹达，是我国著名的马克思主义历史学家、考古学家，为新中国的历史学研究和国家重点科研项目的规划与实施做出了卓越的贡献。

尹达的父亲刘绍宣为什么给赵毅敏与尹达取"焜燿"二字为名？"焜燿"乃辉煌、照耀之意，也是萤火虫的别名。刘绍宣身处在晚清国运衰落、官场腐败、百业凋敝、时局混乱的时代，他将希望寄托在下一代身上，希望两个儿子长大成人后，能成为黑暗腐朽社会中的一束火炬，给时代以光明，照耀民族和国家的前程。

　　当地有个习俗，大名都是上学堂后才叫的，入学前还须有个乳名。刘绍宣为大儿子取乳名根妞，狭义是把刘家的根留住，广义是继承民族大业，发扬传统文化。二儿尹达诞生后，刘绍宣期望尹达将来能在学业上有所建树，取了个雅俗共赏的乳名——学妞。以至于后来，尹达在史学界有了成就，声名远播，家乡人在街谈巷议时仍习惯说，那会儿，刘家学妞怎么怎么着，话语中多有羡慕和褒扬。

　　尹达父亲刘绍宣毕业于河南高等师范学校，又是举人，按说也能靠渊博的学识求得一官半职。刘绍宣对清廷的腐朽统治和软弱无能所造成的混乱局面看在眼里愁在心上，不愿与贪官污吏同流合污，对做官有了抵触情绪。他尊崇孔子"邦有道则仕，邦无道则隐"的思想。同时，在他所处的那个新旧思想分裂、社会大变革时代，他也赞同"戊戌变法"，希望社会有一些大的变革，政治清明时方可一展身手。他也思考，在社会变革的过渡期，怎样才能提高国民素质，并达到相当的文明程度。于是，他选择了以教书育人为职业。他认为，国家兴旺，民族崛起，民众素质是基础，是根本。他希望能在教书育人中寻找心灵的慰藉，以期报效国家。清光绪三十四年（1908 年）夏天，刘绍宣被教育使司委任为由景贤学堂改名的滑县官立两等小学校长。1912 年，成立民国，滑县政体变更，官立两等小学改为县立高等小学。不久，该校又合并了初级师范学校，遂更名为欧阳学校。

　　可以说，刘绍宣是一个开拓性的改革人才，他一心想把自己的智慧和精力都投入到教学和培养人才上，然一腔热血无处投注，1911 年辛亥革命爆发后，袁世凯窃取了革命果实，讨袁大战风起云涌，中原大地满目疮痍，吵吵嚷嚷的政治弊病也波及滑县的教育事业，1913 年，欧阳学校被迫停办，刘绍宣不得不回乡另谋事做。刘绍宣在县城两等小学及后来的欧阳学校就职时间约五年之久，即 1908 年夏至 1913 年夏。随后，他被聘到开封一所中学任职，职务无考。

刘绍宣的叔伯兄长刘绍周文武双全，曾在滑县、偃师当师爷。清朝时县令的幕友一般都是两大师爷，一为钱粮师爷，一为刑名师爷。其职责就是协助县令断狱、收税、修志。刘绍周竟能在这三项工作中游刃有余，驾轻就熟。

刘绍宣和刘绍周的经历和处事态度对尹达的成长具有一定程度的影响。

二　厚重底蕴

尹达的家乡滑县，位于河南省东北部的豫北大平原，文化灿烂，底蕴厚重。滑县曾是古黄河、济水、濮水、卫水（隋唐大运河）流经之地。因水多，古人将此地命名为滑地。《滑县志》记载：百水汇于滑。因古黄河渡口的优势，这里曾是南北交通的要塞，历朝历代都有重兵把守，滑县自古乃兵家必争之地。

滑地因有水而成为圣地，史前为颛顼国之都，继为封侯之国。滑县先后做过颛顼国、昆吾国、钼国、胙国、滑国、卫国、白马国、濮阳国、翟魏国、南燕国之国都。秦设东郡，滑地先为东郡治所，后又为兖州、杞州、滑州州治。明洪武七年降滑州为县，滑县之名便由此而来。

受河流文化、都城文化、战争文化的影响，滑县人自认本地钟灵毓秀，名人辈出。商鞅、吕不韦出生于此地。汉朝大臣汲黯，敢直言进谏，史称"谏臣"。唐朝宰相卢怀慎、崔日用、李元纮、刘崇望等，为唐朝的兴盛，立下了汗马功劳。明朝教育家宋讷，被明太祖追赐"开国名师"。清末廉吏暴方子（暴式昭）的为官之道，至今为世人推崇。

　　滑县也是儒家文化的发祥地。春秋战国时期，卫国在滑县建都四百余年。值得一提的是卫国国君灵公，卫灵公尊崇儒家思想。孔子周游列国十四年，在此地居住长达十年之久。孔子在滑地办学，传播儒家思想和学说，据说有门徒三千。可以说，当年卫灵公留住孔子，为儒家文化发扬光大提供了机遇。历史上有卫地多君子之说，可见，尹达出生于"君子"之地。

　　隋朝末年，滑县妹村人翟让领导了瓦岗寨民变，聚集了众多的英雄豪杰，像魏征、秦琼、徐世勣、单雄信等，他们举兵反隋，最终摧毁了隋王朝的统治。瓦岗英雄投唐后，辅佐李渊、李世民开创了贞观之治的盛世局面。清朝末年，滑县谢庄人李文成领导的白莲教造反，声势浩大，席卷大半个中国，大大动摇了清朝腐朽的统治。

　　滑县由于长期处在政治、经济、文化的中心，人们的政治敏锐性和自觉意识较强，富有正义感，敢于向恶势力挑战。所以，也造就了滑县人正直、实在、淳朴、善良、厚道、倔强的性格。

　　尹达的诞生地牛屯，位于滑县的最南端，距县城七十多华里。牛屯一名也几经更换。元朝为冯柯村，明、清改为玄武镇。清康熙前的碑文记载："直隶省大名府永宁乡蔡村里玄武镇。"到康熙年间，因康熙名为玄烨，所以将"玄"改"元"，称元武镇。清末民初，这里成了贩卖耕牛的市场，又称牛市屯，遂改为牛屯集。清末明初，牛屯已非常繁华，有"一丁（丁香）、二白（白道口）、三留固，赶不上牛屯一晌午"之说，足见其繁荣。

　　尹达祖上，是豫北大地较为显赫的家族。据刘氏族谱载：牛屯刘姓均为刘崇鲁的后代，大概元朝时这个家族从胙城迁移到滑县元武镇。

　　刘家先祖历朝历代均有人在朝堂上身居高位。隋朝刘政会为太原鹰扬府司马，后归附李渊麾下，为唐凌烟阁二十四功臣之一。唐朝刘玄意为汝州刺史，刘奇为天官侍郎，刘崇望位居宰相。刘崇龟为户部尚书，后出任广州刺史、清海军节度、岭南东道观察处置使等要职。刘崇龟断案的故事，史书记载精详。刘崇龟弟刘崇鲁，唐僖宗时为翰林学士，后为水部郎中知制诰，水部员外郎致仕。唐朝时期，刘政会家族已发展成名门望族。元朝时期，刘子仁为山西绛县尹。到了明清时期，刘氏家族的官场红运告罄，家族日渐没落，家道颓败，但仍有庄园和大量的土地。此后，刘家也做些贩盐之类的小生意，尤其是清朝末期，刘氏家族不满清政府的腐败，厌弃仕途。

三　三岁发蒙

尹达父亲刘绍宣重视对子女的教育，尤其是对两个儿子的施教，一刻也不放松。尹达兄妹四人，他有一个哥哥，两个妹妹。大妹刘素真，1909 年出生，小名软儿。二妹刘桂芬，1921 年秋出生，小名绵儿。哥哥五岁时，父亲把自家的前院腾出来，作为刘家适龄学童的读书场地，聘了位当地知名的私塾先生来讲学。据尹达哥哥赵毅敏回忆，私塾先生是牛屯暴庄人，是四叔刘绍襄的岳父，人称暴先生。暴先生是一位颇有国文功底的老秀才，精通"五经""四书"。

暴庄位于牛屯东边，离牛屯一望之地。暴庄村落很小，人皆姓暴，有极深厚的文化底蕴。当地流传着这样一句顺口溜：滑县文化看牛屯，牛屯文化看暴庄。暴氏族人，不仅读书求仕，清廉忠义，也崇尚武术，保家卫国。县里一些名门望族均慕名前来这里聘请私塾先生。

家塾设在尹达家南院的一处三大间房子里，能容纳十几个孩子读书。

哥哥开始读家塾那年尹达才三岁。尹达每次见到哥哥和刘家的小朋友去读书，都很好奇，想跟过去看个究竟，却总被母亲制止，尹达便哭闹，希望用这种方式达到目的。平日里温言寡语的母亲在这个时候，却表现出少有的强悍，一手抱着大妹妹，一手抱起尹达就往北院走，将尹达放在北院，任由他一个人折腾。闹腾几次，尹达见拗不过母亲，只好改变法子。哥哥每去私塾读书，尹达装出若无其事的样子跟母亲转悠，待母亲忙碌起来时，尹达便悄悄跑到家塾门窗下偷听。①

私塾先生总是先让小学生背诵课文，然后再逐字逐句讲解。他们先读《三字经》《百家姓》，然后再读《孟子》《诗经》等。如暴先生讲："人之初，性本善。性相近，习相远……"学子们就跟着诵读起来，声音很大。于是，一串串清脆悦耳的诵读声从塾屋里传出来，传进尹达的记忆中，印在尹达的脑海里。

后来，父亲考试哥哥时，尹达都表现踊跃，说他也会背经文。父亲半信半疑，只好先考尹达，尹达总是先眨巴一下眼睛，然后一口气将文章流利地背诵出来。刘绍宣暗喜之余，故意难为尹达，教他倒背。几遍过后，尹达真的能倒背如流。刘绍宣惊讶之余，很看好尹达的将来，觉得他是个读书的料子。俗话说，从小看大，三岁看老，尹达打小就聪明过人，预示其将来必会有大的建树。刘绍宣问尹达说，学妞，你长大干啥咧？尹达毫不含糊地回答，当教书先生。父亲说，你可要好好读书啊，当先生可不是件容易之事啊！读万卷书，才能行万里路。你要多读书，勤动脑，才能做个好先生。尹达总是胸有成竹地说，我懂。尹达既认真又自信的样子，令刘绍宣非常满意。刘绍宣问过小儿子，扭过头再问大儿子长大干啥。赵毅敏脱口便说，骑马，当官。刘绍宣苦笑一下，意味深长地说，当官还骑马？！生在乱世，官可不好当啊！若朝政清明，未尝不可。儿啊，当官既要有才气，还能运筹帷幄，肚量还要大。俗语

① 刘增珍访谈。 刘增珍为尹达女儿。

说得好啊，宰相肚里能撑船。刘绍宣用手抚摩下赵毅敏的头说，根妞啊，当官爹不反对，不许当昏官哟!①

刘绍宣对两个儿子的教诲语重心长。两个儿子都如此聪明，刘绍宣对培养下一代有了信心。

刘绍宣与暴先生商量，让尹达提前入家塾，那年尹达才三岁。

四　熬干灯了

家塾阶段的启蒙，使尹达爱上了国文，背诵了很多经典名篇、诗文绝句，加之暴先生对古文深入浅出的解析和释义，这对尹达学习古文影响很大。这个阶段的学习，引起了他对古文的浓厚兴趣，夯实了他的古文功底。

民国年间，大概是在 1913 年，按县里统一规定，停办私塾，整合资源，改办小学，乡里建立了粹化小学堂。

哥哥因年长尹达两岁，适龄入粹化小学堂学习。尹达因年龄尚小，不能入学，在家自学。直到 1915 年，尹达九岁才进入乡办小学粹化小学堂学习。

粹化小学堂设在牛屯的东北角，后改为滑县第五小学堂。课程有国文、算术、练字、背书、自习等，小学堂按照旧学制属初等小学，学制是四年。

尹达家离学校的路程不算远，早上吃完饭，他就背着娘给他缝制的小书包上学堂，中午回家吃饭，下午继续上学。尹达在学校可谓是好学

---

① 刘增珍访谈。

生，成绩总是排第一。那个时候，除了学校定期的考试外，县里还要进行统一考试。有时，县长还亲自来监考，考试结束后，会把全县学子的考试成绩张榜公布在学校的一面砖墙上。尹达的名字总是排在前几名。稍有退后，比如是第三、四、五名，父亲就会体罚，或责骂。严苛的教育，锻造了尹达一身的硬本领，也给了尹达往上攀登的动力，所以尹达一直是刘举人家的骄傲和滑县的小才子。

尹达学习刻苦，不知不觉就到深夜，往往是煤油灯里的油熬干了他才睡觉。父亲催尹达睡觉时，不需说睡觉一词，而是说，学妞，熬干灯了！尹达已明白父亲的意思，赶紧熄灯休息。于是，父子俩达成一个默契。翌日天亮，父亲就会往灯里添麻油，方便尹达晚间学习时用。由此，父亲给尹达取名叫"熬干灯"。①

尹达的童年记忆里经常有土匪闹事的恐惧。牛屯因与长垣、延津、封丘接壤，离滑县县城较远，属四不管地带，土匪猖獗。尹达的祖辈靠贩盐发迹，尽管到了父亲这一代日渐衰落，但土匪认为瘦死的骆驼比马大，也想榨出点油水来。有时，家人早上打开大门，见门楣上扎了把尖刀，上面留有纸条：限某年某月某日某时，在某某坟头送银元若干，点上一炷香后迅速离开。若告官，或不按时送钱，杀个鸡犬不留。为保全家人性命，刘绍宣不得不筹钱送与土匪，拿钱消灾。

有时，尹达深夜读书，会听到一阵紧似一阵的狗吠声，噼里啪啦的枪声伴有撕心裂肺的惨叫声、哭喊声。这些声音将整个村子笼罩在一片血腥与恐怖之中。

第二天，或许是好奇心的驱使，尹达循着记忆找到昨夜寨墙附近发出惨叫声的地方，发现那里有斑斑血迹和人骨、衣服碎片、麻绳等，其状让人目不忍睹。那是被土匪杀害的无辜者，死后又遭野狗分食。

---

① 见《尹达先生百年诞辰纪念文集》《尹达先生二三事》。

土匪闹腾刘家几次后，刘家积蓄几乎被榨干。刘绍宣认为土匪得寸进尺，讹诈无穷尽，实在忍无可忍，在送银元时，给土匪写了封信，夹在银元中。意思是说，土匪们也是父母所生，家有妻儿要养，因世道不公，社会不清明，才被迫走上了打家劫舍之路，但这毕竟不是一条光明正大的坦途，为人所不齿。这条路究竟能走多远？不如寻一条有政治远见的大路，云云……此后，土匪可能认为刘家真被榨干了，未再打搅刘家。①

刘绍宣将社会乱象、弱肉强食、世道不太平的原因，归咎于朝政没落、官场腐败。由此，他引导尹达和哥哥，要他们努力学习，将来有所作为，铲除这些社会恶习和人间不平。

童年的这些经历，对以后尹达兄妹思想、性格的形成，有着潜在的深远的影响。

1917年9月，尹达的哥哥赵毅敏十三岁，以全省排名十五的成绩考入了开封预备留学欧美学校。兄长以优异的成绩考入开封的学府，尹达也不甘示弱，鼓足劲头冲刺，当然学习压力很大。1919年9月，尹达十三岁就以优异的成绩考入滑县第一高等小学。高等小学学制三年。

第一高等小学是尹达的父亲刘绍宣创办的，刘绍宣曾是校长。高等小学的前身是一所高等师范学校。滑县县城只此一所高等小学，面向全县招生，学生全体住校。学校有宿舍、餐厅、厨房。因餐厅小容纳不了蜂拥而至的学子，尹达与同学就买两个窝窝头，盛碗菜站在餐厅外吃。上体育课时，老师先让学生围着操场跑步，每到上体育课时，两个窝窝头就不够吃了。

书香世家的尹达，又读的是父亲创办的小学。此时，刘绍宣已不在该校任职，但治学严谨的刘绍宣，对尹达的学习抓得特别紧，加上尹达

---

① 刘增珍访谈。

本人勤奋，悟性很高，所以他的学业一直是名列前茅。当时，在滑县第一高等小学，尹达的学习成绩，一直被学校当作教学成功的案例。尹达的成绩也是作为举人出身的刘绍宣骄傲的资本。滑县第一高等小学的教职员工在施教的过程中总是以尹达的学习态度和成绩为榜样来教育学生。①

当时的课程有国文、算术、历史、地理、唱歌、图画、修身、体育等。那时候，学校相当重视体育教育，还在一处空地上建了一个操场。操场有单杠、双杠、跳远的地坑等。

时光荏苒，两年一晃而过，当时，教育系统有规定，凡成绩优异的学生，可以跳级。尹达读完二年级的时候，父亲刘绍宣便提议尹达提前一年考中学，但又怕尹达有压力，就鼓励尹达考考试试。1921 年，尹达不负众望，考入河南省立第十二中学。河南省立第十二中学的前身，是卫辉府淇泉书院，淇泉书院建于清乾隆十九年（1754 年），位于卫辉府署衙的西院。20 世纪初，清廷推行新政，废科举，办学堂，卫辉府知府于沧澜奉旨于清光绪二十八年（1902 年）将书院改制为新式学堂，取名为卫辉府官立中学堂。1913 年，河南省教育司指令将学校改为河南省立汲县中学，并拨付专款盖起了一座能容纳二百多名学生的教学楼，上下两层，四个教室，这是当时河南最早的新式教学楼。1921 年学校正式更名为河南省立第十二中学（现称卫辉一中）。

河南省立第十二中学，是豫北最好的学府之一。学校的师资力量非常雄厚，老师基本上都是归国留学生、清末举人；校长皆由留日归国学生和北京大学毕业生担任。辛亥革命前，在学监和教师共十四人中，就有半数为中国同盟会会员。如暴式彬、刘纯仁、张希圣、井伟生等。学校重视教学，同时还是新思想传播的重要阵地。

---

① 杨天恩老师访谈。

中学的功课有数学、英文、史地、国文、体操、音乐、修身、理化等，尹达以"熬干灯"的学习精神，如饥似渴汲取知识，所以，他的成绩一直排名在前，备受学校关注。

尹达毕业之际，中国历史上爆发了五卅运动。其间，在汲县省立第十二中学学习的滑县、道口籍的学生也纷纷组织起来，回到县城和道口镇发动学生和群众声援五卅运动。召集学生们在城内小校场组织群众集会，学生代表在会上发表了激昂慷慨的演说，抨击帝国主义镇压中国工人的罪恶行径，响亮地提出"打倒帝国主义"的革命口号，并号召各界民众以实际行动声援上海工人、学生的英勇斗争。

尹达与学生一道，上街游行示威，声援上海工人大罢工，声援反帝爱国运动。是年，尹达十九岁，他已从懵懂少年逐渐成长为一个是非分明、有理想、有抱负的青年。

尹达在河南省立第十二中学四年的学习，为他今后的学业打下了坚实的基础。

第二章　裂变时代　矢志不渝

一　预科记往

1925 年 9 月，尹达以优异成绩考入开封中州大学预科，中州大学学制两年，入校后尹达住在预科学生宿舍，宿舍位于靠铁塔一带的平房里。

学校聘请的都是全国著名的教师，曾留学美国的安石如任文科主任。安石如曾是北大的著名教授，又是海归派，对学生的教育理念也令人耳目一新。甫入校，尹达觉得像被打开了新世界一般，兴趣盎然。尹达在第一学期的学习，劲头十足。

1926 年二三月份，奉系军阀盘踞开封。尽管处在兵荒马乱的年代，文科主任安石如仍对教学尽职尽责，对学生的学习抓得很紧。所以第二学期虽时局乱，但没有太影响尹达的学业。

1926 年 7 月上旬，第一次国共合作时期，北伐战争开始。吴佩孚组织的联军由鄂北上，张作霖所统帅的东北军由济、冀南下，河南成为军阀的混战之地。加之教职员工的薪金一直拖欠不发，造成学校停课、学生失学的情况，第三学期，尹达几度被迫休学，影响了学业。

1927年5月1日，时任国民革命军第二集团军总司令的冯玉祥，在北伐途中打败吴佩孚，占领了郑州。驻开封的吴佩孚及其余党惊恐万状，于1927年5月4日，令开封警备司令刘一飞搜查中州大学，抄出北伐军的小册子和传单若干，并将注册部主任兼代理校长曹理卿、注册部教务员祝毓及学生吴维和、陈鸿运等十余人逮捕入狱。学校被迫宣布暂时停办，学生再次停课回家。

避战乱返乡的尹达父子，整日无所事事，刘绍宣便想借机为尹达完婚。父母之命、媒妁之言，是牛屯一带的婚姻模式。尹达虽为五四运动之后的青年学子，但生于斯长于斯的他，还是遵从家乡的风俗和习惯，听从父母的安排，用轿子把耿作明抬到了刘家。新婚宴尔，尹达并未陶醉于儿女情长之中，他很快为母校所聘而离家任教。尹达在滑县第一高等小学（欧阳学校）教国文课，此时，学校校长空缺，年仅二十一岁的尹达便临时担任校长一职，边教书边管理教学事务。①

1927年6月初，冯玉祥占领开封后，下令中州大学复课，尹达闻讯返校。此时，中州大学已易名为中山大学。按学制，尹达的预科学习阶段已满本该毕业，因军阀混战，学校多次放假，影响到学校的课程安排，于是，中州大学决定，将预科的学习延长一年。

返校后的尹达仍不能安静读书，他与同学们仍处在惊悸、烦闷、不安、恐慌的混乱状态中，就此，尹达也思考了很多有关革命的问题，找来北伐军的小册子反复阅读，希望能为铲除军阀的割据势力做些工作。学校一放暑假，尹达速速返乡，即刻与省立十二中学时的三位校友联

_____

① 刘增珍访谈。

络，在乡村开展"打倒军阀、打倒帝国主义、迎接北伐军"的讲演活动，动员群众做好迎接北伐军的准备工作，在滑县播下了革命火种。

期间，滑县也成立了农民协会，出现了一些进步人士多次领导农民进城夺权的事件。由于军阀混战，征兵派粮，贪官污吏趁机巧取豪夺，民不聊生，农民不得不起身反对腐朽的统治，但均遭失败，发生一些流血事件，有的农民被抓被捕。这些惨状，对尹达触动很大，他开始同情并关注民众的革命运动，怎样才能让民众脱离苦海，安居乐业？尹达凝眉沉思，得出答案：结束封建军阀的割据势力和黑暗统治，由一个统一的、清正的地方政府来管理，尹达幻想着国民党政府能实现这一目标。于是，尹达与校友商议，应筹组国民党滑县县党部，以迎接北伐军的到来。尹达踌躇满志地投身到筹组国民党滑县县党部的工作之中。

正当尹达筹组国民党滑县县党部时，他得知蒋介石和汪精卫分别在上海和武汉背叛革命，屠杀共产党，变成了新军阀，尹达看清了反动军阀、反动政府的真实面目，他一度对现实非常失望。①

动荡的时局，吵嚷的国情，令尹达有些迷茫。尹达是一位有家国情怀的学子，面对满目疮痍的国家，民生凋敝的社会，什么样的路才能救民救国？他该做何选择呢？此时，一封域外来信让尹达改变了初衷。信是哥哥从莫斯科寄来的。赵毅敏信中说他从法国辗转来到莫斯科，并在莫斯科东方大学深造，他强调说，走出国门才知道，落后就要挨打。一个国家、一个民族要想不被列强欺辱，必须强大。强大，须实业救国，科学救国。科学和实业才能令国人摆脱愚昧无知的束缚和昏庸的旧体制的统治。国内现在正处在一个社会变革的时代，军阀混战，国民无所适从。赵毅敏力劝尹达不要在乱局中迷失，要有是非观念，不能盲从站队。要好好读书，掌握一些科学知识和为社会做事的本领，将来才能更

———————————

① 滑县党史办《尹达档案专卷》。

好地报效国家。

此刻，尹达只知道哥哥在莫斯科学习，并不知道赵毅敏到法国勤工俭学后为声援国内的五卅运动被捕入狱并加入共产党组织。但尹达从哥哥的信函中悟出了一些道理：战争是军阀的事，读书是自己的事。于是，尹达毅然决然地退出筹组国民党滑县县党部的工作。暑假过后，尹达在预科最后的学期里，心无旁骛，发奋努力，将全部精力用到学习上。

二　问鼎古史

1928 年 9 月，尹达以优异成绩考入国立第五中山大学（今名河南大学）本科学习，学制四年。中山大学开办了文、理两科，文科先设哲学、国学两个系。尹达读文科哲学系月余，因对国文课情有独钟，遂改为国学系。文科后来又增设了教育学系、历史学系。

尹达的宿舍在三楼，三楼有六个宿舍，每个宿舍可住四名学生。学校实行军事化管理，要求学生穿军装，尹达穿着灰色的军装做操、上课、开会。

学校推行学分制和淘汰制，两科不及格者就要被勒令退学，不许留级。这无形中给学生以很大压力。

1928 年 11 月，在安阳考古发掘的董作宾先生来开封整理安阳考古发掘资料，住在中山大学。董作宾曾在中山大学任教，学校便邀他为学生做考古报告，时间定在 12 月初，地点在中山大学七号楼的 201 教室。

董作宾为学生演讲的题目为《安阳小屯发掘之经过》，董作宾先生像讲故事一样，将为什么要发掘殷墟，发掘殷墟的价值以及发掘出有文字的 784 片甲骨的情况，都阐释得清清楚楚，讲到激动处，还在黑板上板书甲骨文，再释义成楷书，然后解释其词义。甲骨文是目前发现最早的文字，是古人留给我们的最珍贵的文化瑰宝。溯源文字，探寻历史，太让人浮想联翩了，尹达听得入了迷。

20 世纪二三十年代，中国大地上文化遗存、史前遗址陆续被发现，如 1921 年仰韶文化遗址的出土；1922 年"河套人"遗址的发掘，随后，在甘肃、山西等地陆续发掘出新石器时代的遗址；1927 年发现"北京猿人"的遗骸；1929 年发现了猿人的头盖骨，接着又发现了"山顶洞人"。自 1928 年起，在河南、山东等地，相继发现了"龙山文化"遗址。发现甲骨文后，中央研究院先后对殷墟进行大规模发掘，出土了青铜器和汉晋简牍等物品。社会的变革，文化的出新，对尹达产生了巨大的冲击，他不仅关心中国社会的命运问题，同时也关注历史文化的解析问题。

读二年级时，尹达搬进东二斋二楼宿舍，室友有石璋如、刘雨民、刘竹林。他们白天去上课，课余去图书馆读书，晚自习后一起回到宿舍。几个胸怀大志的青年学子，聚在一间屋子里，边抽烟，边海阔天空地聊，聊学习，聊老师，聊时政，聊社会现象，聊国之出路，话题多多，但大家聊得最多的还是与殷墟有关的考古发掘。太多的未知，渺茫的前景，几个求知若渴的青年学子，在国家处于战乱的年代，或情绪激昂，或悲愤满腔，或无奈彷徨，往往学校熄灯铃响过，大家才意犹未尽地进入梦乡。

同宿舍的四人中三个姓刘，一个姓石，因河南人说三个是"仨"，几个青年人闲得无聊时也调侃一下，他们故意说得快点就成了"一个姓石的杀了仨姓刘的"。但事实并非如此，三个姓刘的直接危害着一个姓石的。三个姓刘的都有抽烟习惯，一到宿舍便抽烟，三杆烟枪一起放，杀伤力很大，将一间宿舍抽得烟雾腾腾，毒气缭绕，呛得石璋如咳嗽不止。石璋如怨声不断，试图阻止，怎奈室友个个烟瘾很大，无济于事。石璋如咳嗽越发厉害，不得不休学回乡治病。仁姓刘的满是愧疚地将石璋如送到家乡。①

殷墟发掘出甲骨文一事，在河南的反响很大。河南图书馆方认为，殷墟的甲骨是老祖宗留给河南的文化遗产，理应由河南人来发掘，于是，他们自行派人到安阳去挖掘，跟中央搞对立。此时，正在安阳发掘的中央研究院历史语言研究所考古组主任李济不得不暂停发掘。中央研究院院长蔡元培当即派时任中央研究院历史语言研究所研究员、主持安阳发掘工作的傅斯年到河南解决问题。1939 年 11 月，傅斯年抵达开封，下榻在河南大学。中州大学借机让他为学生演讲。傅斯年欣然应允。

傅斯年演讲的地址选在六号楼。傅斯年第一次演讲的题目是《现代考古之重要性》。他从汲冢与竹书讲起，竹书是战国时期的文物，因被人盗掘、焚烧，所以留世很少。安阳甲骨是殷代时期的文化特征，比竹书早千余年，如果用科学的方法发掘殷墟，对研究古代文字意义重大。知识渊博的傅斯年正值盛年，两个多小时的演讲，他旁征博引，口若悬河，从安阳考古的发掘，讲到河南地下埋藏着的丰富文物，进而强调只有用现代科学考古手段才能保护祖先留下的宝贵遗产。

傅斯年在开封月余，1930 年年初离开开封。其间，他在河南大学多次为学生演讲。傅斯年以高屋建瓴之势对史学、考古学进行了全方位的解析，如"虚谷与汉学和徐旭生先生与西北考古""古史问题""哲学问题"，以及文科学生应具备的学科基础和知识涵养问题等。傅斯年的演讲，具有一定的信息量和思想性，字字句句透着哲理，感染了中州大学每一位学子。

---

① 见《石璋如先生口述历史》。

尹达的心沸腾起来，他对史学研究萌生了向往。或许，是傅斯年有意播种，那颗种子不经意间落在了尹达的心湖之中。

1930 年春，尹达在城内逛书市，偶然发现一部新作《中国古代社会研究》，他翻阅后发现郭沫若对中国历史的发展阶段很有研究，其观点新颖，意境悠远。尹达如获至宝，买来品读。尹达发现，郭沫若语言犀利，以文学的笔锋，将枯燥的古代社会剖析得生动感人，尤其是郭沫若对《诗》《书》《易》的研究考释，颇有新意，令尹达眼前一亮，他犹如在大海航行中看到了灯塔一般。于是，尹达决定，进攻历史研究学科，让种在内心深处的那颗种子发芽、繁茂。正如尹达在《郭沫若与古代社会研究》中回忆："我读了郭沫若同志关于古代社会研究的著作后，作品很自然地吸引了我，从此，我就逐步进入古代社会研究这个阵地了。我之所以学习考古，而且走向革命，都同样是受到了郭老的影响。"1930 年夏，尹达正紧锣密鼓地备战升级考试时，蒋介石发动了中原大战，学校为学子的安全考虑，未来得及考试，便提前放了暑假。

尹达在军阀混战的硝烟中，分秒必争，读了很多有关历史学方面的书籍，查史料，做笔记，不让光阴虚度。河南战事结束后，中山大学于 1930 年 9 月复课时，已更名为省立河南大学。此时，尹达已是大学三年级的学生。

梁启超有句名言：为学当有实功，有实用。种一颗种子在心里，就让它散发出来，散发出真实的功效。

为将功底夯实，拓宽知识面，尹达又选修了马元材（又名马非百）主讲的中国经济史，后又选修了社会学。

是年年末，尹达寒假回乡，耿作明于 1930 年 12 月 22 日（阴历十一月初三）为尹达生下一女。尹达对这个小生命倍加呵护，为女儿取名淑莲（后更名刘增珍）。

本来，尹达婚后育有一女，三个月大时，因耿作明瞌睡时将孩子压在腋窝下导致幼儿窒息而死，这让尹达和母亲尹氏不能接受。母亲对耿作明进行了严厉的斥责和咒骂。尹达甚至做出了休妻的决定。

羞于见人的耿作明一方面忍受着失女之痛，一方面承受着被休之压力，绝食数日，大病了一场，尹达不得不将休妻之事往后拖。过了一些时日，耿作明又有了身孕，尹达就收回了休妻的决定。

尹达母亲担心耿作明照顾不好孙女，便主动担负起照顾淑莲的任务，除吃奶时让耿作明抱着，其他时间几乎都由尹氏照管。

耿作明，长垣县马村人。马村的耿家也是书香门第，耿作明的父亲与尹达的父亲同是清末秀才，两家是世交。耿家并不富有，除几亩薄地可以度日外，没什么家底。据尹达女儿刘增珍回忆，耿作明嫁过来时，陪嫁不多。耿家与其他的封建家族一样，只培养男丁读书，不培养女子读书。所以，耿作明认字不多，但尹达的信件能勉强读下来。耿作明生性倔强，做错事不接受批评，好嘟噜嘴。婆媳间也有争执。尹达对此非常不满，但耿作明人高马大，身高约一米七，干活很卖力，几乎包揽了刘家所有的家务劳动，这些长处弥补了刘家缺劳力的短板。①

---

① 刘增珍访谈。

第三章　无字地书　潜心考古

一　初识殷墟

　　傅斯年的开封之行终见效果，经过与河南省政府艰苦的谈判和斡旋，河南省政府与中央研究院签订了《解决安阳殷墟发掘办法》的协议书，其中，第四条明文规定：河大史学及其他与考古有关的各科教授，如愿来彰（安阳）工作，极为欢迎；其史学、国文两系学生愿来练习者，请河南大学校长函送，当妥为训练，代检成绩，以替上课。

　　寒假过后，尹达在校图书馆看到第二期《安阳发掘报告》上刊载的傅斯年与河南省政府签订的协议。尹达狂喜，去实习，还可以按照实习情况拿学分。机会来了，能参加安阳考古是尹达的梦想，尹达按捺不住内心的激动，于是，他借出了《安阳发掘报告》，从图书馆一溜小跑来到史学系，将石璋如喊出教室，一把将《安阳发掘报告》塞进了石璋如的怀里，气喘吁吁地说："你快看看。你肺上有毛病，去做田野工作吧，也许对你的健康有好处。"

石璋如一看，兴奋得跳起来说：刘燿，听你的！

石璋如与尹达一拍即合，正为如何报名发愁时，午饭后，忽见餐厅墙上贴出了关于本校学生参加安阳考古的实习生的报名通知，于是二人兴高采烈地去校办公室报了名。

此时，中央研究院安阳发掘团第四次发掘已于 3 月 21 日开工。河南大学通过董作宾、郭宝钧的多方奔走，才与中央研究院达成协议，尹达与石璋如可作为河南大学的学生参加"国立中央研究院安阳殷墟发掘团"的第四次发掘。

尹达与石璋如未去安阳殷墟之前，河南省教育厅已派河南博物馆馆长关百益，博物馆工作人员许敬参参加殷墟的发掘。待尹达与石璋如拿到学校的推荐信找到安阳殷墟发掘团办事处报到时，关百益、许敬参已离开了安阳。据说他们离开的原因是安阳风沙太大，戴口罩、风镜也抵挡不住风沙的侵袭。尹达与石璋如到安阳时，已是 4 月中旬。

发掘团办事处暂设洹上村。洹上村是袁世凯的宅邸，俗称袁宅或袁家花园，简称花园。

安阳殷墟第四次发掘由中央研究院史语所考古组主任李济主持。李济一见尹达和石璋如就立规矩：一切出土文物，皆属国家财产，发掘团同人一律不允许购买、收藏古物。要记住，考古不收藏，收藏不考古。这是考古界最神圣的底线，你们必须保证守住这个底线。尹达与石璋如表示，他们保证遵师嘱托，坚决守住底线。

发掘团有个规矩，凡新人来发掘团，一律设宴招待。尹达和石璋如来，晚宴比平时多了几个菜，当时在发掘团工作的有李济、董作宾、梁思永、郭宝钧、王湘、吴金鼎等人。大家围在一张桌子上，谈笑风生，边吃边聊，算是为尹达、石璋如接风洗尘。

因刚出校门，未见过世面，尹达与石璋如有些腼腆和拘谨，不敢吃

洹河北岸洹上村袁家花园，养寿堂大门

也不敢讲话。吴金鼎有意让两位年轻人放松下来，便打破僵局，为他俩介绍发掘团的情况，吴金鼎先自我介绍说，他是山东人，清华大学研究所毕业，是李济先生的学生。随即又幽默地说，他吴金鼎的名字有个"金"字，应该研究铜器，不过他实际上是研究石器的。又介绍董作宾说，董作宾的"宾"在甲骨文中的写法是个人形，所以研究甲骨文。郭宝钧的名字有"金"字旁，应该研究铜器。吴金鼎朝尹达嘿嘿一笑说，你嘛，刘燿的刘（劉）字有"卯金刀"，该研究铜器、金文。又朝石璋如笑了笑说，你姓石，研究石器算了。接着，又歪着脖子对梁思永说，你是学人类学的，这"永"字嘛，是永久的意思，越久越好，你应该研究旧石器时代。轮到介绍李济的时候，吴金鼎停顿一下，幽默地说，老师的"济"，是调剂的意思，哪个部门缺人，老师就去调剂沟通呗。于是，大家便哈哈大笑起来。笑声稍过，吴金鼎示意尹达和石璋如说，吃吃，快吃啊。尹达与石璋如这才拿起筷子将菜肴夹在自己的碟子里，细嚼慢咽起来。

该介绍王湘时，吴金鼎却停顿下来，王湘等不及便自报家门，说他不劳吴先生费神了，自我介绍一下，王湘就将自己的情况讲了一遍。

接着，李济谈了吴金鼎在 1930 年秋于山东历城龙山镇发掘城子崖的情况。说这次发掘，因发掘出土了黑陶文化，故命名为"龙山文化"遗址。

李济又向尹达和石璋如介绍董作宾，说董作宾好研究文字，你俩若喜欢篆刻，就多请示董先生。

尹达和石璋如异口同声地说，我们早认识董先生，听过董先生的演讲。

董作宾谦和地点了点头，笑了笑，用暖暖的眼神看了他俩一会儿，便给他俩提要求，说，初来乍到，不要单独行动。安阳局势险恶，有驻军、土匪、地方武装、杂牌军，这一带经常闹匪患，切不可大意。学业方面不懂就问，熟能生巧，要有不耻下问的精神。①

席间，李济给他俩分配工作，尹达跟梁思永，石璋如跟董作宾。

第二天早饭后，尹达与石璋如就随发掘团的人去发掘地。临出门，被李济喊住：唉，你俩等等。他关心地问：你们没发口罩和眼镜？尹达与石璋如面面相觑，说：没有啊！李济让郭宝钧帮他俩领了口罩和眼镜，二人欢天喜地地去了田野。

安阳的春季，天寒地冻，风沙很大，在田野里工作必须戴口罩和眼镜。否则，风一刮，睁不开眼，满嘴都是沙子。因驻地与考古遗址距离较近，所以大家步行几分钟就到。

梁思永在后冈的发掘已于 4 月 16 日动工，尹达到后冈时，挖出的黄土已堆积成了小山。

———————————

① 见《石璋如先生口述历史》。

梁思永从美国哈佛大学考古人类学系毕业后，来到安阳参加考古发掘。李济先生给梁思永分配任务时说，从 1929 年发掘小屯，天天路过后冈，看它隆起又高于四周的地形，周边遍布的绳纹陶片，那时就有想动它的冲动了，这个任务交给你来做吧，看看下面都是啥。

安阳高楼庄后冈古遗址坐落在洹河南岸的一处高冈上，冈呈不规则的椭圆形，南北长约 400 米，东西宽约 25 米。冈因在高楼庄后边，所以称此冈为后冈。

梁思永采用的是"地层学"的方法对遗址进行"卷地毯"式的全面发掘。在 1931 年以前，不管是外籍专家，还是考古组人员，发掘遗址都采用的是按照深度来划分地层的方法，梁思永认为这样很不科学。梁思永提出了按土质土色及包含物的不同来划分文化层的方法。吴金鼎与梁思永一组，很认同梁思永的主张。

梁思永的言传身教，使尹达进步很快。梁思永大尹达两岁，他教尹达如何拿铲子，如何起土，如何剥离器物上的泥块及附着物，边挖边做示范，很有耐心。

梁思永告诉尹达，前三次发掘的目标是寻找甲骨文和其他遗物，几乎与民间所说的挖宝没啥两样。而真正的考古学，打开地层后，关注的不仅仅是文物，还应是发现和研究古代社会的方方面面。在前些年的考古发掘中，大家都不是考古专业，都是在实践中摸索，是在尝试和错误中汲取经验和教训中探索考古之路，没有科学可言。所以，以后的发掘中，你要记录好地层的厚度、颜色、结构，器物的形状、位置、数量，以及与周边文物、地层的关系，全方位地去观察和研究，不要轻易下结论。

梁思永的这番话，使尹达茅塞顿开。可以说，梁思永开启了尹达从地层文化考古研究到对历史研究的浓厚兴趣。大概名师出高徒就是这个道理吧。①

梁思永发掘一段后，对李济提出了整顿和改进发掘方法的意见和建议。李济积极采纳了梁思永的建议和发掘方法。梁思永先拟定各种技术表格，再组织室内整理。梁思永将画表格的任务交给尹达，并教会他绘图的方法和技巧。发掘过程中，尹达会对土层的厚度、颜色、结构，精心测量，一一填进表格里，再对土层结构、器物的形状画图。画好后，梁思永都要亲自核对、审阅，发现问题就在上面标注：不妥之处也。

尹达的进步很快，两周已能独立辨析遗迹，绘制图片，对器物进行分类，并一一作记录、标示。特别是出土的陶片，尹达一一标上序号。尹达善于思考和联想，总会提一些很有前瞻性的问题。梁思永对尹达非常满意，或许是有意培养尹达，他还为尹达开出了必读的书目，为他拟订了学习计划，希望尹达能尽快地掌握考古发掘的技能。

后冈的发掘中，出现了三个不同的土层。最上边的一层是浅灰色的土层，出土的陶器颜色大多为灰黑色，也有少量的白陶和釉片，器形以鬲为主，还发掘出冶炼铜器的坩埚，有些像古代武士戴的头盔，吴金鼎将其命名为"将军盔"。骨器有箭镞、单孔刀。

中层发掘出浅绿色土层，发现了大量与城子崖遗址出土的陶器纹饰、器形完全相同的磨光黑陶。

下层为灰褐色，与仰韶文化土层非常相似。

三种叠压的土层，给梁思永以审慎的思考。他带着尹达和吴金鼎去观察地形。后冈北临洹河，位于小河湾南岸的一处高地上，西北面是傍河矗立的十几米高的黄土壁，东北是一片河流冲击的沙滩，东、南两面地势平坦。他观察到，后冈遗址的分布好像都是向东北方向移动，他判断这大概是与洹水的冲击有关。因为洹水冲击形成了一处三角形的沙

---

① 高岚访谈。　高岚为尹达第二位妻子。

洲，并呈东北走向。或许是洹水退让后人类开始居住，依次渐进形成了三种文化的堆积。

这一奇特的现象，引起了梁思永高度的警觉，他凭借独特的学术眼光、科学的思维方式意识到，既然彩陶文化代表的是安特生发现的仰韶文化，那么黑陶文化是否代表着山东城子崖的龙山文化？如果是这样，则意味着龙山文化不仅仅局限于城子崖一处，或许范围更加广阔，它可能代表着一种普遍的文化。梁思永极富眼光的洞见，无疑找到解开中国史前文化之谜的一把金钥匙。梁思永大胆推测，第一次是彩陶文化时期的人们在东南角留下一个小土堆，第二次是黑陶文化时期的人们在小土堆的东北方向定居，并形成一个较大的村落。这个村落废弃之后，第三次白陶文化时期的人们在黑陶的废墟上继续堆积，最后形成了现在的后冈。可见白陶文化与黑陶文化之间有着明显的继承关系。黑陶文化与彩陶文化之间也曾发生过密切关系。于是，梁思永大胆推测彩陶文化为仰韶时期的文化，黑陶文化是龙山时期的文化，白陶文化是殷商时期的文化。

太神奇了！于是，梁思永、吴金鼎、尹达都陶醉在新发现的兴奋之中，他们站在田野里，意气风发，任由飒飒的春风吹拂，明媚的阳光照耀。梁思永一手抻腰，一手指着他的自行车，催尹达说，快！骑上我的自行车喊他们来。

他们指的是李济、董作宾等在小屯挖掘的人。小屯离后冈有一段路程，约四五里地。由于激动，尹达像运动场上赛车的健儿般飞奔而去。不大会儿，李济、董作宾、石璋如等一行人气喘吁吁地跑了过来。发掘团每每有重大发现，大家都会过来一看究竟。

梁思永指着土坑里的文化层语气坚定地说：你们看，最上层属于殷商时期的文化层，中间明显属于龙山文化时期的文化层，下层就是仰韶文化时期的文化层。

　　大家仔细观察了一阵，拿出各个文化层出土的陶片进行比对，都觉得梁思永的推测很有道理，这是个重大发现。顿时，大家的情绪一下子高涨起来，纷纷围着这个遗址发表自己的看法。

　　发掘收工后，发掘团为这个发现专门设宴庆祝。席间，梁思永侃侃而谈，他明确指出"三叠层"的时代顺序，后冈遗址下蕴藏了中原地区两种新石器时代文化，还指出后冈的新石器时代晚期文化与商代文化有承袭关系。梁思永的阐述开启了考古层位学的大门。

　　针对新发现大家各抒己见，畅所欲言，都认为梁思永的推想符合逻辑。那么，如此叠压的土层是怎样形成的呢？他们不得不开动大脑，展开想象的翅膀，发表自己的猜想。大家都是隙穴之窥的谔谔之士，个个引经据典，旁征博引，于是，便有了后冈文化层的大水说、洪水说等。

　　接着，又一个好消息爆出，他们在遗址附近挖出了三块甲骨，一块牛骨头，两块鹿头骨。鹿头骨上面刻有文字"王伐东夷"。

　　又是一个欢庆的晚宴，大家喜欢在饭桌上讨论问题。董作宾研究甲骨文，拿着那块甲骨仔细辨认，认为这是纣王攻打东夷的甲骨。他分析，纣王伐东夷时，发现了一只梅花鹿便射杀了它，并在它头骨上刻字记录。后来又来了一只梅花鹿，纣王又射杀了它，也在它头骨上刻字记录。是一对，一公一母。

　　大家觉得董作宾的说法不无道理，于是，有人提议应举杯欢庆：为发掘甲骨干杯！为甲骨上有文字记载干杯！为董作宾的猜想干杯！干杯干杯……不大会儿，个个喝得东倒西歪。

　　风雨天，不去田野，尹达与大家一起在办事处整理器物，装箱并作登记。有时，晚饭后也要整理器物，这要根据当天出土文物的多少而定。

　　发掘团住在袁家花园的养寿堂，里边环境很美也清静，尹达闲暇读了梁思永的论文《山西西阴村史前遗址新石器时代的陶器》（论文写于

1928 年 8 月），论文使用了类型学的研究方法，使尹达大开眼界。

发掘正有序进行时，驻扎在袁家花园附近的石友三部找上门来，有意寻衅滋事。石友三是个反复无常的将军，刚投靠蒋介石就想反叛。他疑心很重，认为发掘团是中央派来的奸细，于是，李济立即做出停工的决定。怕出意外，李济、董作宾赶紧坐车离开此地。

尹达与石璋如撤离时，才发现来安阳时太匆忙，身上没带回程的钱，这可难坏了两个实习生。怎么办呢？石璋如忽然想起一个人来，史学系学生会会长刘国藩是安阳人，他们来安阳时刘国藩有交代，若遇困难可以找他哥哥帮忙。尹达、石璋如赶紧找到刘国藩的哥哥，借了些钱，才辗转回到了开封，脱离了险境。①

第四次安阳考古一共发掘了五十多天。尹达与石璋如共参加安阳殷墟发掘二十多天。第四次发掘收获很大，共发掘甲骨文 782 片，另有青铜器、玉石器、骨蚌器等文物。尹达见证了考古工作第一次将目光从小屯投向后冈。在后冈，考古人不仅出土了石器、陶器，还发现了甲骨文。当然，后冈发掘的最大成果，应是发现了小屯、龙山、仰韶三种文化遗存堆积的三叠层关系。

当时，河南大学参与安阳考古发掘与研究，对学校的教学工作起到了很好的推动作用，不断开设新课程，分选修课和必修课。史学系开设了甲骨学与中州文化史课程，朱芳圃教授曾是王国维大师的入室弟子，由他讲授甲骨学。尹达立即选修了朱芳圃教授的课，并将讲义借来抄了一遍，从文字、例类到商史、器物、绘编等，细细消化。尹达还选修了张森祯（又名张遂青）的中州文化史课。张森祯出身书香门第，曾任河南省通志局协修，熟悉地方史志。他非常关注安阳殷墟的发掘情况，在授课时，常把河南的历史和风俗作为讲课的例证。如安阳考古发掘，

----

① 　见《石璋如先生口述历史》。

张森祯见解独到，他能将历史的辉煌和有着神秘色彩的"地府"故事，诠释得出神入化，引人入胜，这些给尹达留下了深刻的印象。

学校有规定，如果参加田野考古实习，他们的选学课程可以不参加考试，田野实习可以代替学分，也就等于是考满分了。

此时，尹达还接触到了唯物史观，便尝试着用马克思主义的唯物史观研究中国历史，他撰写出了题目为《关于社会分期问题》的论文，对中国古代社会的分期进行了初步的探讨和研究。在学术上，他积极支持郭沫若先生对中国古代社会分期的观点，同时也提出了自己的思考和主张。该论文于 1931 年 6 月发表在开封双周刊《飞跃》杂志上，署名水牛。

二　奉天探监

1931 年秋，九一八事变爆发。顿时，东北的大好河山地动山摇，支离破碎。消息传来，河南大学一些进步师生自发成立了"抗日救国会"，许心武校长还带着教授、学生代表前往河南省政府和国民党河南省党部请愿，要求政府出兵东北，收复失地。尹达也加入了学校师生的爱国行动之中，上街示威游行，呼吁政府出兵，坚决抵抗日军的侵略行径。数日的示威游行，任凭学生们将嗓子喊哑，也未能触动国民政府丝毫，蒋介石仍按兵不动。尹达与同学们悲愤交加。

此时，发掘团通知尹达和石璋如去参加安阳殷墟的第五次发掘，尹达不得不打起精神与石璋如一起去安阳。

为印证梁思永的发现，傅斯年于 1931 年秋天，安排梁思永带吴金鼎、王湘等人再去山东发掘城子崖，其发掘结果证明殷墟与城子崖出土

民国二十年，小屯第五次发掘，全体职员，左起：王湘、李英伯、石璋如、郭宝均、张善、董作宾、刘霞、梁思永、刘燿（尹达）

的黑陶文化基本相同。这一文化范式，证明梁思永的推断非常正确。

待梁思永从山东回来，安阳殷墟第五次发掘才于 1931 年 11 月 7 日开始，分工与上次一样，尹达跟梁思永在后冈发掘，石璋如随董作宾在小屯发掘，大家几乎都是延续第四次发掘的工作。

安阳殷墟第一次发掘将安阳小屯北地分为几个区，村东北为一区，村北为二区，村中为三区。第二次发掘时，李济先生以小屯村马王庙为中心，仍分了三个区。第三次发掘以小屯村北为主，李济先生以不同于以往的方法开挖。可以说，前两次的挖掘都是试掘，第三次挖掘是在文物出土比较集中的地区。第四次挖掘时采纳了梁思永的意见，重新测量，规定坐标，以小屯为中心，开坑时记录的是北多少，东多少，注明此坑与小屯间的距离，怕坑挖多了记不清楚。在即将结束时将挖掘地定为 ABC 几个区，梁思永所在的区为 A 区，郭宝钧负责 B 区，C 区没有开挖。所以第五次发掘时，董作宾先生主要负责 C 区与 D 区的一部分，石璋如负责 D 区之北的 E 区。

后冈属 A 区，尹达按梁思永的吩咐，带雇工继续在后冈挖坑，主要挖灰坑，其目的是进一步证实梁思永的"三叠层说"。这次挖掘梁思永要的表格、数据、绘图更精准，所以，尹达对所有的表格、数据、绘图做得更认真，测量得更精细。梁思永为全面掌握资料，骑着自行车在几个区的发掘地来回穿梭。

尹达带着工人在发掘过程中出土了一些陶片和器物，这些文物证实了殷人居住的圆穴洞和储藏食物的地窖里有带字甲骨散落其中，使发掘团的人们终于弄清一个问题：甲骨埋在地窖系堆积，而非漂移而来，纠正了前几次发掘所假定的"洪水冲击说""水波浪遗痕说""水淹说"等等。

因发掘团办事处驻地离发掘地有二三里的路程，李济嫌路上浪费时间，所以中午饭由厨师担着木桶送到工地。白天大家在田野里集中精力干好本职工作，晚上回到办事处，就会不约而同地聚在一起谈论东北的时局，发掘团的专家、学者以及工人等个个都是血性男儿，怎忍眼见同胞被蹂躏，国土被践踏？聊起来，众人无不义愤填膺，恨不能杀向东北，一雪国耻。大家耿耿于怀的是，国民政府为什么不出兵抵抗。大家议论着，揣测着，愤恨着，怨声载道。

李济见状，不得不安慰大家说：政府正在斡旋，国际社会也已出面调停。话又说过来，如果战争全面爆发，祖先给我们留下的宝贵遗产就会被日本人或盗墓贼盗掘，遗址就会被破坏，我们还怎么通过古人的遗迹去研究历史？相信国军也不是吃干饭的，大家先做好自己的工作，也是对战事的支援。

李济又说，发掘团若不抢救发掘殷墟，将来如果被盗掘，或被日本人抢掠，将会对中华民族的文化遗产造成很大的损失。此语一出，大家这才稍稍将情绪稳定下来，更加卖力干活，争分夺秒地发掘殷墟。

特殊时期，时任中央研究院院长的蔡元培先生，也惦记着安阳殷墟发掘团的同人们，他亲笔题写了"风雨如晦，鸡鸣不已"八个大字，派人从南京送到安阳殷墟发掘现场李济手中，以此勉励诸人。

这个冬季尤其寒冷，天寒地冻，就连人们戴着的口罩都结上了冰，李济考虑是否应该提前结束发掘。就在此时，尹达的嫂子凌莎从奉天来信说，尹达的哥哥被捕入狱，望尹达筹钱前往营救。

哥哥被捕的消息，犹如晴天霹雳，令尹达心急如焚。事不宜迟，尹达谎称哥哥病重，离开安阳。

北上救兄，筹钱是大事。此时，刘家已衰落，父亲刘绍宣因患胃病已弃职休养，家里除有八十余亩薄地尚可维持生活外，已无其他收入。赵毅敏的发妻之父苗秀才知道后，把自己珍藏多年的一套"二十四史"拿了出来。尹达用小车把"二十四史"推到开封城卖了两百块大洋，又在亲朋邻里间筹借了一些，共筹集了四百块大洋。

四百块大洋怎么拿成了全家人的难题。见多识广的父亲想出一个办法，将四百块大洋缝制在衣服里，或可躲过搜查。于是，赵毅敏的发妻苗兰花连夜为尹达裁制棉马甲，把四百块大洋缝进了马甲里。

1931 年 12 月底，尹达冒着凛冽的寒风搭汽车、乘火车，路上经受了国民党警察、日本军警的多次盘查，历经艰难终于到了奉天。

九一八事变爆发后，中共满洲省委立即向全国人民发出了抗击日本帝国主义侵略的抗日宣言暨《中共满洲省委为日本帝国主义武装占领满洲宣言》，史称《九一九宣言》。宣言揭露了蒋介石不抵抗政策的事实真相，号召民众拿起武器奋起反抗。

宣言发出后，东北的民众纷纷组织起来与日本侵略军作斗争，于是，在白山黑水之间展开了侵略与反侵略、罪恶与正义的战争。日军对奉天的地下党组织怀恨在心，派出大批特务和密探抓捕中共地下党员。

1931 年 11 月 23 日，因叛徒出卖，时任中共满洲省委宣传部部长兼奉天市委书记的赵毅敏在奉天被捕。日本宪兵队对赵毅敏施了冰冻、皮鞭抽打、灌辣椒水、坐老虎凳等酷刑，赵毅敏意志坚定，视死如归，未出卖组织的任何信息。

赵毅敏被捕后，凌莎与党组织失去联系，她一筹莫展，不得已才给尹达写信求援。

尹达到奉天时，凌莎已与地下党组织接上了头，奉天的地下党组织安排尹达与赵毅敏在监狱见了一面。

1932 年年初，因赵毅敏在审讯期间认罪态度"恶劣"，又没招供，所以被判重刑。伪奉天高等法院依"危害民国紧急治罪法"判处赵毅敏有期徒刑五年，判令他在奉天"模范监狱"服役，日本人把赵毅敏关到最差的监号里。赵毅敏不服判决，提出上诉。

奉天地下党的同志通过一位在监狱工作的爱国人士买通了一位狱医，尹达扮成药铺的伙计去给狱医送药，赵毅敏以找医生看病为由，兄弟俩在狱医的掩护下趁机在狱医室会面。

兄弟俩七年未见，如今见面却在监狱，此情此景令尹达不由得心潮起伏，情绪翻滚，一见兄长那瘦削的脸上布满了伤痕，他不禁潸然泪下，轻轻地喊了声哥，便泣不成声。赵毅敏轻轻地擦去尹达脸上的泪水，劝他莫哭，说哥没做错事。尹达说，他要给哥请最好的律师，救哥出狱。赵毅敏说，这是战争，司法解决不了问题，眼下谁也救不了他。此时，赵毅敏正式地告诉尹达，说他是一名中共党员，从加入这个组织起，就将生命交给了党和组织。国家有难，匹夫有责。他随时都有牺牲的可能，他也做好了牺牲的准备。说这话时，赵毅敏身上那种充满刚毅和豪迈的英雄气概，令尹达肃然起敬。尹达一把攥紧哥哥的手说，哥，好样的，刘家人没有孬种！赵毅敏拜托尹达一定要照顾好家人，并替他照顾好凌莎和孩子。尹达向哥保证，说家里的事情，请哥放心。赵毅敏说奉天已变成中国人与日本人的战场，现在国共两党又有嫌隙，若被国民党特务盯上后果不堪设想，让尹达马上离开奉天。临别，兄弟俩紧紧地拥抱在一起，赵毅敏用力推开尹达说，这里不可久留，哥先走一步，弟多保重。说完，他便匆匆离开了狱医室。[①]

尹达擦干泪水，望着哥哥那远去的背影，突然感觉有种力量在身体里流动……

安阳殷墟第五次发掘于 1931 年 12 月底结束，此次发掘历时五十五天。尹达从奉天回到安阳时，有的人已离开安阳，梁思永因需要尹达整理的资料，所以在安阳等尹达。尹达将梁思永需要的数据和器物图标等绘制好交与梁思永，再将梁思永送到火车上才返回家乡。

爹娘一见尹达回来，便迫不及待地问大儿子情况。尹达就将知道的情况如实讲给爹娘，说哥哥因抗日被捕入狱被判刑五年，大不了蹲几年大牢，受几年苦。尹达还安慰爹娘，说如今活在乱世，兵荒马乱，国将不国，孩儿们为国家做点事，也是应该的，请家人放心。刘绍宣和尹氏得知赵毅敏没有生命危险，才将揪着的心放宽了一些，但受尽病痛折磨的刘绍宣仍在为赵毅敏的处境担忧。母亲还到村头的庙里烧香祷告，祈求神灵保佑赵毅敏平安无事。

果不出赵毅敏所料，待尹达回到河南大学，他便被国民党特务盯上。特务说赵毅敏是共党分子，尹达涉嫌通共要抓捕尹达。

关键时刻，河南大学与中央研究院历史语言研究所考古组的领导出面为尹达做证，说尹达是一位非常安分的好学生，不是共党奸细，等等。

此时，河南省政府一位姓魏的官员，与赵毅敏是开封留学欧美预备学校时的校友，他也站出来力保尹达。说尹达的哥哥在奉天某机关当过

---

① 高岚访谈。

翻译，说赵毅敏的英语口语非常棒。还说日本人为维持满洲国的治安，达到其侵略中国的目的，在奉天大肆抓捕中国百姓、知识分子和学生。尹达的哥哥绝不是共产党，是无辜受害者。并解释说，报纸上说了判刑的共党分子名叫刘一成（化名），尹达的哥哥叫刘焜，二人根本不是同一人。尹达这才化险为夷。

凌莎在奉天为赵毅敏减刑奔走，望能在二审中有所改变，虽费尽周折，仍无济于事，伪法院仍维持原判。由于劳累过度，连日高烧，她一直咳血，患上了肺结核。凌莎向中共满洲省委请假，到开封看病。临行，她怕病情恶化传染给女儿，将一岁大的女儿寄养在奉天的一户人家。

尹达帮凌莎在离河南大学不远的地方租了民房，尹达平时很少去，需要送钱和食物的时候，便趁散步或逛街时偷偷送过去。

凌莎的病情因耽误了最佳的治疗时间，非常顽固，医疗费非常高。父亲因赵毅敏被捕入狱之事，悲痛过度，胃疼病越发严重。母亲为缓解父亲胃疼病的折磨，听人说吸大烟能止疼，便狠下心变卖家产为刘绍宣买大烟抽。刘绍宣的胃疼病倒是缓解很多，但他吸着吸着便染上了烟瘾，尹氏几乎把家里值钱的东西都卖掉了，还向当地的大户借了高利贷，刘家债台高筑，尹达的经济压力非常大。

为给凌莎治病交房租，尹达多次向石璋如借钱。石璋如家境尚可，但他毕竟是学生，家长不会给他太多余钱，每每向家里要钱也会被盘查。石璋如不得不问尹达：借钱干啥用？尹达总是支支吾吾，说是一位商人朋友的妻子，慕名医来开封看病，钱不够。尹达还劝石璋如不要见死不救。石璋如了解尹达平日非常节俭，现急需钱用，肯定有难言之隐，不便再问，只得向家人撒谎说他有病急着用钱，家人将钱送到学校后，石璋如倾囊相助，这才解了尹达穷困之围。

可喜的是，梁思永回到北平后，通过对安阳殷墟第四、五次发掘，撰写出具有划时代意义的论文：《后冈发掘小记》（载入《安阳发掘报告》第四期）、《小屯龙山及仰韶》（载入《历史语言研究所集刊》）。

尹达后来对这两次发掘给予了极高的评价："1931 年的春天和秋天，思永先生主持河南安阳后岗遗址发掘工作，在这里找到小屯文化、龙山文化和仰韶文化之具体的层位关系，从这样显明的堆积现象上，确定了龙山文化早于小屯文化而晚于仰韶文化；最少也应当说，在河南北部这三种文化的时代序列是基本上肯定了。这好像是一把钥匙，有了它，才能打开中国考古学中这样的关键问题。这是中国新石器时代考古发掘中一个极重要的转折点。"[①]

三　独当一面

四年的大学生涯，犹如白驹过隙，眨眼就到毕业季，同学们正在依依不舍、各奔东西之际，发掘团来函，让尹达参加安阳殷墟第六次发掘。尹达处理完毕业事宜，于 1932 年春，带着难以名状的复杂心情和对新生活的向往赶往安阳。尹达一到安阳，李济就找他谈话。因梁思永患烈性肋膜炎在北平治疗，不能参加这次发掘，考古组对尹达的工作另作安排。考古组考虑，发掘团首次在浚县发掘时，在京汉铁路浚县火车站（今鹤壁站）东南，淇河东岸大赉店村西南的辛村发现了一处史前遗址。尹达曾随梁思永发掘过后冈史前遗址，有两次发掘史前遗址的经验，让他去主持辛村发掘较为合适。

一切来得太突然，尹达茫然四顾，迟疑着问：我，我主持？李济不

---

① 见尹达《悼念梁思永先生》。

容置疑地说，是！让你主持发掘辛村，没有信心？尹达这才缓过神来，摸了摸后脑勺，认真地说，有信心。李济补充说，郭宝钧负责辛村发掘的全面工作，你负责遗址发掘的具体工作。

　　一个刚毕业的学生，被赋予如此重任，足以说明尹达在考古组领导心目中的位置。这无疑给满腔工作热情的尹达以极大的鼓励。参加辛村发掘的有郭宝钧、马非百、吴金鼎、王湘等。

　　尹达丝毫不敢懈怠。上次郭宝钧带队发掘辛村时，他们住在火车站的楼上，那里离发掘地较远，来回还要租马车。这次挖掘，郭宝钧听取尹达的意见，将办事处设在离辛村发掘地较近的刘庄，在刘庄租了一个很温馨的小四合院，这里离发掘地较近，大家轻松走一阵就到。

　　安顿下来后，尹达开始招募工人，他从附近报名的村民中挑选了二十六名临时工。开挖前让队员对临时工进行培训，教他们怎么起土及挖掘技巧、文物保护、发现文物及时报告等常识。

　　开工之前，尹达绕遗址转了几圈。遗址是一处高地，较周围地面凸一些。西靠淇河，再往西一里许便是平汉铁路，其西部被河水冲刷成断崖式的绝壁，南部呈宽阔的斜坡，东部被一条南北路沟削掉一部分，北部遗址断断续续被毁去不少。遗址南北长 400 多米，东西约 300 多米。尽管从地面上看不到太多的文化现象，但从路沟处发现的"白灰面"、黑色薄陶片、红色彩陶片来断定，该遗址会让发掘工作有令人意想不到的收获，这将是一次意义重大的发掘。

　　尹达为这次发掘作了科学的规划。他先将遗址分作东、西、中三部分。东区在大赉店南门外的南北路沟的东西两岸；西区在淇河东岸；中间部分定为中区。东区坑名为 T001～T100 坑，中区坑名为 T101～T300 坑，西区坑名为 T301～T400 坑，尹达想通过开挖这四百多个坑将遗址的遗存全部收入挖掘工作中来。

　　准备就绪，辛村发掘于 1932 年 5 月 5 日动工，先挖东区南北路沟两岸。东区开了 17 个坑，深度为 2~8 米。东区南部发现了与后冈发掘时一样的白灰面，路沟两岸有黑陶文化的土层，上面还堆积了一层灰陶文化的遗物。

在安阳发掘时，大家认为夯土是基址，可在辛村发现夯土后，郭宝钧提出了不同意见，他认为这夯土是墓葬。马非百认为夯土附近临淇河，夯土应是防水泛滥筑起的河堤。两人就此争论不休，大家便围绕"郭公墓、马公堤"展开讨论，形成了两大派系。郭公墓派、马公堤派，各执一词，寸土不让。尹达一时也拿不定主意，便扮作和事佬，让他们各自留心发掘现场，找证据来证明谬误。最后，郭宝钧在窑洞内发现夯土与黄土交接的上下线才确定这是墓葬。于是，尹达裁定，"郭公墓"胜出。郭、马一较真，证实了基址和墓葬的区别，为今后发掘提供了经验。

接着，尹达又将王湘和吴金鼎调到西区负责发掘，让他俩带了七八个工人。王湘在西区开掘一天后去了北平，吴金鼎在西区工作六天后因事也离开了辛村，发掘现场留下尹达、郭宝钧和马非百三人。

尹达也将西区开 19 个坑，深度较东区稍浅，有 1~3 米，总计发掘面积约 230 平方米，体积约 340 立方米。在这里，发现了彩陶文化和黑陶文化遗存。

尹达一边作笔记，一边绘图，一边观察坑里的情况。他从这坑钻出再进那坑，以至于工人发现情况时，大着嗓门喊道：主持，在哪个坑里？我这坑里有陶片。尹达闻声顾不上拍打身上的泥浆和尘土，赶紧跑过去钻进了坑里，观察、测量，忙得不亦乐乎。尹达激情勃发，在坑里爬来钻去，尽管年轻精力旺盛，但每每收工时都疲惫不堪。

尹达发现遗址地层和文化遗存的关系颇为复杂，东区和西区出现了两种不同的文化现象。东部农耕土下面是一层黄灰土，黄灰土下是灰土；西部则是松灰土和红褐土相间。东部的黄灰土里含有灰色绳纹陶片，灰土里有与龙山文化遗存同样的黑陶；西部的松灰土含有龙山式的黑陶，红褐土里是仰韶式的陶片。

东区 T001、T010 两坑有三种不同的文化特性。西区 T306、T313、T311、T312 坑，体现的是两期文化相间的遗物堆积关系。西区文化的特性、土层也不同于东区。西区的文化层较东区的文化层浅了许多。

为什么东区的彩陶文化遗存蕴藏在堆积层的深处，而西区的彩陶文化遗存却与黑陶文化遗存有平面相间的分布呢？这种现象，令尹达费解。尹达认真分析了土层的叠压关系，假想：淇河东流到大赉店的西南，突然一个陡湾向正南方向流去，或是山洪暴发造成急流冲击后，河床就会向东移，河床西岸便形成斜坡，东岸便被冲刷成断崖绝壁。

尹达的结论是：当彩陶时期的人们占据着这遗址的时候，河床还在现在淇水的西边，所以那时的人们居住的中心地带偏向遗址的西部。彩陶时期的人们走后，黑陶文化的人们来到之前，河床已向东有了移动，所以黑陶时期的人们的居住中心不得不偏向遗址的东部。

从遗址的堆积情形看，上层有灰陶遗存，中层是黑陶遗存，下层是彩陶遗存，与安阳殷墟后冈的文化层非常相似。

彩陶文化的遗存中发掘出一个完整的陶器——钵，其余大都是碎片，只有一块带彩的陶片。发掘出石器十二件，都是些粗糙且未加修饰的东西。

黑陶文化遗存中发掘出"白灰面"和袋形穴，遗物有陶器、石器、骨器、蚌器等。

灰陶文化层，是最上层，这一层的遗物陶片最多，都是陶器碎块。三足器：鬼脸脚的鼎、黑而光的平底鬲、绳纹鬲和绳纹的甗。罐形器：黑色蓝纹竖鼻罐、深灰色方格纹罐、黑而光的小黑罐和灰色绳纹罐等。还有一些黑色光亮的器物：平底直壁大盆、竖鼻小碗、残余豆把、带鼻的陶盖、大口小底的碗、圈足盘子、黑光的筒形器等，以及两个纺轮和一件陶杆。石器共发掘十五件。骨器角器较少，共发掘骨器八件，角器两件，骨器有锥、针和刀形器。蚌器较多，但大部分已经腐朽残破。

辛村发掘最大的收获是发掘出五个墓葬，从东向西标序为：一、二、三、四、五号墓葬。从出土文物看，应是春秋战国时期的墓葬。尤其是墓五，是一座贵族大墓，很有研究价值。

墓五，墓室长 6.5 米，宽 5 米，深 8 米；椁室长 4.5 米，宽 3.15 米，深 37 米，总深 11.7 米。南墓道长 30.2 米，宽 5 米。北墓道因墓室多次被盗掘，踩踏现象比较严重，所以长度不明晰。但墓道里遗留了十余个小陶罐。墓室结构大致分三层：上层为车器，有铜辖、軧等，两组十余件器物，还有衡、轭、构、丫、铃、环、衔、镳、兽头等。中层有的铜片椁饰，可对成饕餮面。又有小方彝、铜泡、铜环、骨圈、白石圈、红白玛瑙珠、绿松石珠、雕花骨版、贝、蚌、蛤蜊、大螺、兽牙、象牙雕刻等。下层有绿松石雕刻小兽面、骨鸳鸯笄首一对、弧形骨花笄一只，皆为女子用品。墓道、墓室中有千余件破碎的女子用的器物、饰品。从出土文物的种种迹象表明，该墓主人是位贵族女性。①

计划开掘中部时，已到了麦收季节，农民工要回家收麦子，发掘只好暂停。这次发掘共十四天，但对尹达来说意义重大，这是他第一次主持考古发掘，不仅让他得到了锻炼，发掘的成果也颇丰。二十六岁的尹达一毕业就能独当一面地开展工作，不得不说这是一个良好的开端。

辛村发掘结束后，尹达与石璋如随文物到了开封。按说尹达与石璋如已毕业不能再住河南大学，因河南古迹研究会与河南大学有协议，河南大学有义务参与整理出土的文物。所以，河南大学在暑假期间将六号楼的顶楼借给河南古迹研究会使用，尹达与石璋如在河南大学六号楼顶楼整理文物。

---

① 见尹达《河南浚县大赉店史前遗址》。

河南古迹研究会成立于 1932 年 2 月 8 日，会址设在开封。河南古迹研究会委员长由河南省通志馆馆长张嘉谋兼任，李济任主任，关百益任秘书，实际工作则由历史语言研究所驻会委员郭宝钧担任。董作宾、尹达、石璋如等均为河南古迹研究会会员。

7 月中旬，尹达接到史语所于 7 月 13 日的来函，函告尹达与石璋如为中央研究院历史语言研究所研究生，每月还发五十块大洋的津贴补助，信函写得非常清楚："由中华教育文化基金补助费项下每月津贴五十元，自本年七月份起。"还要求尹达与石璋如将辛村发掘的文物、资料整理完毕后到北平史语所报到。

良好的工作氛围，令人羡慕的生活待遇，对于刚毕业正游走于求职场的学子来说，就像是从天上掉下个大馅饼。人逢喜事精神爽，为早日能到北平史语所工作，尹达与石璋如两人冒着炎炎酷暑，不分昼夜，不知疲倦地工作。他们将浚县大赉店辛村考古发掘出土的器物、资料整理完毕后，即与中央研究院历史语言研究所复函，告知开封一切就绪，不日即去北平。

暑假结束时，河南古迹研究会在开封东棚板街找了一处住所，是一处临街小院。尹达与石璋如与文物一起搬进了东棚板街。

尹达、石璋如正待出发之际，河南古迹研究会因工作需要将石璋如留在开封。

去北平，尹达期待已久。北平为几朝古都，历尽繁华。北平是中央研究院历史语言研究所的大本营，那里聚集了史学界的精英，尹达带着对知识的渴求，对华丽世界的好奇来到北平。中央研究院历史语言研究所设在北海北岸的静心斋。尹达找到静心斋，向史语所所长傅斯年报了到便去看望梁思永。

梁思永一见尹达便兴奋起来，迫不及待地向尹达询问安阳殷墟、浚县辛村的发掘情况。尹达告诉梁思永，在辛村发掘出与后冈同样的三种文化叠压层。梁思永听得非常认真，不停地点着头，对此次的发掘非常满意。谈完工作，尹达才问起梁思永的病情。梁思永满不在乎地说，病嘛，来得急，去得也快，遂又将话题转移到工作上，说到激动时仍有些气喘。尹达见状，怕影响梁思永静养，便假说史语所领导有安排，便返回静心斋。

傅斯年考虑到史语所长久发展的问题，他还兼任北京大学史学系的讲师，并在史学系开设了"中国上古史单题"研究课，他通过对历史问题的研究，来阐述他的治史主张和方法。同时，傅斯年还邀请史语所的研究人员、专家、学者到北京大学去讲课，李济、梁思永、董作宾、徐中舒等在北京大学都有课程。他们有时在北海蚕坛上课，北大的学生以及其他学校的学子都来这里听课。蚕坛也是中央研究院的办公场所，这些专家、学者还搞一些史学研讨、沙龙等活动，以演讲的方式，进行学术交流。尹达作为中央研究院的研究生，每课必学。

静心斋是北平城最美的园中园，尹达闲暇时会登高望远，北海景色尽收眼底。星期天他会到北平图书馆去读书，也会去光顾一下书市，买一些典籍或进步刊物回来阅读。

尹达的北平之行，受益匪浅。

尹达从北平回来后，凌莎病情已好转，因担心狱中的赵毅敏，她决定返回奉天。尹达执意挽留，劝她养好病再走，凌莎去意已决，于1932年年底，她返回了奉天。①

---

① 高岚访谈。

四 卫袝启示

1933 年春，浚县大赍店辛村第三次发掘与安阳殷墟第七次发掘同时开工。尹达参加了浚县大赍店辛村的发掘，此次发掘由李济主持。人员有李济、郭宝钧、马非百、尹达、石璋如、刘屿霞等，他们仍租住在刘庄的一个四合院里。

尹达负责发掘墓十七。墓十七在墓五的西侧，南北向。墓室长 6.5米，宽 5.0 米，深 11.8 米，有屈姿人骨、犬骨，还有犬脖子上戴的铃铛、小管等。墓室有多次被盗掘的痕迹，破坏程度很深，椁室狼藉，发掘出两个铜镞、一个铜戈。戈的形制，锋端为正三角形，为东周初年的特别形式。从出土戈、镞等武器来看，墓主应是一位贵族男子。其位置与墓五并列安葬，尹达认定他们是一对夫妻的异穴合葬墓。尹达的猜想印证了《礼记·檀弓下》记载了一段有关子章的故事：国昭子之母死，问于子章曰："葬及墓，男子夫人安位？"子章曰："司徒敬子之丧，夫子相，男子西乡，妇人东乡。"

尹达在浚县辛村两次发掘出墓五、墓十七，正好印证了这个故事。墓五是女子，墓十七是男子，况且从出土的车器来说，男女贵族所乘的车器也有所不同，这也是一个新的发现。

郭宝钧也想起《礼记·檀弓下·卷十》载有孔子的一段话：孔子曰："卫人之袝也，离之。"袝是合葬，离是分开葬。意思是说，夫妇合葬时两棺分隔开，这是卫国人的丧葬习俗。

尹达又出成果，郭宝钧亲自到大赍店买了些酒肉之类，为尹达祝贺。

石璋如发掘的是二十四号墓，也是个大墓。离辛村较远，离福兴寺较近。有南北两个墓道，这样的墓被称为"中字形"墓。此墓发掘出一个金牛头、两个石磬、一个象牙器等，可惜的是这个大墓也已被盗掘，大宗文物已不知去向。另石璋如还发掘出一个汉代墓葬，出土文物较多，也很精美。

辛村、刘庄到东边的福兴寺，构成了一个极富文化内涵的三角地带。这是一个墓葬群，有仰韶文化、龙山文化、汉代墓葬，通过挖掘和出土的文物证明这一带都有先民遗留的文化痕迹。

浚县的春天要么多雨，要么干旱，这个春天正赶上了多雨天气，尹达、石璋如、马非百、刘屿霞四人住在四合院西厢的两间屋子里，外间堆满了发掘团的杂物和行军床，他们住里间。阴雨天，四个人躲在屋里。躺在床上百无聊赖，大家就讲故事。大家轮着讲，个个搜肠刮肚，可故事全讲完了，雨还未停歇，马非百躺在床上，侧脸读墙上贴的报纸，看完一面，撕下来读另一面。尹达和石璋如相互埋怨来时未带书，两人便缠着刘屿霞，让他教拍照、洗照片技术。学会这些后，天还不见晴，刘屿霞就带着他俩做游戏，练习倒立、贴墙、学动物爬，大家热闹一阵，待雨停下来时，尹达去田野察看，到处泥泞不堪，仍不能开工。他们只好等待天晴地暖后再进田野。

九一八事变后，日军觊觎华北，北平危在旦夕，战事对史语所及史语所收集的文物构成了很大的威胁。于是，中央研究院决定将史语所从北平搬迁至上海小万柳堂。李济身兼中央研究院社会所所长、史语所代理所长，理应去上海安排工作，文物、资料还要装箱、整理、搬迁、护送，需很多人，于是，李济决定暂停安阳殷墟第七次发掘，人员随他去北平转移文物，他将辛村的发掘主持工作安排给郭宝钧。

李济刚走，郭宝钧收到了一位霸主的请柬。霸主是庞村人，庞村位于辛村的北边，与辛村不在同一行政区，但庞村霸主是那个区的区长，势力很大，对辛村具有一定的威慑力和影响力。土霸靠盗墓发家，是这一带有名的盗墓贼，对中央研究院发掘团来这里发掘耿耿于怀。

　　郭宝钧收到请帖有些为难，推辞吧不合情理，因发掘团每到一处考古发掘，都要与地方绅士、官员进行礼节上的交往，希望能在他们的地盘上与其和平共处。当然，发掘团每次发掘，国民政府都派军队对发掘地、居住地、出土文物等进行荷枪实弹的护卫，运送文物也由军用卡车和士兵护送。一些邪恶势力、地方组织不但奈何不了发掘团，对文物也无从下手，所以，也不用惧怕他们。

　　出于礼节，郭宝钧穿戴整齐，备上礼品，租了辆马车只身前往。土霸一见郭宝钧竟说恭维话：什么大驾光临，蓬荜生辉，久闻大名等等，说他最喜欢与博学的文化人打交道，他对郭宝钧非常热情，用山珍海味款待郭宝钧。土霸边敬酒，边给郭宝钧夹菜，既亲热又客气。尽管郭宝钧警惕性很高，但人家好意敬酒，哪好意思拒绝，每敬必喝。郭宝钧喝得晕晕乎乎时，土霸的部下给郭宝钧讲故事，说他们区长以前请客给客人夹菜时，习惯看客人的脖子，他不明白就问区长，夹菜为啥看客人的脖子呢？那人故意盯着郭宝钧的脖子看了一会儿，卖关子说：你道区长咋说？郭宝钧皱了皱眉，不置可否。那人模仿土霸的腔调，绘声绘色地说，看以后如何下刀哟！说完，他们竟哄堂大笑起来。

　　郭宝钧打了个激灵，心中一颤，这不是鸿门宴吗？被戏耍、被羞辱的感觉涌上心头。回来后，郭宝钧将不愉快的遭遇说给大家。马非百气得直骂土霸太猖狂，竟下意识地问：郭先生，他给你夹菜没有？郭宝钧沉闷地说：夹了。刘屿霞凑近郭宝钧，紧张地问：郭先生，你被他看脖子了？郭宝钧不耐烦地说：胡说啥。

　　大家分析，土霸之所以这样做，是因发掘团来辛村挡了他的财路，他请郭宝钧赴宴是趁机恐吓。在当时，发掘团毕竟是中央政府的机构，地头蛇再强也拗不过政府，所以，土霸借机逞逞威风，以泄私愤。

郭宝钧心有余悸，为防万一，立即给大家开会，让发掘团的人提高警惕，还规定了几条纪律，其中两条是不允许单独行动，不允许私自与地方人士接触。一时间，搞得大家人心惶惶。

李济得知郭宝钧的遭遇后非常担心，他趁从上海到南京督工的空隙来辛村安抚大家，又向上级请求军队派重兵保护发掘团。为安全起见，李济决定结束辛村发掘。①

发掘结束时正值夏季，尹达与石璋如回到开封，河南古迹研究会已搬迁到龙亭的西院。

龙亭西院是一个小四合院，楼梯下可放整理好的文物，院外的空地与戏楼相连，尹达他们就在那里整理文物。后来，河南古迹研究会在空地一侧盖了一座小平房作为工作人员住宿的地方，郭宝钧住正房两间，尹达与石璋如住西厢房，一人住一间，两人非常惬意，从工作到现在总算有了自己单独的小窝，自由的空间。

在这一时期，尹达可谓大有作为，他撰写出具有划时代意义的论文：《龙山文化与仰韶文化之分析》（发表在《中国考古学报》第二册）。这是尹达入职考古以来，撰写的第一篇有分量的论文，他将龙山文化与仰韶文化的特征，及二者的叠压关系，以及其相对年代与绝对年代等通过考古的实物资料，释义得非常清楚，向我们讲述了中国原始社会的来龙去脉。可以说，这是尹达对中国的考古业做出的一大贡献！

尹达撰写的《河南浚县大赉店史前遗址》考古发掘报告，以及对古人男女合葬又分穴的发现，按石璋如《刘耀先生考古五大贡献》说，这次发掘研究成果是尹达对考古业做出的又一大贡献！

---

① 　见《石璋如先生口述历史》。

五　穿凿宫殿

　　1933 年秋，考古所决定对安阳殷墟进行第八次发掘，发掘团由郭宝钧带队，主持发掘的重任再次落在尹达肩上。尹达因参加辛村发掘，已两次未参加安阳发掘，这次来安阳又是以主持者的身份出现，不由得精神焕发，神采飞扬。尹达雷厉风行，急匆匆离开开封城，来到了秋高气爽的安阳。

　　一到安阳，就遇到了无处栖身的尴尬。第七次发掘停工后，袁家花园"养寿堂"被军队占领，大家只好暂挤在以往堆放杂物的配房里。人多房小，拥挤不堪。

　　郭宝钧与尹达去找安阳县政府交涉，希望驻军腾出"养寿堂"。驻军可不好惹，官兵皆牛气哄哄，鸣枪示威，吓得安阳县政府的工作人员连连后退，只好另寻新址。两处地方任发掘团选：一处在安阳城东南隅，两栋小楼带院，但离发掘地太远，郭宝钧否定了。一处在安阳城西南隅冠带巷二十六号，是一处临街的小四合院，分前后院，中间有二门、过厅，后面是上房，有七八间房子，但美中不足的是，缺门少窗，必须维修，因经费有限，郭宝钧只修缮了两间房子和一个厨房。两个星期后，大家欢天喜地地搬进了冠带巷。

　　史语所将祁廷霈、李景聃、李光宇、王湘也派到安阳来工作。因安阳住处紧张，郭宝钧就将人员分散开来，祁廷霈到山东城子崖去工作，王湘参加浚县辛村第四次发掘。安阳第八次发掘剩下尹达、李景聃、李光宇、石璋如、尹焕章等。

　　发掘之前，尹达按先前排好的十米一坑，一人分一段，郭宝钧无异议。

发掘从 1933 年 10 月 20 日开始，主要以小屯村北的 D 区为主。

发掘数日后，尹达反复考量，提出一个设想，在以往十米一坑的距离上有所创新，挖掘整个地区，但又怕郭宝钧批评，尹达与石璋如等商定，灵活掌握，如发现地下有东西，可在原坑的位置上开挖支坑。

冠带巷离 D 区有七八里地，吃过早饭，五人疾步而行，路上需要四五十分钟，耗费不少体力，再与工人一起挖土，还要坑里坑外地来回爬，劳累一天再步行回冠带巷，几天下来大家已精疲力尽，连连叫苦。尹达提出找车接送的请求，郭宝钧就雇了辆马车，接送大家上下工。郭宝钧将安阳的工作安排就绪后，去了浚县辛村。郭宝钧是安阳、浚县两地来回跑。

民国二十二年秋，殷墟第八次发掘，D 区开工的第一天，左二坐者刘燿（尹达），左四石璋如，左九戴帽立者李景聃，其右依次为李光宇、李济

　　尹达一下子繁忙起来，白天在动工起土的地方进行构图描摹，挖出文物后，清除缝隙间的老土，再绘图，量尺寸，对位置、深度，给出土的陶器、铜器等做详细记录。尤其是挖掘出的碎陶片，以往是挑拣一部分，其他全部扔掉，尹达觉得这样不妥，于是，召集大家讨论，经过三四个晚上的论证，拿出意见：凡挖出的陶片都搜集起来，送到冠带巷办事处，待工人把陶片清洗干净晾干后，尹达再把出土陶片的坑名、深度等用毛笔在碎陶片上编号，分别存放。凡能粘成器物的，绘画成型，并以颜色性质等分类做成图表。

　　几个年轻人的夜生活很简单，要么坐下来讨论，要么整理陶片等器物。年轻人谈正事也夹带着幽默，搞搞笑，打发时间。李景聃到史语所工作之前，曾在上海某中学任英文教员，他身材略胖，有点口吃，教书时英文单词发音不够连贯，比如英文单词 upon，他读起来发音有些拖延，学生就给他起了绰号"啊胖"。李光宇不知从哪里得知了他的绰号，于是，便叫他"啊胖"。李景聃倒也乐意接受。

　　彼此熟悉后，自然想了解对方。大家互相介绍，也说年龄。李景聃一听属他年龄大，便摆起了谱：噢，原来我是老大呀！你们一群小弟弟成天啊胖啊胖地叫着，有意思吗？多不舒服呀！不如叫我老大得了。大家觉得有道理，于是就按年龄排起了顺序：李景聃老大，石璋如老二，李光宇老三，尹达老四，尹焕章老五。

　　大家在工地上用英语相互称呼 No.1，No.2，No.3，No.4，No.5，工地上的工人每当听到他们之间相互称谓时，总是理解为，"南边剜完北边剜"。安阳的土话说挖土是剜土。

　　后来参加安阳殷墟考古的年轻人，按照来安阳的顺序也排了名次，以至排到第十个人，史称"安阳考古十兄弟"。当然，这也是深厚友谊的见证。

　　他们以基址为中心，若挖出夯土就往下挖，在夯土台周围寻找，称其为第几基址。D 区发现了三个基址，其中两个基址比较清晰。这两个基址位于以往发现础石的基址之南，但这两个基址并没有发现础石，在其东侧则发现了缺少础石而没有边界的基址。这个基址里发现了铜制的础，铜础上头凸，下头弯。上头原有的木头柱子遭到焚烧后已经毁掉，可以想象，这里曾遭过火灾。这是一大发现。据发掘情况分析，柱子两三米以下就是基址，基址最初可能很高，有铜础和石础巩固地基，基址很大，在洹河的西边。于是，五人聚在一起发挥着想象：

尹达猜测，殷商时期，这里是一座宫殿？

另一人说，武王伐纣时放火烧毁了它？

还有人说，符合逻辑！

尹达在发掘过程中进一步去印证这种猜想的可能性。

基址地下还发现了灰土坑穴。穴较浅，穴上建有顶，说明这里以前是人的住处。考古界一般把基址从上到下排序为夯土——黄土——灰土坑。此穴与基址还有一定距离，基址属于殷代的地面，此穴属于龙山期的文化遗址。穴内没发现甲骨，只发现了方格纹饰黑色有光泽陶器罐、黑陶盘子、小石斧。黑陶盘子底部有足。先前对小屯的考古过程中，并未发现方格纹饰的陶器，这次发现后，基本确定了小屯也有龙山时期的文化，这进一步证明龙山期居住的遗址接近洹河。通过这次发掘说明小屯不仅有殷商时期的建筑，还有龙山时期的建筑。

D 区的发掘收获很大，发现了东、西两座建筑基址。坐东的长 30 米，宽 9 米，基址上除石柱础外，还有十个铜柱础；西边基址长 20 米，宽 8 米。出土甲骨 250 片。

从发掘出土的文物和基址等各种迹象来判断，这里很有可能是殷商时期的宫殿遗址。

每次从小屯 D 区路过后冈，尹达都情不自禁地回头张望。他对后冈有种特殊的感情。在那里他与梁思永发掘出三种不同年代的文化层

——"三叠层"，这一考古发现解开了中国古代社会历史演变的序列。地下究竟还掩埋了多少秘密？尹达不得而知，一种说不出的牵挂萦绕在心头，尹达不由自主地沉湎其中不能自拔。

梁思永患病后，尹达也被派到浚县辛村，对后冈发掘暂停下来，尹达担忧这里搁置久了被盗墓贼惦记怎么办。俗语云：不怕贼偷，就怕贼想。D区发掘期间，尹达去北平探望梁思永：一是问候，二是将小屯发掘出基址的情况汇报给梁思永，三是探问后冈发掘能否进行。梁思永的病情虽有好转，但仍不能到田野工作。尹达将发掘出的基址是否为殷商宫殿的疑惑告诉梁思永，请梁思永研判。梁思永对尹达的推断，很感兴趣，也大加赞赏，说他工作认真、细致，思维敏捷，善于思考，有综合研判能力。看得出来，梁思永非常欣赏尹达。

尹达又谈了他对搁置后冈的担忧，并提出了发掘后冈的请求。梁思永非常支持尹达的想法，爽快地说，愈快愈好。尽管他不能亲自去考古现场指挥，将此地交予尹达他也放心，希望有更大的发现和收获。他同意由尹达主持后冈的继续挖掘。

尹达挚爱考古，业已习惯于穿梭在湛蓝的天空下，无尽的田野和迷人的山水美景里，尽享自然的美景和乐趣。上天很眷顾这个勤奋、充满智慧、爱动脑筋的探索者，它将更多民族瑰宝呈现在他的眼前。

1933 年 11 月 15 日，尹达与尹焕章冒着凛冽的寒风，带了几名工人，雄赳赳，气昂昂，赶赴后冈。这也是对后冈的第三次发掘。

尹达将后冈仍分为东区和西区。他亲自指挥工人挖土，细心做记录，盯得特别紧。此次发掘不仅发掘出三期的文化层，还有了新的收获。

后冈东区发现很多小墓，在 H321B 墓的棺椁外的西北处第二层台上，出土一个完整的铜甗。铜甗耳高 40.1 厘米，口径约 20.65 厘米，腹部有三道鼓起的弦文，腿的粗大处各有一个兽面。腹内有放箅子的孔，但没有箅子。它是安阳发掘以来第一次发现的长而完整的铜器。

后冈西区挖出一个南北走向的"中字形"大墓。南北通长 38.60 米，通深 9.0 米，正好到了洹河水面。可正发掘此地时，忽然暴雪来袭，后冈发掘暂停。李景聃、石璋如、李光宇也结束了对小屯的发掘。

一封电报让尹达愁肠百结，电报说父病重，让他速回。尹达意识到问题的严重性，父亲被病魔缠身多年，此去凶多吉少。尹达安排好工作，旋即回到滑县牛屯集。他一踏进家门，映入眼帘的是麻衣孝布白花花一片。他敬重的父亲已驾鹤西去，终年四十六岁。尹达被切肤之痛啃噬着，他双膝一软跪倒在父亲的木棺前，失声痛哭起来。往日养育他成长、教育他成才的父亲，就这样撒手人寰、离他而去，这怎不让人悲痛欲绝？他知道父亲牵挂狱中的哥哥，临终也没能与之见上一面，这是多么遗憾和悲伤的事。尹达强忍悲痛，安葬了父亲。

尹达奔丧后，李景聃、石璋如、李光宇、尹焕章商量，大墓已经挖开，万一盗墓贼下手，后果将不堪设想。于是，他们冒着严寒和冰雪，又投入到后冈大墓的发掘之中。

墓葬挖掘在地下七八米深，深坑里融化的积雪被冻成一块块厚厚的冰。他们用铁锨、斧头等均挫不动坚冰，又找来木头、柴草用火烧，待冰融化成泥水，再将泥水清除出去。待挖下去他们才发现，大墓有被盗痕迹。

尹达办完丧事回来，继续主持后冈大墓的发掘。

从夯土堆发现了很多人头骨，几乎每层夯土就有一个人头。大家边挖边推断：殷代筑夯土的时候，是有祭祀仪式的，每筑一层夯土，就祭祀，杀人，用人头祭奠。此次发掘共发现二十八个人头骨。大墓有南北两条墓道。北墓道有台阶，南墓道是斜坡，北墓道底下有二层台，呈"亚"字形墓室，人头骨便埋在"亚"字形之外的地方。

墓室南北通长 39.6 米，东西宽 6.2 米。棺椁已被盗墓贼打开，棺椁内没有发现贵重器物。棺椁下边埋了一只狗。墓室分墓室、木室、腰坑三部分。墓室为长方形，上口现地面下 0.4 米，南北长 7.0 米，东西宽 6.2 米，深 8.5 米。底面南北长 5.5 米，东西宽 4.2 米。

木室上口深 7.0 米，南北长 5.7 米，东西宽 4.4 米；亚形南北两端约宽 2.6 米，两侧各突出 1.0 米；东西两端分别宽度为 2.3 米，两侧各向外突出 0.5 米，本身高度 1.5 米。

腰坑在墓室的中心，南北长 1.2 米，东西宽 1.1 米，深 0.5 米，土穴。

墓道，南道南北长 20.0 米，宽 2.55 米，墓道的底部呈坡状。中间一段较为平整的地方，放置了车器。北墓道长 11.6 米，宽 2.25 米，现存二十三个台阶，完整的应为三十个台阶。

再往深处挖，发现一个车坑。从墓的形制与规模看，此墓系贵族墓葬。

墓葬的形状，南墓道的车器，以及用人头殉葬等，堪称后冈西区的第一发现。后冈东、西两区的墓葬，是研究殷商时期墓葬文化的一项重大发现。

对小屯 D 区的发掘于 1933 年 12 月 25 日结束。后冈发掘至 1934 年 1 月 3 日结束。发掘结束后，大家留在安阳整理出土的碎陶片、蚌、玉石块等器物，准备将这些陶片打包送到南京。尹达将碎陶片分类后，绘成图片，再汇编成一本小册子。

这是安阳考古人员发掘结束后第一次留守在发掘地。闲暇时，尹达与石璋如一起去调查同乐寨遗址，它坐落于安阳城西的洹水岸上。经反复在岸边的断崖上观察，他们发现了龙山时期的文化遗址，但没找到仰韶文化遗存（后来发掘才知道，龙山文化的下面依然有仰韶文化的存在）。

民国二十三年三月十七日，殷墟第九次发掘，左起冯进贤、董
作宾、石璋如、尹焕章、刘燿（尹达）、李景聃（编按：拍摄地点应
为冠带巷发掘团住所）

六　疑现王陵

　　1934 年春，董作宾来安阳主持第九次发掘，这一次，发掘队不仅
修缮了冠带巷所有房子的门窗，还租下了冠带巷二十六号院作为史语所
考古组殷墟发掘团办事处。

　　第九次安阳殷墟发掘于 1934 年 3 月 9 日开始。董作宾分工：尹达、
尹焕章仍负责后冈，石璋如、李光宇、李景聃、顾理雅等去小屯 E 区北
边的 G 区发掘。

　　早饭后，大家乘雇来的马车去田野。六个人分别坐在车厢里、车厢

上、车辕上。年轻的车夫，扬起马鞭抽打在马身上，马在辕木内奋蹄疾驰，马车随着凸凹起伏的地势颠簸在田间小路上。马车先送尹达、尹焕章去后冈，再送李景聃、石璋如、李光宇、顾理雅到小屯的 G 区。

尹达、尹焕章在后冈发掘出龙山文化时期的版筑和殷代墓葬。

石璋如在小屯 G 区发掘地一直找不到基址。因小屯最早出土过甲骨，所以盗墓贼多次对小屯进行疯狂盗掘，小屯被挖掘得千疮百孔，基址遭到了严重的破坏。石璋如无从下手，非常着急。

G 区的长工们没活干就凑在一起说闲话，来自侯家庄的长工说，有人在洹水北岸侯家庄一带盗掘出很多青铜器，卖了很多钱，一下子就富了。还有人说侯新文家的田地里无意中挖掘出一件铜器，赶紧往下挖，挖了几天，挖出一堆骨头。侯新文带回家一看骨头上还刻有符号。

关于侯新文地里出骨头的事情，在石璋如的发掘现场传开了，很快就传到了尹达与石璋如的耳朵里。了解落实情况后，他们立即告诉董作宾。董作宾立即让尹达去买侯新文挖出的骨头。买来一看，是殷商晚期的文字。董作宾立即做出决定，发掘侯家庄。

董作宾一边给安阳县政府写发掘侯家庄的报告，一边秘密联络地方专员兼县长与保安司令的方策、保安副司令苏孔章、秘书张曹，邀他们在发掘当天大驾光临，最后他才去找侯家庄的村长谈判。3 月 30 日，董作宾命令暂停小屯、后冈的发掘工作，到侯家庄南地等候发掘。各方人士到齐后，董作宾讲道，侯家庄发现的甲骨，是国家的重要文物，村民要好好保护，不能乱挖乱盗，要积极配合发掘团的工作。考古队雇用工人时，会优先考虑侯家庄的村民。

董作宾这次汲取了第六次发掘时的教训。发掘团在小司空村南地发掘时村民来发掘地闹事。发掘团怕冲突，停止了发掘。所以，董作宾这次行动考虑得比较周全。

为发掘侯新文的半亩多地，招侯新文来当短工。发掘团工人分长工和短工，长工一般都是熟悉考古工作的，能起土挖掘，认识器物，能记录，计算文物数量，能带领临时工押送车辆，有时还负责在器物上编号等工作。短工是在长工的指导下工作，干些粗活。当然，工资也有区别，长工每月十二块大洋，短工扣除星期天和阴雨天，每月十块大洋左右。

后冈、小屯村北的发掘工作于 4 月 1 日全部停止。4 月 2 日，董作宾率队进到侯家庄南地，分东西两组，开南北向探沟两个。

尹达、尹焕章负责西区，在南北向探沟的西侧。李景聃、石璋如负责东区，在南北探沟的东侧。顾理雅是美国芝加哥大学研究古代东方的教授，与董作宾是故交，由原来的来看热闹变成了直接参与挖掘。董作宾将发掘工作安排就绪，便又沉浸在撰写甲骨文断代的论文里，有时，他也到发掘现场去指导。董作宾还让侯家庄的保长动员侯新文将甲骨交出，侯新文人实在，共交出三十一块甲骨。

李景聃、石璋如负责的东区正是侯新文发现甲骨的地方，是小小的甲骨区，这里发现了小灰土坑和基址。石璋如在负责的 H 区第二十坑里，发掘出与泥土粘连在一起的七块龟版，石璋如用棉花将之包裹起来，送到冠带巷。经考证，龟甲七块，满版皆文字，为廪辛、康丁时期占卜的记录。

祁廷霈、冯进贤到安阳时，大家正陶醉在发现"龟甲七版"的兴奋之中。所以祁廷霈一到，大家不容分说地喊他祁老六，从此，祁廷霈被称为"考古十兄弟"之老六。

接着史语所领导与同人纷纷前来祝贺。史语所考古组借机在安阳开了个小组会议，会议内容很多，但其中一项是关于尹达、石璋如的研究生毕业问题。尹达与石璋如 1932 年被中央研究院史语所录取为研究生已经两年，现到毕业之际。史语所考古组研究决定：尹达、石璋如参加田野考古，工作踏实、勤奋，成绩突出，不用写毕业论文，每人写一份考古报告即可。尹达负责撰写浚县大赉店史前遗址的报告；石璋如负责撰写安阳侯家庄出土之甲骨文的报告。尹达、石璋如自民国二十三年（1934 年）下学期起，升任为中央研究院的助理研究员。尹达、石璋如从中央研究院的实习生到研究生，最后成为中央研究院的正式工作人员。从此，尹达算是正式入职考古行业，由原来每月的五十块大洋的津贴补助，到现在每月一百块大洋的工资，待遇飙升。

尹达与尹焕章在西区的武官村南霸台发掘出龙山文化时期的大灰坑和殷文化层，尤其是大灰土坑里挖出很多陶器碎片。尹达与尹焕章几乎每天一上工就登记陶片，并安排长工押着陶器及碎片往冠带巷办事处送。尹达在西区还发掘出殷代大墓，挖出些铜器、甲骨和一些蚌器。墓葬发现了盗洞，大宗文物被盗墓贼盗走，这令尹达遗憾不已，但大墓的规模和基址给尹达以启示：难道此地是王陵？

因董作宾去上海办事，安阳殷墟第九次发掘于 1934 年 5 月 31 日停止。尹达、石璋如、李景聃、尹焕章、祁廷霈仍留守安阳继续整理文物。尹达带着疑问趁星期天到古玩市场调查。他发现古玩市场有殷商时期的青铜器，还听倒卖青铜器的人说，武官村人盗掘的铜器赚了很多钱。说者无心，听者有意，此事引起了尹达的高度重视。于是，他拉着石璋如扮成倒卖文物的商人，假借要买青铜器，再顺藤摸瓜，调查发掘铜器的位置。

调查结果让尹达震惊，原来盗掘青铜器的地方，竟是尹达、尹焕章发掘的侯家庄南地与武官村的西北一带。古玩市场的卖家告诉尹达，武官村人曾在侯家庄盗掘出三件管状嘴铜盉，三条腿，形似高射炮，人称"高射炮"，此器物已被日本人高价买走了。武官村人还在小营村田野里挖出一个铜碗，碗里有四条龙，当地人称"转龙碗"，还发掘出一个方彝，当地人称"小庙"，都是非常有价值的器物。

尹达联想到上次从灰土坑出土的大量陶片，还有墓葬出土的青铜器，以及武官村人盗挖的精美铜器，这些皆是殷商时期王族墓葬的文化符号。这些文物的历史价值和发掘出的文物的种种迹象佐证，此地即是殷商时期的王陵所在地，尹达与同人进行讨论，大家的看法与尹达几乎一致。

此时，凌莎来信告知尹达：赵毅敏出狱了。

1934 年 3 月，伪满洲国改共和制为帝制，清朝末代皇帝溥仪在日本人的扶植下称帝，登基后实行大赦。6 月 24 日，依照伪康德元年三月一日的赦令，奉天的日伪监狱对原按照"危害民国紧急治罪法"判刑的犯人实行特赦，于是，伪满洲国九十二名政治犯获释。

几个年轻的爱国学者聚在一起，关注东北时局，也关注国共两党的争锋。他们不仅称颂共产党领导下的东北抗日斗争是民族英雄所为，同时，也痛恨蒋介石"攘外必先安内"的内耗政策，大发牢骚：养兵千日，用兵一时，有本事打日本人去！而国军却将枪口对准自己人。

赵毅敏出狱后，新满洲省委地下党组织派他到哈尔滨执行新的任务。东北民众在中国共产党的领导下，与日军战况胶着，尹达既支持哥哥的爱国行动，但也时常惦记哥哥的处境。每当这时，尹达会倍加思念哥哥，也有追随哥嫂抗日救国的愿望。

七　石虎之夜

1934 年 9 月中旬，梁思永病愈后从北平来到安阳。三十岁的梁思永，已荣升为国立中央研究院河南安阳发掘团团长，他早铆足了劲发掘后冈、小屯。他一到安阳，就做出了发掘后冈、小屯的决定。后冈遗址是梁思永发现的，他对后冈情有独钟。北京养病这两年，他连做梦都在发掘后冈。

尹达有不同想法，未敢出口。他旁敲侧击，将考察的情况和武官村人盗掘的情况给梁思永作了详细的汇报。梁思永听后，只对武官人手中的文物感兴趣，一心想从武官村人手中把宝物讨回来。可是，武官村人对发掘团有抵触情绪，无论如何也不与发掘团合作，还口吐狂言：宝物卖也不卖给发掘团。武官村人视发掘团为挡自家财路的对手、死敌。无论梁思永怎样托人、求情，费尽周折，也无济于事。

尹达向梁思永建议，与其从武官村人手中购买宝物，不如进驻侯家庄、武官村发掘。

梁思永是专家，是学者，他做出的决定，无人敢驳。尹达从进入发掘团就跟随梁思永，两人有师生之情，所以尹达敢于进言，尹达说，他相信侯家庄一定有殷商时期的贵族墓葬，肯定能出土有分量的东西。

梁思永以侯家庄与武官村西北离冠带巷有些距离，路上来回耽误时间为由，不愿采纳他的建议。

尹达的牛脾气爆发了，他竟对梁思永大发牢骚：我们不能眼睁睁看着武官村人盗掘宝物卖给日本人坐视不管吧？种种迹象表明，那儿可能是殷代的王陵。一部无字地书，就这样被他们野蛮乱掘、撕裂损毁，我们还怎么搞历史研究？石璋如、祁廷需等人在一旁敲边鼓，说小屯和后冈先放一放，目前最急迫的是侯家庄与武官村，他们盗掘文物，卖给日本人都不卖给咱，实在令人气愤，我们要争这口气！

梁思永觉得大家说得有道理，就说，要发掘侯家庄、武官村，必须答应他一个条件，让他们在离发掘地较近的村庄设立一个临时工作站，从星期一到星期六住在那里，星期天才可到冠带巷办事处或到安阳城洗澡、购物、写信、休息等。

尹达、石璋如、祁廷需爽快答应：遵办。梁思永一拍桌子说：好，成交！①

　　发掘团的人都知道，梁思永赏识尹达，说尹达有多学科、多角度综合研究的能力。像这样直面进言的事，只有尹达敢做。

　　尹达将工作站设在侯家庄侯迪道的家，这是一处临街的老四合院。几天后，尹达一行乘坐着马车，拉着行装和工具，与工人一起兴冲冲来到侯家庄。大家正卸行囊时，侯迪道变卦了。侯迪道儿子找各种理由阻止他们搬东西。尹达强忍着，好话多说，都签合同了，哪有变卦之理。他指挥工人继续往院子里搬东西，侯迪道儿子推搡着，摆出一副地头蛇耍赖打架的姿势。

　　尹达不吃这一套，他甩开膀子冲在前说，协议已签，都给县政府打过报告了，岂有反悔之理？尹达上前一把拉着侯迪道儿子的袖子说：走，咱找县政府说理去！

　　这招管用。一提县政府，侯迪道儿子犯了嘀咕，大概是理亏又惧怕官场的缘故，刚才还是蛮横跋扈怒不可遏的样子，现在整个人陡然变得温和客气起来。

　　侯迪道儿子道出实情，原来武官村的人知道侯迪道将房子租给了发掘团后，说一大堆风凉话。所以，他们不愿惹是生非。

　　尹达理直气壮地说，让武官村的人来吧，不怕。

　　尹达见侯迪道儿子不再纠缠，便一声令下，长工们赶紧卸行装、摆床铺、安炊具。一切停当，尹达让石璋如与工人们留在侯家庄，他与祁廷霈回冠带巷汇报。

　　尹达一到冠带巷，梁思永赶紧从屋里跑出来说，到点了，到点了。你俩快去火车站接胡福林！尹达很想将刚才险些打起来之事说与梁思永。梁思永摆着手说，快去，快去吧，估计福林等不及了。

━━━━━━━━━━

① 高岚访谈。

民国二十三年秋，西北冈第一次发掘，刘燿（尹达，中立戴浅色帽者）及工人（编按：照片记录未注明拍摄地点，此或为 HPKM1001 号大墓，该墓由刘燿主持发掘）

胡福林即胡厚宣。1934 年胡福林北京大学毕业后，傅斯年把他作为拔尖人才揽入中研院史语所考古组安阳殷墟发掘团。

1934 年 10 月 2 日下午，尹达、祁廷霈乘马车将胡福林接到冠带巷发掘团办事处。尹达穿了件蓝布长衫，手里拎着一包书走在前头。祁廷霈一身浅灰色中山装，抱了个包裹，走在后头。胡厚宣戴一副宽边眼镜，穿黑色中山装，手提棕色小皮箱，走在中间。胡厚宣到安阳后，大家称其为胡老七。

安阳殷墟第十次发掘从 1934 年 10 月 3 日（民国二十三年十月三日）动工，由梁思永主持。参加这次发掘的有：梁思永、尹达、祁廷霈、胡厚宣、尹焕章、石璋如、马非百等人，这次发掘的具体位置是侯家庄的东北、武官村的西北，因武官村人习惯称此地为西北冈，侯家庄人也用了这个名字。

梁思永带大家先去西北冈考察，让尹达叫上侯新文。西北冈距武官村、侯家庄均二里地远，约三分之二的地属于武官村，约三分之一的地属于侯家庄。西北冈地势较周边高出很多。梁思永根据地形先把武官村的双大井和侯新文的地块作为挖掘点。双大井是武官村用来汲水浇灌棉花地的两个水井。

侯新文共有两处地产，一块位于侯家庄南地，半亩大，在那里他挖出过甲骨文。一块位于侯家庄的东北，这块地较大些，一亩有余。侯新文说，武官人挖出的"高射炮"，就是在西北冈他家的地里挖出来的。盗掘者是从别人地里挖暗道进入他地里的。梁思永还跟他开玩笑说，侯新文祖上积大德了，他的这两块地都是风水宝地。

侯新文提醒梁思永，这里经常有劫匪出没，是个是非之地。

西北冈有一条南北向的土路，他们以道路为中线，将西北冈分东、西两个区。大家先在西区作业，按以往经验，以十米长、一米宽标准开坑。大家很谨慎，发掘线没有拉太长。

大家先在侯新文的地里找夯土。汲取上次挖掘经验，他们觉得这夯土不是基址而是墓葬。大家不仅找夯土，还要找扰土。扰土就是夯土疙瘩与黄土混杂在一起的部分，扰土一般情况下能挖出东西。

1934 年 10 月 12 日下午 3 点多，石璋如的作业坑出了事故，坑体塌方，坑下有五名工人，两人爬了出来，一个砸伤被救，还有两人被埋在坑深处。

大家慌乱起来，由于缺乏营救经验，所有人都踩在坑上往下挖，原来疏散的土层被踏实后造成被埋者窒息死亡。侯新文和刘珍就这样结束了年轻的生命。梁思永将这次事故命名为"一〇·一二事件"。

大家的心情很沉痛，长工韩希尧被送到三民医院救治。挖掘队决定给予每位亡者三十块大洋的安葬费，让其家属领尸掩埋。死者家属不同意此赔偿，武官村的人借机挑拨是非，让家属去工作站闹事。

侯新文和刘珍的尸体如何安放，成了难题。梁思永担心尸体放田野不安全，便让大家将尸体抬到侯家庄工作站。

侯迪道不同意将尸体放他家院内，所以尸体只能放街口。多日来大家已经建立了深情厚谊，也因抢救失误而追悔莫及。他们谁也没吃晚饭，默默守候着尸体到五更。离开，怕野狗拉走。不走，明天还有很多事需处理。尹达提出，由他与石璋如在此看守尸体，其他人回工作站休息。

夜空像蒙了一块黑布，盖在了街口，不远处传来野狗的狂吠声，划破了寂寥的夜幕。尹达与石璋如又冷又饿，背靠着墙并排坐在地上，回想白天大家还在一起说说笑笑，眨眼工夫逝者变成了两具冰冷的尸体，不由得心生悲伤。尹达与石璋如就与侯新文的尸体说话，尽管侯新文听不到了，但这多少是表达了生者对亡者的哀思和留恋吧。

中央研究院研究决定：给死者家属每人二百块大洋的抚恤金。韩希尧伤势稳定后，也给一些补偿。这件事才算告一段落。

因出事故，大家仍心有余悸，于是梁思永决定从 15 日开始暂停发掘一星期。安排尹达、祁廷霈留守西北冈，梁思永带石璋如、胡厚宣去西部做调查，尹焕章、马非百看守工作站。

15 日夜 11 点，大家刚入梦境就被一阵急促的敲门声惊醒。因之前的事故令大家都惊魂未定，于是，所有人都赶紧起床。发掘团的人迅速围在一起猜，是死者家属来闹事？

看守工作站的警察和士兵迅速将来人围在大门外，呵斥道：来人何事？一个答，他是小营村村长李宝善。另一个说他是村民李来发，有急事找发掘团的人。梁思永这才让打开大门。

俩村民深夜来访，问发掘团是不是有"中央白天发掘团"和"中央夜晚发掘团"。

梁思永怔了下：中央夜晚发掘团？

村长解释，刚有一帮人到李来发地里去挖东西，这些人是由县政府官员李冠带队的，还有武官村村长，他们称自己是"中央夜晚发掘团"。"中央夜晚发掘团"的人派头很大，命令李营村村长李宝善为他们打扫庙内卫生，铺床褥，备开水。李宝善见县政府官员带队不敢怠慢，但又觉蹊跷，一边派人去整理，一边到这里问个究竟。

什么"中央夜晚发掘团"？这是一群胆大妄为的盗墓贼。梁思永年轻气盛，见不得邪恶，他立即召集警察和士兵，个个拿着双筒照明灯，带着尹达、石璋如、祁廷霈、胡厚宣等到事发地去，发现武官村的人正在李来发的菜地里挖掘，那帮人有说有笑，正干得热火朝天。

警察怒吼一声：都别动！谁动打死谁！霎时间，数十只照明灯犹如万箭齐发，唰唰唰，一起对准盗墓贼。警察朝天上开了几枪。

武官村村长见势不妙，赶紧求饶，说先不要开枪，有话好好说。警察缴了盗墓贼的枪械，将他们带到工作站。梁思永将这个事件定名为"一一·一五事件"。武官村村长等人后被武官村的村民保释。李冠被连夜送到了县政府等候处置。

第二天，安阳县县长立即派秘书张曹前来解释，说李冠不是县政府正式人员。恰在此时，马非百回开封任豫北政治考察团团长后来安阳考察，找小营村村长了解情况，小营村村长指认李冠是安阳县政府正式人员。

事关重大，马非百向省政府作了汇报。

梁思永也向中央研究院作了汇报。梁思永正告张曹，让其给县长带话：中央研究院的工作区遭到盗掘和破坏，这个事情很严重，今后，县里必须听从中央指示，任何外人不能随便出入西北冈。

张曹走后，李宝善遭到报复。安阳县政府以小营村村长李宝善错认李冠身份为由将他关押起来。

民国二十三年秋，梁思永、马元材、石璋如、刘燿（尹达）队，
沿洹河南北两岸归来

梁思永得知李宝善被关押的消息后，多次向中央反映情况，为李宝善喊冤。经调查，李冠的确不是县政府的正式人员，在梁思永的强烈呼吁下，12月中旬，中央才派古物保护委员会的滕固、黄文弼两人前来调查，小营村村长李宝善才被释放。①

1934年10月22日，西北冈发掘复工。大家的工作与前期同样，开长坑找夯土层。

尹达有的放矢，他认定武官村人盗掘三个大铜盉的地方，下面有内容。他以这个区域为中心，逐渐向外延伸。尹达带领五个工人挖出一个大墓的轮廓。

尹达在西北冈第一个发现了墓葬，梁思永将他挖掘的地点定为

—————————————

① 《石璋如先生口述历史》。

1001 大墓。梁思永希望能在这里发掘出一千个墓葬。

梁思永为他们规定了撰写考古报告编号体例，若是坑即写为 HPK 第几坑，若是墓葬再加上 M，如 1001 大墓即写为：HPKM1001，即是西北冈第一个墓葬的意思。

在大家都未找到眉目的时候，尹达在 HPKM1001 大墓挖出了花骨、石器等器物。11 月 24 日下午，当工人挖到 4.2 米深的土层时，他们发现一个精美的石雕。石雕高 371 厘米，人体兽面，呈跪姿，张着嘴，瞪着眼，像一只跪着的老虎。尹达为它取名石虎。这是安阳殷墟第十次发掘出土的第一个珍贵文物。尹达与工人一起将石虎抬出地面，又抬到车上，亲自护送到工作站。

大家从工地回来，顾不上洗漱和吃饭，纷纷向尹达表示祝贺。

发掘团有一个不成文的规定，每当发掘出有价值的文物，都要为这一天起个名字。于是，大家就将 11 月 24 日这个夜晚定名为"石虎之夜"。余兴未尽，大家又酝酿着给石虎也起个名字。有人提议，安阳殷墟第十次发掘主持人是梁思永，他是发掘团团长，说叫"梁思永石虎"比较好，梁思永不同意。又有人说叫"李济石虎"，还有人说叫"傅斯年石虎"，也有人提"蔡元培石虎"，有人提用发现者的字命名最好，叫"照林石虎"。尹达不同意。最后大家都倾向用梁思永的名字最合适。

梁思永爱抚地摸着石虎的头，感慨地说，还是照林有远见呀！当初若不是他坚持发掘西北冈，盗墓贼破坏了基址不说，原本属于国家的文物就会变成盗墓贼的摇钱树，相信西北冈还会有更惊人的发现，我很期待。梁思永一席话，将整个祝贺仪式推向了高潮，于是，几个人不容分说地将尹达抬起来在院子里转圈，边转边喊：照林石虎！照林石虎！这个夜晚，整个工作站都处在发现石虎的狂欢状态中。

第二天，梁思永即进城向史语所发电报，报告了发掘石虎的事情。

民国二十三年秋，洹桥骑驴（左二浅色衣骑驴者祁廷霈，左三骑驴者梁思永，其右骑驴者依次为胡厚宣、尹达、马元材）

此时，历史语言研究所已搬迁到南京北极阁鸡鸣寺路 1 号。

祁廷霈在尹达旁边也找到一个大墓边缘的轮廓，遂命名为 HPKM1002。但祁廷霈运气较差，没有挖到有价值的器物。

石璋如发现的墓葬为 HPKM1003 墓，深挖了几天，收获不大。

胡厚宣很快就能辨认土色、土质、遗迹、测量绘图等技巧，他发现的墓葬名为 HPKM1004。

1934 年 12 月 19 日，马非百带着豫北政治考察团在区长索子佩的陪同下到武官村冒充的"中央研究院夜晚发掘团"的盗掘地来检查。待他们离开这里后，发掘团立即开始对被盗掘的地方挖掘，先开沟，清理盗掘坑，盗掘者已把墓葬挖开。梁思永命名该处为西北冈 HPKM1005。盗掘者已挖掘一米五深，再挖下去，接近一米七深时发现了铜器，是一个精美的转龙碗。梁思永看到后爱不释手，他相信了武官村人曾在此地发掘出一个转龙碗的传言。接着团队又挖掘出两件铜器盂：一件雕刻有龙纹，一件没有龙纹。

　　12 月 20 日，落雪莺飞，纷繁飘絮，发掘团不得不停工一天。12 月 21 日，西北冈 HPKM1005 复工后，挖掘出三个铜壶，铜箸三双六件。12 月 22 日，又发掘出铜圆柄铲、方柄铲三件，铜锄头三件，还有两个陶器盆。最后在清理基坑的时候，又挖掘出一个铜片。梁思永先生拿在手里擦拭着，说这可能是一个铜镜。同时，发掘出六具人的骨骸，骨骸与头颅不在一处。梁思永说这是"身首异处"的葬法，古人把砍下来的头颅和躯干并不在一处摆放。另外，还挖出二十五个象牙质地的骨锥。这个墓葬共发掘出四十四件器物，收获颇丰。

　　梁思永将发掘出土的文物一件件摆到工作站，让大家猜它们的用途。大家的意见不一致：圆铜片是镜子？还是古人取火用？梁思永解释说，对出土的铜质器物的解释要审慎，彼此配合。他拿起那个圆铜片说，比如，这个圆片，我们给它定名字的时候，只能写它是个圆铜片，不能写铜镜。记住，你们作记录的时候，也要这样写。

　　12 月 24 日，石璋如又发掘出 HPKM1022 墓。出土很多文物，尹达帮忙来整理文物。墓葬里是一具俯身人骨架。墓葬里均是三件器物在一起。人头的旁边放一个有盖子的牛角形铜器，人头上边放了两个小型的铜觯，也有盖子。器物非常完整，但器物及其放置位置令人费解。随后又在墓葬的南壁挖出三件器物：觚一只，爵两只，稍有破损。接着又在人骨身体的中部发现了三件器物：一只卣，两只斝。这两只斝与平时挖掘出来的形状不同之处在于它有四条腿（斝通常是三足），破损很大，但上面的花纹很美。最后，还发掘出了小庙，也叫方彝。这次发掘证明了春天时候传出的武官村人盗掘出小庙、转龙碗的事情都是事实。尹达与石璋如边记录边琢磨这些器物的用场。

　　HPKM1022 墓 12 月 25 日结束了发掘，出土文物十件。器物送到工作站，大家在整理器物的时候，发现爵的鋬金上有铭文："中"字。方彝的盖子和底部，盖得很紧，怎么也打不开，大家就这样剜来剜去，终于打开了那个盖子，原来盖子和底部都有铭文："右"字。于是，大家琢磨起来，各种各样的推断都有，争论不休，直到鸡叫。工作站的服务人员，就敲打着他们工作室的门喊：明天你们还要去剜土，鸡都叫了，该睡觉了。大家这才各自回屋，但意犹未尽。不大一会儿，便从各个房间里传来粗细不一、此起彼伏的呼噜声。

尹达根据小墓出土文物的情况分析，断定周围还有与之相关的墓葬，他在这两个小墓的东区又发掘出一些小墓，出土了一些器物。

因经费不足，梁思永不得不停止发掘，梁思永在发掘结束的晚宴上对工作进行安排：尹达与祁廷霈护送文物去北平，石璋如等留守安阳。石璋如一直发掘到 1935 年的 1 月 1 日才结束了在安阳的工作。①

八 守土有责

梁思永带尹达去北平是有想法的，因发掘侯家庄与武官村采纳了尹达的建议，是正确之举，所以发掘情况须由尹达来汇报。他断定傅斯年听完汇报看到成果后，定会为下次发掘争取更多的经费。

尹达一到北平，傅斯年就迫不及待地要见他。梁思永交代，汇报时越详细越好。由于时间太紧，尹达来不及写详细的汇报材料，只列一个简单的提纲。当尹达说到那个圆圆的铜片可能是一个铜镜时，梁思永插话，说这是个大发现。傅斯年对铜镜很感兴趣，拿起那个铜镜反复观看，看后也说这个圆圆的铜片应是一个殷商时期的镜子（后来，傅斯年在北京大学中国古代史专题研究班讲课时专门提到了这个铜镜。他说，

---

① 见《石璋如先生口述历史》。

在殷墟发掘出这个铜镜之前，我们只知道发现最早的是汉朝的铜镜，现在发掘出殷代的铜镜，这是一个重大的发现。这与徐中舒先生曾有的判断，汉代以前已有镜子之说是非常吻合的，这个发现证明镜子的时代可以追溯到殷代。)。

一排排小木盒子、木箱子里装满了出土的精美器物，大都是殷商时代的青铜器，也有完整的陶器。青铜器、陶器反映了殷商时期的经济繁荣程度和文明程度，傅斯年懂得它们的分量和价值，那些东西凝聚了古人的智慧，是研究殷商时期文化的重要资料，也是那段历史兴衰的证据。尹达汇报到这次发掘是因经费不足而搁浅时，傅斯年豪迈地说，安阳的地下埋葬着殷代的宝藏。没有钱，就无法知道宝藏的秘密。我即向中央研究院汇报，经费一定不会少。

考古组南迁后，蚕坛的上房、过厅、董作宾住过的西厢房依然空着。尹达住在蚕坛的上房。梁思永在静心斋办公。两者距离不远。

尹达除整理文物、登记绘图外，也帮梁思永查找资料。梁思永有心培养尹达，为他引荐一些来自全国各地的知名学者，大家在一起交流，谈历史、考古。

1935 年春，著名考古学家徐旭生造访梁思永，梁思永意让尹达来陪，并介绍说，徐旭生先生是一位博览群书、知识渊博的学者。徐旭生曾率由四国组成的考古学家、地质学家考察团对我国西北部进行长达六年的考察，考察的收获颇丰。徐旭生是对我国考古学界、地质学界学术交流最有贡献的人。梁思永叮嘱尹达，一定要读一读徐旭生先生的《徐旭生西游日记》。①

尹达对徐旭生的治学能力、学识智谋早有所闻。机会难得，尹达一直对大赉店、后冈发掘出的白灰面有疑惑，趁机向徐旭生讨教。他说两

---

① 高岚访谈。

处竖穴的立壁，有一米多高，上面涂有很薄的灰皮，两处的遗址又都在河岸附近的田野里，穴中出土的是黑陶时期的陶片，有蓝纹竖鼻罐，平底直壁黑陶盆，圈足盘等。尹达抛砖引玉，说，这是不是古人烧饭的地方？

徐旭生认同尹达的看法，说，他也发现了这样的情况："1934年冬天，我在陕西斗鸡台发见了一个白灰泥成的竖穴。底部是涂有一层灰皮的圆面。圆面的中央向下凹入了，在中央凹入的白灰面上，是一层较厚的烧土。在烧土上有一层较厚的灰面，周围尚有立壁的遗存，高一米余。"

徐旭生不摆架子，从组建考察团到斯文·赫定重签协议，等等，无所不谈。徐旭生说，他这次考察，在新疆发现了大量石油，且储量很大。说到激动处，徐旭生停顿下来，唉声叹气起来，说，咱们国家若不改变国防空虚、科学落后的面貌，那里必将成为帝国主义列强的觊觎之地呀！三人皆为国之骄子，国弱之际，岂有不为国家担忧之理？梁思永痛惜地说，苍生不允也！尹达铿锵有力地说，国之宝藏，你我守土有责。且看东北民众正以血肉之躯抵御外侮。但有使命，万死不辞。相信我们的国家有未来！徐旭生佩服地看着尹达说：说得好！我信未来！信！

与徐旭生攀谈，使尹达对考古事业有了新的认识。潜意识里，尹达把考古发掘、历史研究，看成是学者在治学领域的一项事业。跟徐旭生攀谈后，他忽然认识到，应将这项事业提升到一个国家权利、利益的范畴，捍卫国家的考古事业是一位考古学者社会责任心的表现。

整理文物时，梁思永想打开方彝、"卣"的盖子，看个究竟，因扣得紧，怎么也打不开，他带着尹达去琉璃厂找专家。

琉璃厂有个著名的古董店叫汲古阁，是几百年的老店，师傅们都是复制、修复文物古玩的高手，在国内外享有极高的声誉。

梁思永与专家、师傅很熟，店家招待也热情，他们还不断向梁思永请教考古知识。其实，古董店里的文物大多是盗掘出土的文物，也有一部分是祖辈保留下来的宝贝。这里的专家见多识广，对器物的用途了如指掌。梁思永先拿出方彝，待专家打开后才看到里面的字。尹达又拿出"卣"，专家一见便说，这是商代的，两个都是酒具。他用工具将盖子松动几下，盖子就打开了，打开盖子后，见中间还有一层东西，看不到卣的底部。专家、师傅费了好大的周折，也没能将中间一层挖开，梁思永怕破坏文物的整体结构，只得作罢（后来这件器物被潘悫打开）。

尹达与梁思永从汲古阁出来，在附近书店转了一圈，看见安特生的书《黄土底女儿》，买回阅读，发现安特生将白灰面窖穴释义为古人储藏谷物的地方，尹达对此观点提出异议。

梁思永与祁廷需护送装满文物的大卡车去了南京鸡鸣寺，尹达留在北平静心修改《河南浚县大赍店史前遗址》报告，充实些材料，将他与徐旭生探讨白灰面窖穴的情况，以及瑞典地质学家安特生在仰韶村也发现过与这相似的窖穴，安特生释其为是古人储藏谷物和其他物品的地方的情况等，一并写进报告里。报告还评价了后冈在中国史前史上的重要地位。尹达对梁思永在后冈发掘中找到了小屯文化、龙山文化和仰韶文化之具体层位的关系，对研究古代史前史的意义给予了很高的评价。（该考古报告 1936 年 8 月发表在《田野考古报告》第一册，署名刘燿。尹达治学严谨，这篇报告一直修改到 1935 年 3 月 3 日才满意搁笔。）

九　功不可没

1935 年春，梁思永还在南京时已布置好了殷墟第十一次发掘的工作，他让尹达先将西区四个大墓深挖到底，原来由谁负责的墓葬，这次继续。尹达将工作安排就绪。殷墟的第十一次发掘于 1935 年 3 月 10 日动工破土。

1935 年 3 月 12 日下午，尹达亲自驾着马车将从南京来的李光宇、夏鼐，北平来的梁思永、祁廷霈、王湘从火车站接到侯家庄工作站。

尹达穿着蓝布大褂，有点清瘦的脸上显得十分青春，他为大家拎着皮箱包裹作安置，祁廷霈想寒暄几句，说，照林呐，你是不是又瘦了些呀？尹达风趣地答，可不嘛，不挖坑，就吃不下饭，就瘦了呗。李光宇凑过来说，发掘时你天天长在田野里，也没见你胖过呀。于是，大家便哈哈大笑起来。

这次来参与发掘的人员较多，有尹达、石璋如、祁廷霈、李光宇、胡厚宣、王湘、尹焕章、马非百、夏鼐等。

晚宴时，王湘要求参与考古兄弟的排序。尹达说，你做老八吧。王湘不乐意，说王与八不能排一起，他该排老六的。祁廷霈不让。梁思永提出为王老八入序干杯。王湘不得不默认这个代号。

梁思永未到安阳前，尹达已提前招工，工人数量与上次同样。梁思永筹备的资金较充足，此次发掘，西北冈东、西两区同时开工，大家都期待有更大的收获。尹达陆续又招聘了数百名工人。工人数量由开始的五六个增加到几十个。

三月的安阳，乍暖还寒，料峭的冷风，伴随着雪花，飘落在发掘的田野上，当地人称其为"桃花雪"。

尹达下到十米深的墓道里画图，丈量每一件文物，还要拍照。如何起土、剥离，铁锹的力度等，他还要不厌其烦地去提醒二人，以免粗暴施工对文物造成破坏。工人们看到他谨慎的样子，自然也就认真起来。

将 HPKM1001 墓挖到十米以下就是水面。HPKM1001 墓葬为"亚"字形墓。墓葬内挖出东、西、南、北四个墓道，墓室南北长约 18.9 米，东西宽约 13 米，若加上二层台宽度就延伸 21 米多，墓室与棺椁室均为"亚"字形。东、西、北三个墓道较短，为墓道的台阶，只通到二层台，并未到底。南墓道很长，有 30 多米。墓室加南墓道总长 67 米，墓深 10.5 米。古人当时应该是从南墓道下棺椁的。从南墓道 3 米开始就发现有人的尸骨，每挖一层夯土就发现有一排人的尸骨，共有 8 排，总共挖出 59 具人的尸骨。但都是人首分离，也就是说人的躯体和头颅并不在一处，这就是所谓的分躯葬。贵族在下葬的时候，每打一层夯土就要杀掉一排陪葬的人，并将他们的头颅砍下来，放到别处，躯体留在墓道。随后，尹达还从东墓道里挖出一具随葬的躯体。所以，总共发现了 60 个被砍头的躯体，这 60 个被砍掉的头颅分布在四个墓道之内，看得出来，这些头颅都是当时被砍掉后，打夯土时随意乱放的。后来，尹达带的队伍又挖出 13 个人头骨，因 HPKM1001 大墓被盗掘过，其结构遭到破坏，此墓还与其他墓葬相交错，所以，尹达没搞清楚这 13 个人头骨与那 60 具躯体是否有关系。

HPKM1001 墓被盗掘得非常厉害。墓室已被盗得一干二净，只留下棺椁室和高出椁室三米的二层台上的一些物品。在二层台上，发掘人员挖掘出朱红木雕器物、抬盒等，这些雕刻着花纹的器物很精美，尹达将里边藏的泥土剥离干净，却不知它们的用处，这是以前没有发现过的东西。上次在 HPKM1001 墓中挖出一个石虎，这次，又挖出了一个石枭（猫头鹰），一个双头石器。双头石器很特别，一块石板上刻着两个人头平面像，两个人头的后脑相对，面朝各自的方向。还挖出一些精美的小石雕，石雕的种类很多，有盉、匙，还有一些无法命名的器物，尹达统称它们为花骨雕。

尽管 HPKM1001 墓被盗掘，但自此墓中发掘出土的文物最多。HPKM1001 大墓，不论墓形、时代、蕴藏，都居同批墓中发掘第一。这年尹达二十九岁，在这些田野实践活动中，他悟出一个道理，成功不是凭梦想和希望，而是凭努力和实践。

　　HPKM1002 墓是方形的墓葬，有四个墓道，墓道壁工程细致，比 HPKM1001 墓粗糙的墓壁光滑得多，祁廷需对这个墓葬很有信心，期待能从中挖掘出精美的器物。由于这个墓葬被盗掘得厉害，墓葬里除发现三个陶器之外，再也没有发现有价值的东西。祁廷需是清华大学地质系毕业的，懂测量，懂石头，可运气不佳，此结果令他非常无奈。HP-KM1002 墓虽被打洞盗掘，但墓形保存完好，梁思永安排祁廷需把 HP-KM1002 墓的墓形照下来，要将它视为研究殷代墓葬的标准墓。

　　HPKM1003 墓是方形墓，四个墓道。王湘的队伍发掘出车舆，鲸鱼的肩胛骨和两个肋骨，戈盾等。

　　HPKM1004 墓也是一个方形墓葬，盗掘比较严重，胡厚宣在墓内发现了一个方形的坑和一个圆形坑，这都是盗掘者留下的痕迹，显然文物已被盗走。这令胡厚宣非常郁闷。可是，5 月 9 日那天，胡厚宣与工人挖到南墓道的时候挖出两个大件的铜器：牛鼎、鹿鼎。这是重要的发现，胡厚宣赶紧请示梁思永如何将这两个大家伙搬出墓葬。此时，李济先生正在安阳视察工作，梁思永就请李济先生到现场时再往外搬。

　　两个大鼎由李济、梁思永亲自指挥，抬出了墓葬。摄影师拍摄了出土的全过程。

　　鼎下面有象形文字：牛鼎有"牛"字，鹿鼎有"鹿"字。

　　HPKM1004 号大墓出土的两件大方鼎，是中国历史上最早出土的青铜大鼎。

　　李济先生一回南京，即向傅斯年所长汇报安阳殷墟第十一次发掘情况，以及他目睹的两个大鼎的出土过程。傅斯年也想一饱眼福，便拉着法国学者伯希和来到安阳一看究竟。

　　HPKM1004 墓接着又出土了石磬，从石磬下面又挖出了一个玉棒，在接近水面的地方还发掘出戈、戈柄、矛。傅斯年与伯希和于 5 月 21

日到安阳，正赶上戈、矛出土的时候。铜矛十个一捆，计 36 捆。戈成排排列，戈柄因潮湿有些已腐朽，有些还完好无损。

傅斯年与伯希和边看边交流。傅斯年说，古时用兵，队伍人数少的士兵拿戈，人数多的士兵拿矛。伯希和赞同傅斯年的观点。HPKM1004墓还挖出一排铜头盔，有几十个。上面有老虎头的花纹，顶上有管子，可将羽毛插入装饰的管子里，盔与管子都有破损。也挖出一些皮具，皮甲上有花纹。HPKM1004 墓主要出土的是鼎、武器、盔甲等，看样子墓主人是一员武将。

伯希和面对如此宏大的陵墓、排列齐整的小墓及大量精美灿烂的文物，不停地说：中国文化博大精深，这些文物太美了！

晚上又要聚餐庆祝，为胡厚宣祝贺。场面非常热闹，大家抢起大碗，为老七干杯。胡厚宣此时的名叫胡福林，有人提议：老七胡福林果然是"福"气降"临"啦！为"福"气降"临"干杯![①]

胡厚宣这次真是给自己挣回了面子，墓上尽管有两个盗洞，北、东两边文物已被洗劫一空，但在清理南墓道与墓室相接处时，考古队相继发现了青铜鼎、石磬、玉棒、戈与戈柄、矛、帽形铜盔等。

文物的出土，让这些怀揣着梦想的年轻的田野考古工作者很兴奋。胡厚宣、尹达、石璋如、祁廷霈、李光宇等，喝得烂醉如泥。

傅斯年到安阳的第二天，梁思永让他们观看了从 HPKM1001 墓出土的石雕猫头鹰、石雕牛头，更为精美的大型连尾兽面石雕，玉戈，还有木质抬盘上镶嵌着的蚌壳。傅斯年惊叹：皆乃稀世之珍啊！不可思议，殷人竟有如此高深的文化。傅斯年还看了尹达挖掘 HPKM1001 时的作业记录。

傅斯年非常满意，说尹达绘图的水平达到了一定的高度，逼真，立

---

① 见《石璋如先生口述历史》。

体感强，让梁思永好好培养尹达。在实际工作中，尹达早已成为梁思永的助理。

梁思永对安阳殷墟第十一次的发掘进行了总结：HPKM1001大墓在四座大墓中，无论是墓形、时代、蕴藏都居第一，对研究殷代文化的贡献也将为第一。梁思永说尹达将来是考古界不可多得的人才。傅斯年感慨地说，考古事业需要这样的青年才俊。发现西北冈，又出土这么多文物，尹达功不可没！

傅斯年走后，对安阳殷墟发掘的宣传力度很大，随后，学者、名流、权贵等等，纷纷前来安阳参观。

发掘于1935年6月15日结束。梁思永安排尹达等人留守侯家庄工作站，考虑石璋如自进入考古组五年来一直在田野考古，从未到过中央研究院本部，遂安排他去北平、山东、南京去看看，这也是对石璋如这几年工作成绩的奖励。

工作站有一些文物没送走，需要看护，留守安阳的工作人员可轮流回乡探亲。8月，才轮到尹达回滑县老家休假。

十　王陵定论

几年来，尹达一直思考这样一个问题：中国古代社会是个什么样子？古人是如何生活的？历史又是怎样演进的呢？探究古代社会，不仅通过地下考古发掘寻找蛛丝马迹，还须翻阅大量史料，阅读相关书籍，如摩尔根的《古代社会》等，他趁发掘的空档期，仔细阅读了这本书，从中受到了诸多启示，开阔了视野，便萌生了用马克思主义理论作引导，将中国古代社会的研究与世界历史联系起来，写一部中国古代社会的书籍的念头。于是，一个宏伟的史学研究蓝图在他的心底奠基，后续他的一切工作可谓是有的放矢。

1935 年 9 月 5 日，梁思永从南京回来后，安阳殷墟第十二次发掘破土动工。梁思永对他主持的这次发掘充满了期待，还带回来一台摄影机，准备拍摄发掘现场，这在中国的考古界是首次。

这次发掘阵容整齐，队伍庞大：李济、董作宾、梁思永亲临考古现场，又新添了高去寻、潘悫两位新人，还有尹达、祁廷霈、李景聃、李光宇、石璋如、王永年、董培宪等人。高去寻、潘悫被排序为老九、老十，至此，才有了安阳考古"十兄弟"之说。

梁思永从南京要来很多钱。俗语云：财大气粗，开工前，梁思永安排尹达再去招募工人。尹达又招来三四百名工人，加上以前的百余名熟练工，考古队的工人共五百人。先培训，后分工：挖土的、排水的、做木工的、搞运输的等。这次发掘人多，规模大。李济先生说：就考古组在抗战以前的田野工作说……（此次发掘）代表了一个（考古活动）最活跃旺盛的阶段。

梁思永亲自上阵，与潘悫、祁廷霈、石璋如等发掘西区。

尹达被派到东区 HPKM1129 墓以北，高去寻在 HPKM1129 墓以南。李景聃、李光宇也在东区发掘。

在 HPKM1129 墓的北边，尹达带队发掘出很多小墓，出土一些陶器、蚌器等，但没有精美的器物。小墓也要一一做好编号。小墓的特点是东西排列，一排排很有规模。这些小墓一排排的，埋葬有尸骨和零星的器物，尹达根据出土的器物和墓道的规模，挖掘出来的人骨有全躯葬，有肢体葬，数量非常大。尹达判断小墓应是随葬墓。

因 HPKM1001 大墓是尹达发掘的，还要对其进行填土，在填土的过程中，又发掘出十几个殉葬坑。坑里有灰土层，灰土坑里零星出土了陶器和骨器。

工人每天工资四毛钱，每天总计给工人发的薪水就达二百块银元，五天发一次工资，每人两块银元，尹达每隔五天上工时都要扛着装满一千块银元的布袋去工地，完工时再给他们发钱。一千块银元装在布袋里沉甸甸的，都成了负担。像这样把银元扛来扛去的活计，大都由尹达和石璋如来做。这次发掘聘请的警察和军队人数也较以往多，挖掘工地上、工作站、冠带巷办事处、护送文物等，都有荷枪实弹的警察与士兵来保护。警察和士兵晚上就住在工作站隔壁的院子里，二十四小时站岗放哨。

第十二次发掘最先发现大墓葬的是祁廷霈，梁思永就将墓葬编号为HPKM1217。HPKM1217为方形大墓，四个墓道，也是所有发掘墓葬中最大的墓葬。祁廷霈对HPKM1217大墓充满了期待，深挖时才发现西墓道有盗坑，早被盗墓贼光顾过，祁廷霈气得大骂起来，仍坚持往下挖。安阳的地下水位线在10米以下，每当挖到10米以下，就需往外排水，用盆端，用桶提，水多的时候需要用抽水机往外抽。挖到13米深时，等于在地下水层的3米以下作业。抽水机抽了几天，水势依然很旺。祁廷霈有些着急。梁思永安排尹达来增援，把他手下的几十个工人都拉过来，尹达出主意，将底层围成几个方坑，用抽水机一边抽水，一边让工人用水桶往外拎，最下边一层工人用瓢子打水到桶里，再递给上一层的工人，一桶桶接力往外递。不大的方坑里，就有十几排运水的工人，像一条条链子系在水中。尹达有点担心，上次石璋如的坑道塌方，造成事故。这里万一塌方，工人被埋泥中救援难度更大。尹达让底层的几个工人身上都绑上绳子，上边还有人拉着绳头，谨防意外。假如真要塌方的话，估计这个措施仍不够安全。

尹达与祁廷霈一个方坑一个方坑地做，功夫不负有心人，终于在西墓道处发现了一件皮鼓。皮鼓直径约0.8米，鱼皮面，花纹精美，周围雕刻着兽头纹饰，镶嵌着蚌壳等，非常精致。

　　杨廷宾拍照、做图后，木工赶制了木箱，连其周围的泥巴一起放置到木箱里，祁廷霈派二三十个工人将皮鼓抬回了工作站（后送到南京）。

　　见到了文物，祁廷霈信心百倍，干劲十足，从西墓道往北、往南同时开挖，北边又挖出一面鼓，南边挖出一个石磬。在鼓、磬的西侧，还挖出一个木质的鼓架，一个木质的磬架，架子上都镶嵌着精美的龙纹形状的蚌器饰品。磬架尽管在地下沉睡了几千年，但条条龙纹清晰可见。祁廷霈因发掘出这么多精美的器物，脸上闪着幸福的光芒，激动的心情难以言表。

　　当罕见的乐器一件件抬出墓葬时，尹达那文弱书生的面容显得格外昂扬。发掘西北冈给尹达带来很多声誉，可以说，这是尹达生命中一个重要的片段。

　　第二个发现大墓的是梁思永，名曰：HPKM1500。梁思永的身体因抵不住安阳的秋寒，发掘现场由潘悫负责，他大多时间在工作站静候佳音。

　　HPKM1500 墓也曾被盗掘，但在西墓道发掘出木质的龙形仪仗，龙头上镶嵌着蚌器饰品，整体完好。

　　南墓道的两旁摆放着两行石雕，三对六具。潘悫太激动了，从墓道里爬出来，一跳老高，以百米冲刺的速度跑到侯家庄工作站给梁思永报信。梁思永赶紧骑着自行车带着潘悫往发掘现场赶。

　　大家看到潘悫一溜小跑、欢腾虎跃的样子，就知道一定有重大发现，于是，大家停下自己的工作也围拢过来。

　　梁思永穿着长筒皮靴，从墓道下到地面 10 米以下的文物旁，仔细端详，看了好久，若有所思地说：每对石雕在墓道里还相互对望。潘悫，看看是不是一雌一雄？绘图的时候一定要把雌雄问题绘画出来。梁思永喜不自禁地说：这又是一个新的发现。

　　潘悫给文物照完相，还特意给梁思永与文物照了合影。木匠量了尺寸，赶制了木箱子，梁思永才指挥工人慢慢启土。出土第一对文物是石雕龙，龙纹线条粗犷，龙头仰着，张着嘴巴。第二对是石雕牛，两头牛气势很大，牛角对称，形象逼真。第三对是石雕虎，虎身上有美丽的花纹。

　　接着，墓室东南又发现一个砖砌汉墓，出土了一些陶器，尽管出土文物较多，汉代的墓室却勾不起梁思永的兴趣。

　　HPKM1500 是梁思永发现的，作为安阳殷墟发掘团团长，以往都是他为别人庆祝，这次该为自己庆祝了，大家都拭目以待。

　　梁思永站在凛冽的寒风中，挥手大喊道：早收工，晚上美酒伺候……晚餐很丰盛，山珍海味，地方小吃，还有梁思永珍藏的罐头等美食，摆满了餐桌。梁思永酒水备得足，席间大家免不了要为他祝贺、敬酒，他虽每敬必喝，但因身体原因只象征性地抿口而已。晚宴除梁思永独醒外，其他人都喝得醉意蒙眬。

　　李景聃、李光宇在东区发掘出一些小墓葬后，李景聃在小墓葬群的东边发现了一个大墓葬，四个墓道，编号 HPKM1400。梁思永让李光宇与李景聃合作发掘（合作发掘是梁思永主持第十二次殷墟发掘的一个特点）。HPKM1400 是东区唯一的四道大墓，与 HPKM1001 一样都是"亚"字形墓，南北走向。李景聃赶紧叫尹达过来，与 HPKM1001 大墓做个比较，看看两个"亚"字形墓有什么关联。尹达与李景聃、李光宇仁人一直待在墓道里。

　　HPKM1400 已被盗掘，西墓道被盗墓贼盗掘得很干净。东墓道接近底部处出土了五件铜器与五件陶器。五件铜器分别是：盘、盂、壶、杓、人形面具。铜盘圆圆的，是盖在铜盂上的。铜盂的口很大，铜盘正好盖住盂口，口里还刻有"寝小室盂"的铭文。

　　仁人对铜器产生了兴趣，器物铭文标明其是放在卧室的，仁人就展

开联想，有说是作痰盂用，有说盛水用，有说洗澡用。带木把的铜杓，
舀水用，也无异议。

仨人又开始研究出土的几件陶器，圆形的陶器上有网状的粗纹，仨
人猜来猜去，一致联想：假如铜盂是洗澡盆，陶器就是一个陶擦，用来
擦洗身上泥垢？尹达还进一步联想，北方冬寒，洗澡次数少，泥垢厚
积，必用陶擦，泥垢才能去掉。

铜面具呢？仨人绞尽脑汁。

紧接着南墓道与墓室连接处又出土了十件铜器，一件铜尊、一件铜
罍、一件铜觯、三件铜瓿、四件铜爵。这十件铜器毫无疑问都是殷人习
惯用的酒具，大家认同一致。南墓道与墓室的底部，发掘出了一具被染
成朱红的无头骨架，并在旁边找到一副石头刀具。又在南墓道与墓室处
找到了玉璧的碎片。玉璧的出现，又勾起了大家的好奇心。尹达猜道，
东边的小墓群应是 HPKM1400 大墓的陪葬墓。仨人认同尹达的观点。
李景聃琢磨一会儿说，殷人是不是有边喝酒边洗澡的习惯？尹达联想到
面具的用处，猜道：还戴着面具？李光宇说：用铜壶烧水，再一杓杓往
里添？仨人的想象力太丰富了，蹲在墓道里大笑起来！

石璋如也发现个四道大墓，编号 HPKM1550。HPKM1550 的西墓道
再往西挖，一直延伸到 HPKM1001 墓的东墓道，石璋如判断该墓应该
比 HPKM1001 墓晚些年代。北墓道是台阶，有十几个台阶连接到墓室。
隔一个台阶就会有十几个人头，人头摆放在台阶上，面向南边的墓室。
共有几十个人头，但未发现躯干。墓室的二层台上的西北角发现了殉葬
的女性尸骨，再往下挖找到棺椁和一些随葬的器物。墓室有瓿、爵。开
棺时，发掘人员都过来看究竟，梁思永亲自到现场指挥，打开棺椁后看
到一具完整的仰身葬姿尸骨，胸骨上放一块玉璧，头骨上有一顶凤冠。
棺椁旁还放有几十排骨笄，排列整齐，非常壮观，由此断定该墓主应是
女性。

　　梁思永见状甚是高兴，命石璋如连同骨笄附近的泥土一同装进木箱，准备运到南京中央博物馆做陈列品展示。木工师傅们干劲冲天，将打制好的木箱从十几米高的地上抬进墓室处，正装箱时，下起了瓢泼大雨。石璋如因出过事故，心有余悸，担心塌方，火速让工人们爬出墓穴。一直到收工，雨淅淅沥沥下个不停，骨笄便留在了墓穴里。

　　石璋如担心文物被盗，一夜未眠。天刚蒙蒙亮，便喊醒尹达，一起去看看，两人未到发掘地就远远看见两条泥泞的脚印。尹达预感不妙，说，坏了，骨笄可能被盗了。石璋如一溜小跑下到墓室，骨笄果然被盗，一个都没留。石璋如气得怒骂不止。梁思永知道后追悔莫及，说都怨他，当时多出几个工钱，派几个工人夜里轮流看守就好了。

　　发掘期间，梁思永要求一个遗址做到一定阶段之后就要进行整理，需要补充的进行适当的补充，所以西北冈只能做三次。他还要求每个人各自做一个小的遗址，而不是现在的合作制，以此锻炼新加入的成员。因此，梁思永安排尹达去大司空村。大司空村位于洹河北岸，小屯村的北边。此处发掘面积非常大，墓葬也很多，尹达带着数十名工人在此发掘，但大多已被盗掘，发掘出一些灰坑，出土一些文物，但精品很少。梁思永又安排祁延霈去西北冈西南范家庄。范家庄位于洹河的南岸，祁延霈在此挖掘二三十个坑，发现夯土多，灰土少，盗掘严重，他认为是墓葬区，但均未找到墓葬，发掘了二十多天，没有出土有价值的文物。

　　石璋如运气不错，他在 HPKM1550 的东南又翻出一个小墓，发现了一个石虎。比尹达在 HPKM1001 发掘的石虎还大。

　　李景聃、李光宇在 HPKM1440 的西北发现一个二道大墓，编号 HP-KM1443。在墓室发掘出一些玉器、半圆形的璜、环等，根据玉器的功能推测，墓主可能是位女性。

　　梁思永在 HPKM1443 的南边发掘出一个二道大墓，编号 HP-KM1129。因盗掘严重，没有出土有价值的文物，只好暂停。

石璋如在西区的中间位置又发掘了一个四方形的灰坑，他认为是墓葬，将其编号为 HPKM1567。方坑边长均为 10 米，深四五米，底部有燃烧木炭的痕迹。灰坑里出土了一些骨器和一个玉象，玉象精美、逼真。

大家好奇，猜想起来：玉象为啥出现在方坑里？墓葬为啥没墓道？梁思永站在坑的位置四下张望了一会儿，说坑的位置处在大墓中间，假如这儿不是墓葬，是不是祭祀坑？

祁廷霈研究殷商文化，他从坑里捡了几块兽骨看了又看，说，殷代所谓的"燎祭"即"烧火祭"，又指着灰坑里烧过的痕迹，说，这是烧过木炭的痕迹。

有人提出不同看法，认为这儿应该是帝辛的墓，并解释说帝辛是殷代最后一个帝王，因他被周人所杀，所以他的墓葬就无法完成。

这个推论不无道理，梁思永就让李景聃、李光宇再次挖掘 HPKM1400。希望能从那里找到与之关联的东西。挖了几天，大家争论了几天，也没结论，坑与墓葬的纠结就成了一个悬念。梁思永提出，写 HPKM1567 的时候，应命名为"假大墓"。

发掘接近尾声时，梁思永总是让大家进城洗澡、吃顿美食。

1935 年 11 月下旬，大家上午去安阳城的澡堂泡澡、下馆子，下午开会讨论。梁思永对三次西北冈发掘做了总结，说西北冈三次的发掘成果很大，发掘出八个四道大墓，两个二道大墓，一个假大墓，小墓 1200 多个，单尹达就发掘了 230 处小墓，是这次小墓发掘总数的五分之一。总之，收获很大。西北冈我们没发掘到位，相信地下仍有宝藏。还说：有人将随葬物说成是殉葬物，这样不妥，希望大家在写考古报告时将出土文物"殉葬物"改成"随葬物"。

梁思永将西区小墓与东区小墓做了比较：小墓葬大都是成排排列，但走向有所区别。东区小墓葬大都是南北向排列。以大柏树坟为界，柏树坟以北的小墓成排排列却是东西向，以南呈南北向排列。东区武官村柏树坟西就是 HPKM1400 大墓，大家要对这个大墓多关注。特别是大墓里发掘出一只大象的骨头，还有看护象的人骨。小墓里出土了十把大刀、十把钺、十具石砺，其中有一墓是全躯葬，其余小墓则是肢体葬。全躯葬拥有"钺"之兵器者，应是首领墓。出土大刀的小墓，呈躯体葬的则为其部下。

梁思永将几个大墓综合论述：HPKM1001 与 HPKM1004 都有殉葬坑，可 HPKM1001 有十几个殉葬坑，HPKM1004 有一个殉葬坑。HPKM1003 与 HPKM1004 呈并列状，HPKM1003 墓出土的石器刻有"小臣石簋"。这个殉葬物耐人寻味，值得大家去探讨。

在讨论会上，尹达提出对西北冈发掘几次后该有定论。梁思永思索片刻说，据发掘出几个大的墓穴来判断，西北冈应是殷代王陵所在地，小屯应是殷代都城所在地。这样的结论，尹达早已认定，但未敢下结论，梁思永是考古学方面的专家，又是发掘团团长，他的结论具有权威性。

西北冈第三次发掘于 12 月 16 日停止。清理工作到 12 月 26 日才结束。梁思永要他们过完阴历年后去南京。尹达、李景聃、石璋如于 12 月底返乡。

十一　衣锦还乡

刘家这些年大喜大悲，曾饱食暖衣，也曾饥寒交迫。尹达加入安阳殷墟发掘团后，日子渐渐好转。一百块大洋的月薪，还清了债务后也有了些积蓄，与困窘不济时自然不一样。尹达以往回乡总是穿着棉布长衫或粗布长袍，背着个破包裹。这次回乡，穿了件皮袍，又拎了个皮箱，顿时，牛屯集炸了锅。

刘家世代为官，本就是大户，到了清末家道中落。所以，村里人都说尹达让刘家又兴旺发达起来了。有人还绘声绘色地说，那天他到井上去打水，正好遇上尹达回家，他听到尹达拎着的皮箱里有银元的碰撞声，钱绝对不会少。街坊邻居对尹达便刮目相看。

尹达回乡正赶上过腊八节，农村有喝腊八粥的习俗，尹达娘起五更熬制腊八粥。每逢佳节倍思亲，尹达知道娘会惦记大哥，就早早起床帮娘烧锅，边拉风箱边为娘念信。信是尹达写的，他假说信是大哥从莫斯科寄过来的，娘信以为真了。娘要求不高，只要有大儿子的消息，知道他活着就心满意足了。

尹达在家小住，办了几件小事，置买些像样的家具，买了头小毛驴，让它帮媳妇和娘拉磨、驮水、种地用。

娘对媳妇有看法。娘说耿作明人高马大，干粗活儿行，针线活儿细发活儿不行，说她几句还犟嘴，不懂规矩。尹达是孝子，批评了耿作明。耿作明觉得委屈，说平日里男人不在家，上有老下有小，力气活儿她全包，像担水、种地、施肥、搬粮食、推磨等等，干好了应该，干不好挨吵，有怨气，还不让嘟噜嘟噜嘴？尹达不姑息耿作明嘟噜嘴的毛病，对耿作明的执拗缺少耐心，批评得更加严厉。耿作明因有压死长女的短处，生怕再惹休妻之祸，便赶紧给婆婆示好。从此耿作明也改掉了嘟噜嘴的毛病，与婆婆的关系改善了很多。

娘告诉尹达，软儿的男人魏阳宗在国军升职了，当了营职教官，还说要去前线打仗。尹达一听就来气，打什么仗？日本人在北方快将天捅破了，他们却无动于衷，一心屠杀共产党。这不是与大哥对着干吗？一家人政治倾向对立，说不定哪天就会你厮杀起来，尹达心里特别纠结。

　　1935 年过得很不平静。华北事变发生。正在安阳考古发掘的尹达得此消息后，甚至开始质疑自己所从事的事业，这样事不关己、高高挂起的考古能继续多久？有时，他真想投奔大哥，杀向战场。如今妹夫魏阳宗就要上战场杀同胞，他于心不忍。尹达思来想去，试着规劝魏阳宗。

　　魏阳宗（后改名魏涛）与尹达是小学同学，后考入保定军校。保定军校停办后，又考入开封师范读书，毕业后投笔从戎，在国民党某部队任职。

　　尹达骑着毛驴，去了趟魏园村，见到大妹软儿，问了妹夫的情况，要了妹夫的地址。回来后，尹达写信劝魏阳宗：只打内仗不打日本人的部队没前途，不如解甲归田。魏阳宗接到尹达的信函后，回了封短信，表达了追随党国、矢志不渝的决心。魏阳宗的言行让尹达非常失望。

　　二妹刘桂芬，正面临小学毕业升中学的问题。尹达鼓励绵儿明年一定要报考开封北仓女子中学，并预言不但能考上还能考前几名，鼓励二妹积极备考。[1]

　　尹达在家小住月余，耿作明有了身孕，让烦闷的尹达看到了新的希望。逢集日，尹达会到街上为耿作明买米粽吃。或许是耿作明怀孕的喜讯带来新的期盼，或许是家乡树干羸弱的枯枝上生长出沉甸甸的花蕾，将尹达内心深处的浪漫和爱激活，尹达在家翻看了几本中外诗集，写出《情诗译丛引端》一文，寄往《河南教育月刊》杂志社（1936 年 4 月《河南教育月刊》第 4 卷第六期发表，署名刘燿）。

————————

　　[1]　刘增珍访谈。

十二　发掘日照

　　从滑县去南京，尹达几经周折才找到鸡鸣寺路一号，这里是国立中央研究院的总办事处。国立中央研究院总办事处驻有三个机构：即地质研究所、历史语言研究所和社会科学研究所。历史语言研究所考古组的办公地是一处大房子。人员陆续来到后，桌、椅、床、行囊摆开后显得拥挤，李济保证说，史语所正筹建一座办公楼，到那时，每人都有宽大的空间。

　　初来乍到，暂未安排工作。南京毕竟是都城，景色优美，文化繁

民国二十五年，南京史语所阅报室，立者石璋如，坐者刘燿（尹达）

盛。大家都是搞史学、国学研究的，对南京的历史文化、人文景观感兴趣，所以，到街头走走看看的欲望比较强烈。

在安阳时听人谈论鸡鸣寺，尹达就非常好奇，所以一旦聚首南京，大家不顾鞍马劳顿就往鸡笼山麓上爬。鸡鸣寺风景优美，形形色色的人在寺内徜徉，有朝拜的、供奉香火的、游玩的，很是热闹。

尹达与同人还去了秦淮河，水流淙淙，两岸灯红酒绿，人影婆娑，别有一番情调。

尹达随石璋如上了栖霞山，去了明孝陵。从明孝陵出来，又去了中山陵。从中山陵回来受了点风寒。北方的冬季是干冷，南方的冬季却是阴冷，阴冷的天气导致尹达咳嗽伴有哮喘，还发起了高烧。李济知道后，立即带尹达到中央医院去看病。尹达因肺部感染住进了医院。

梁思永到南京后，给考古组分配的第一个工作，就是让考古组的人轮流护理尹达。石璋如、祁廷霈、潘悫等都是尹达的护理。这下可好，安阳考古十兄弟将南京的小吃买了个遍。尹达在病榻上幽默地说，他可坐吃南京一条街，因祸得福了。

尹达出院后，李济给考古组安排工作：梁思永带尹达、祁廷霈去山东发掘。李景聃、高去寻、石璋如、潘悫、尹焕章去安阳小屯发掘。

史语所在中央研究院总办事处大楼的正北建起了自己的办公楼，在鸡鸣山下。1936 年 3 月 10 日，李景聃、高去寻、石璋如、潘悫、尹焕章等离开南京。

李景聃、石璋如等去安阳不久，尹达、祁廷霈就搬进新楼办公。三组搬迁后，尹达住在标本室，一是可看护标本，二是查资料方便。

1936 年初夏，尹达与梁思永、祁廷霈一行到山东日照两城镇进行发掘。这次发掘考古组会同山东地方政府，以山东古迹研究会的名义进行日照的第四次发掘。

梁思永告诉尹达，1934 年考古组根据山东省图书馆馆长王献唐的

民国二十五年春，山东日照两城镇，左起祁廷霈、梁思永、刘燿（尹达）（编按：殷墟第十三次发掘期间，同时在两城镇瓦屋村、大孤堆龙山时期遗址进行考古发掘）

提议，派王湘、祁廷霈去鲁东南进行三个多月的发掘调查，祁廷霈、王湘发现了二十多处黑陶和灰陶两期的遗址。前三次日照发掘尹达未参加，收获很大，具有一定的学术研究价值。因为尹达有安阳殷墟、浚县辛村发掘的经验，所以，他特意安排尹达参加这次发掘，将对几处发掘做个比较，并强调说这项工作意义重大。

梁思永带尹达去山东日照发掘，是想让尹达进一步研究黑陶文化，一是让尹达在彩陶区域以外做试验，二是让尹达看看中国古代的海滨文化，三是让尹达探讨比殷墟遗址更早的东方文明。可以说，梁思永、尹达在安阳小屯发现仰韶文化、龙山文化、小屯文化三种文化的叠压关系，是一个彪炳史册的科学发现。这个最新发现往往起源于细致的观察和天马行空的猜想。大胆假设，小心取证，后来的一系列考古发掘，也是尹达处处留心、谨慎取证的过程。

两城镇一带的文化堆积一般开挖到 2 米左右，最深处约 5 米。

两城镇位于日照东北部，遗址分布在两城镇的西北岭一带。遗址的北边是两城河，东距黄海约 6 公里。

梁思永让尹达负责瓦屋村遗址的发掘，祁廷霈负责大孤堆遗址的发掘。

尹达在瓦屋村发掘墓葬 43 座，有成人墓葬和儿童墓葬。墓葬的形制皆为长方形土坑竖穴墓，未发现有葬具痕迹。葬式以仰身直肢葬为主，也有俯身葬，呈东北方向。墓中的头骨大多已经腐朽。梁思永要求，搜集较完好的头骨，回去研究。尹达与山东古迹研究会的工作人员一起，将三十多个较为完整的头骨，装进一个个木箱子。

部分墓葬有随葬品，多是陶器，以杯类和罐类为多。其中一座随葬品特别丰富，有扁平穿孔玉钺、绿松石头饰和精致的蛋壳陶杯。

墓葬中出土了数量巨大的文物，有玉器、陶罐、石器等文物，尤其陶器最多，出土的陶器以黑陶为主，胎薄质坚的蛋壳陶器水平最高，造型优美。

陶器以黑陶最多，灰陶次之，白陶和红陶较少。轮制技术非常普遍，器物的表面以素面和素面磨光为主，纹饰以凹凸弦纹、竹节纹和堆纹最多，也发现一些图案复杂的纤细的云雷纹，器型主要是鼎、鬶、甗、鬲、罐、瓮、盆、钵、壶、三足盘、豆、盒、筒形杯、三足杯、罐形单耳杯、器盖和纺轮等。从黑陶罐的遗留物中，还发现暗红色的液态物。

这些精美的陶器，尤其是薄如蛋壳的黑陶杯工艺高超，是当时出土史前陶器的最高水平。

石器大多是通体磨制，斧类器物则器身琢制、刃部磨光。器型有斧、锛、凿、铲、刀、钺、镞、石球、镰等，非常精致。

骨器是以各种式样的箭头为主，还有骨制的鱼钩、鱼漂等狩猎工

民国二十五年冬，南京历史语言研究所前，后排
左起董作宾、梁思永、李清、李光宇、胡厚宣、高去
寻，前排左起王湘、石璋如、刘燿、郭宝钧、李景聃、
祁廷霈

具。

玉器制作相当精美，器型以钺为主，还有璧、管、刀、圭等。长条
形圭的两面都琢有形态各异的神面形纹饰。

遗址的文化堆积以龙山时代为主，还有少量的周代和汉代的遗存，
共 400 多个。

两城镇历时 3 个多月的发掘，共发掘 50 多座墓葬，出土了 3000 多
件文物。尹达和祁廷霈看护着文物和标本，一直到秋天才护送到南京。

文物运送到标本室后，尹达一面清理标本，一面着手整理记录。

根据梁思永"一个遗址发掘告一段落后，即由主持者编辑报告，在
报告未完成之前，不许再到田野工作"的规定，尹达开始撰写发掘报
告，将报告命题为《山东日照两城镇史前遗址发掘报告》。此时，尹达
与石璋如已荣升为中央研究院史语所考古组的研究员。因写报告，尹达
未能参加后几次的安阳殷墟发掘。

　　尹达在南京这段时间，将撰写的《河南浚县大赉店史前遗址》发掘报告，于 1936 年 8 月发表在《田野考古报告》第一册上，署名刘燿；9 月，尹达又发表了《考古研究法》的书评，载于《出版周刊》第 96 期，署名刘虚谷。

　　1936 年尹达对山东日照两城镇的发掘，以及后来对发掘报告的整理，是尹达考古的丰收期。通过发掘，出土的大量文物，丰富了尹达对龙山文化的认识。

　　是年春节，尹达从南京回乡，耿作明生一男孩，尹达为儿子取名小胖儿。三十岁的尹达，可谓儿女双全，但他却无心享受这天伦之乐。这一年国内形势变幻莫测，1936 年 12 月 12 日，西安事变爆发，蒋介石被抓又被放，学生罢课游行，社会各界纷纷行动，要求国共两党团结抗日的呼声一浪高过一浪，尹达与史语所的同人也大发感慨，希望能做些有益的事情。

　　尹达回乡不久，二妹刘桂芬放寒假回乡。刘桂芬果不出尹达所料，以第一名的成绩被开封北仓女子中学录取。刘桂芬将她在学校如何与教育局长进行斗争的情况告诉尹达。兄妹二人也敞开心扉，表达了各自的政治意愿和价值取向。尹达流露出有一天他将追随大哥参加抗日，也诉说了他的纠结，说考古不仅是文化研究，也是对文化遗产的保护。眼下时局大乱，日本人趁机到处收购文物，大肆掠夺瑰宝，以致于盗掘成风。战场杀敌与保护遗产，尽管两者同等重要，但他还是要做一个选择。

　　刘桂芬告诉尹达，说她已加入学校的民先组织，正申请加入中国共产党。尹达支持妹妹的行动。此时，尹达已预感到战火不久将烧到家门口，他不可能再像以前那样安静地沉浸在学术研究之中，国家有难，匹夫有责，这是一个中国人起码的良知，奔赴沙场是早晚之事。一过阴历年，尹达心事重重，返回南京。

十三　挑战"权威"

　　两城镇是一个标准的龙山文化遗址，发掘材料十分丰富，整理起来尤其烦琐。尹达还要对手头资料加以归纳，写进《山东日照两城镇史前遗址发掘报告》里。每件工作看似简单，其费时费力可想而知，用争分夺秒来形容尹达的工作状态一点也不为过。在南京，尹达不仅要做好分内的事情，还要承担一些事务性的接待任务。

　　1937年夏，瑞典地质学家安特生要来史语所参观山东城子崖出土的文物，消息一出，尹达平静的心湖，顿时激起层层涟漪，他读过安特生的书，曾通过一系列考古史料质疑安特生抛出的"中国文化西来说"之论点。尹达暗自庆幸，踏破铁鞋无觅处，得来全不费工夫，萌生了当场与安特生进行学术探讨的想法。

　　尹达随梁思永发掘后冈时，对殷商文化、龙山文化、仰韶文化的叠压关系有了明确认识，后来在浚县大赍店也发现了这种文化层的叠压关系。尤其是他刚刚结束的两城镇的发掘，更有力地证明了这三种文化是叠压关系，进一步证实了中国历史的年代序列。而安特生的结论与其大相径庭。安特生毕竟是国际上有名的地质学家、考古学家，一连几天，尹达都沉浸在即将与权威展开探讨、交流、辩论的兴奋之中，将所掌握的考古数据、实物、图片等资料进行了梳理。

　　安特生在史语所同人以及南京史学界人士的簇拥下来到标本室。尹达早早恭候在标本室门口，引领着安特生一行进室参观。安特生对文物看得非常仔细，拿着放大镜认真观看，还不时地点着头，赞美先民的智慧、器物的精巧。他旁征博引，说古论今，谈笑风生。专家学者们也不时地附和与之攀谈，标本室充溢着一团祥和与欢乐的气氛。

参观活动即将结束之际，尹达悄悄走近安特生，彬彬有礼地问道，可否向安特生先生请教几个问题。安特生和颜悦色地看了看尹达，微笑着说，年轻人，当然可以。

尹达虔诚又认真地拿出自己在安阳后冈、浚县辛村、山东日照发掘绘就的图片给安特生看，在标本室找出发掘出土的陶器和碎片进行比对，同时还拿出安特生的书籍，一一与安特生的论据进行比较。尹达谈了他对龙山文化特征与仰韶文化特征的看法，还告诉安特生，山东城子崖出土的文物属于龙山文化，应在仰韶文化的后期，两者相差数千年。最后，尹达一针见血地提出安特生对龙山文化与仰韶文化的分期与史语所考古组发掘的情况有明显出入。

面对大量资料、实物的对比和分析，安特生不得不承认，仰韶村和城子崖有很大不同，也相信殷墟发现的仰韶文化在下层、龙山文化在上层为新发现，承认河南仰韶文化早于山东龙山文化，同时又狡辩说，仰韶出土彩陶又出土黑陶的原因是因为仰韶村的发现可能只是黑陶的开始阶段。随后又为自己的理论自圆其说，称彩陶衰落之后，在此基础上发展出了陶规、骨卜和城墙，最终形成成熟的龙山文化。尹达向安特生要考古依据。安特生被问得哑口无言，非常尴尬。岂料，安特生竟傲慢无理地指责尹达，根本不承认自己的失误。尹达不甘示弱，据理力争。面对质疑，安特生不淡定了，只见他怒目圆睁，放开喉咙与尹达争论起来。史语所领导赶紧为安特生解围，说学术之争有待商榷，赶紧陪安特生走出了标本室。

安特生是民国初年到中国的，他本是丁文江领导下的地质调查所聘请的外籍矿业顾问。丁文江早年在英国读的是地质学专业，回国后在科学活动中心工作，1916 年在北平成立地质调查所。20 世纪初期西方的地质学、古生物学、考古学对中国影响很大。

安特生于 1921 年在河南省渑池县仰韶村发掘了史前遗址，史称"仰韶文化遗址"，他在中国古文物调查中成为第一位通过田野挖掘开展调查的西方科学家。他的发现立刻引起了世界的关注。安特生也是一位非常勤奋的人，他的第一部著作《中华远古之文化》是用中文和英文写的，于 1923 年发表在《地质汇报》第五号地质杂志上。随后，他又在甘肃等地做调查工作，发现了一些新石器时代的遗址，又写出了《甘肃考古记》一文，发表在《地质专报》甲种第五号杂志上。接着他撰写的《黄土地的儿女》一书，曾以瑞典文出版，1934 年又以英文版再版，当时是一本非常流行的书。

安特生发现了仰韶文化遗址，是对考古学的一大贡献，功不可没。但是他并没有认识到其真正的含义，可在没有弄清中国史前社会的来龙去脉时，草草下了结论，确立了中国新石器时代。他对甘肃发掘出土的文物辨析也是根据这个概念来确认的，因此对甘肃许多遗址进行的历史阶段分期，很不妥当。在当时，西方学者普遍对中华民族带有一定的偏见，安特生便开始了他的"中国文化西来说"理论，顿时，国际社会一片哗然，为考证中华民族史造成了一定负面的影响。

安特生调查的地点多，发掘的遗址少，又很不专业。1923 至 1924 年，安特生在甘肃青海一带调查，发现新石器时代文化，他看到甘肃彩陶的形状、花纹和西方的安诺（西土耳其斯坦）、苏萨（今伊朗境内的埃兰古城）的彩陶有某些相似之处，就盲目地把他们联系在一起，下了一个错误的结论：单色陶器应当早于彩色陶器。而甘肃新石器文化遗址有的地方也没有彩陶，齐家坪遗址中的陶器"尽为单色"，安特生自认为自己收集到的材料很丰富，所以，他写了一部《甘肃考古记》，把甘肃的远古文化分为六期："新石器时代之末期，与新石器时代及铜器时代之过渡期：齐家期，仰韶期，马厂期。紫铜器时代及青铜器时代之初期：辛店期，寺洼期，沙井期。"就此，安特生根据自己的想象拟定了相对年代和绝对年代，由此就产生了一个错觉，他凭空制造了一个文化迁移的论调，即中国文化与近东文化之关系，及中华民族之迁移问题，他还多次在大众场合和学术交流会上散布这些论断。

西方学者对中华文化认知的褊狭、学舌与跟从安特生，令尹达非常气愤。尹达想，过去我们国家没有专业的考古工作人员，任由西方学者指手画脚地说教，现在我们有了自己的考古机构，有了自己的考古研究人员，谬论不能再荒诞下去。于是，尹达决定重写《龙山文化与仰韶文化之分析》一文，加进些新的史料和考古证据，来驳斥安特生的错误论断。

尹达根据自己新石器时代考古的实践，特别是对龙山文化系统丰富的资料的学习，来审视质疑安特生的观点："从陶器的各方面分析，确知仰韶遗址中实含有龙山和仰韶两种文化遗存；其本质各有不同，其时代或有先后。安特生最初命名的'仰韶文化'，实有加以纠正的必要。"他还根据当时见到渑池不召寨遗址出土的五件陶器的一些特征，都和龙山式的陶器相同，就安特生的材料推测，则不召寨遗址是纯粹的龙山文化遗存，应从安特生所谓"仰韶文化"中除去，不得混为一谈。

龙山和仰韶两种文化是堆积关系，而不是两种文化融合在一起的遗存。安特生认为单色陶器早于着色陶器，就是说龙山文化早于仰韶文化，但这与河南北部安阳后冈、浚县辛村等的发掘情况是不一致的，安特生的理论是站不住脚的。

《龙山文化与仰韶文化之分析》一文，从五个方面来论证龙山文化的特征与仰韶文化的特征及其区别，它们的相对年代和绝对年代，来反驳安特生"中国文化西来说"：一、中国新石器时代遗址的考古发掘；二、对于龙山与仰韶两种文化的认识；三、安特生所谓"仰韶文化"的分析；四、仰韶村遗址堆积的新估计；五、关于齐家坪遗址。论文指出安特生因未能辨认龙山和仰韶两种文化遗存，导致对年代推测的错判。并进一步说明，安特生弄混了两种文化的遗存之后，又以"着色"和"单色"把龙山式陶器归于单色陶器之中，然后再以着色与否推测其时间的先后。尹达提出，安特生对各遗址年代的推测，有重新评估的必要。

尹达还说，新事物的发现，往往可以补充或纠正过去的人们对于一种事物的认识，这是科学发展的常规，并提出了愿与安特生就考古问题进行磋商。文末署时间地点："一九三七年七月七日重写于南京鸡鸣寺旁。"（论文因受战争的影响，拖延至 1947 年 3 月才发表于《中国考古学报》第二册，署名刘燿）

论文的问世，标志着中国考古学界向西方考古"权威"挑战的开始，把中国新石器文化研究推上了一个新的台阶。可以说，这是尹达在中国考古学界建立的一块丰碑。

十四　李济饯酒

1937 年 7 月 7 日，卢沟桥事变爆发，日本全面侵华战争开始。整个中研院的人都处在震惊之中。尹达想起 1932 年春去沈阳探监时大哥说的话，日本人早有亡我中华之心。那时，尹达致力于保护祖先留下的遗产和考古学术研究。而今，面对外侮入侵怎能无动于衷呢？尹达的心碎了，走，还是留……

后来，尹达追忆道："七七事变"起，全国沸腾，莫不以驱逐日寇誓雪国耻为志；抗日的烽火燃遍了全国各地，掀起了民族解放的怒潮。日寇在南北各地屠杀了不少同胞，占领了我们不少城市，南京已受到敌人的威胁；这些可贵的考古学材料，也就在日寇的狂暴侵略中牺牲了。

在安阳考古发掘的兄弟，面对突如其来的变故和灾难，惊慌起来。7 月 16 日，王湘给李光宇发电报："安阳工作已完，昨晚来汴，事毕即返京，预计二十日可到，殷墟遗物五十箱不日即可到京，卢沟桥事件发生以来，驻军加多，办公处有被占之可能，因觉经纬仪存开封较安全，故带来此暂存。"

几天后，潘悫又函李光宇："恐要有三四日的耽搁，真是愁人，嫂夫人是否已逃出来了，其实北平不见得有多大危险，不过以后交通全断生活实成问题。"

李光宇将王湘与潘悫的来电拿给尹达看时，一脸愁容。尹达说，北平危险大了，赶紧让嫂子过来。李光宇赶紧去拍电报，让妻儿老小速回南京。

1937 年 7 月 29 日，日军占领了北平城。

史语所考古组的同人陆续到南京后，无不同仇敌忾，纷纷表示要投笔从戎，踊跃杀敌。李济见状赶紧制止："我们是否也应该赶赴前线，与日本鬼子决一死战；考古这种工作，在现在的处境中是否是一种浪费？我们并不懊悔选择这份职业，但要放下它扛枪赴前线打仗的冲动是完不了的，是异常强烈的。"

劝归劝，此时，尹达主意已定，抓紧完成手中的工作。于是，尹达日夜赶写《山东日照两城镇史前遗址发掘报告》。梁思永对这个报告非常关注，与尹达有时探讨到深夜，甚至黎明。报告主体部分写好后，尹达着手写结论，写完就可以印刷出版了。

卢沟桥事件后，南京城的中研院各机构都在考虑西迁问题。当务之急，必须转移文物。中央研究院开了个搬迁会议，决定傅斯年留南京，李济先随主要资料去南昌，梁思永为中央研究院西迁的长沙工作站筹备委员会委员，带队去长沙。

李济下令：不分昼夜，赶紧将史语所的图书资料、考古组多年的出土文物及全部的原始记录等装箱转运。一些运不走的大件物品，只好封存起来留在南京。第一批 60 箱文物由李济押运到南昌的农学院保存。还有 1300 多箱没有运走，摆在院子里，正在陆续运到下关准备装船运往长沙。因为这些文物的运输过程很慢，需要多艘轮船，所以每艘轮船都有考古组的人押运。研究院有位高玉华先生，深谙码头事务，码头的工人也都爱国，深怕这些文物留给日本人，所以装船作业非常顺利。有家眷的人行李多先上船，没带家眷的人，将文物运完才可以走。

8 月初，上海战事吃紧，南京离上海近在咫尺，尹达赶紧将自己和石璋如的衣物和书籍、资料打包。皮箱子装书，藤箱子装衣物，包裹里是被褥，包裹上写上名字。待石璋如与魏善臣到南京时，尹达已将包裹装船了。

8 月 13 日，上海淞沪战役打响，情势更加危急。接着，日本的飞机趁晚上来轰炸南京考试院。考试院与中央研究院只一墙之隔，炸弹落在了考试院外广场的钟楼和鼓楼那边。接着，日军飞机又来轰炸。留守在中研院的人们很着急，不能再等了，必须马上转移。尹达押运着货船不得不马上启程去长沙。

装满文物的货船很重，又是逆行，所以行驶缓慢，十数日才到长沙。船一靠岸，尹达赶紧找装运工。还好，码头的装运工召之即来，这让尹达省去很多麻烦。装运工将文物从轮船上一箱一箱搬下来，再搬运到小推车上，毕竟从江岸到圣经学院还有一段路程。路上，尹达将小推车排成一排，自己走在小推车的中间，边走边清点车辆，深恐有人借机盗取。几个来回，费尽周折，才将箱子全部运往圣经学院的地下室里。

因箱子在运送时乱了顺序，只好按船运顺序往地下室放。因怕工人搬运时弄坏文物，尹达还要监督搬运。地下室空间受限，大点的箱子往下摆，小点的箱子往上摆，一连数日，尹达躲在地下室，天天搬来搬去。装满文物的箱子，一直到 9 月底，才陆续运完。10 月初，搬运工作才彻底做好。为此，尹达与同人们个个累得精疲力尽。

大家安定下来后，史语所和中博院分别住长沙城内的韭菜园和圣经学院。此时，傅斯年代理中央研究院总干事，史语所由李济负责。

长沙这座千年古城，随着逃亡人流的不断迁徙，秩序混乱。圣经学院还驻扎有北京大学、清华大学、南开大学，所以这些单位都成立了管理委员会。中央研究院也成立了管理委员会，决定继续工作，用一个大教室作为考古组的研究室，让梁思永率大家在那里继续整理文物，一个箱子一个箱子地打开，制成标本再绘图。

尹达住韭菜园，办公却在圣经学院。因发掘报告的结论部分没写完，梁思永催得很急，不让尹达整理文物，让他继续赶写报告结论。[①]

圣经学院各种各样的人都有，鱼龙混杂，经常有丢失衣物的情况。管理委员会不得不组织自己的巡逻队，尹达与石璋如负责巡逻队工作。

1937 年 11 月 24 日，日军飞机开始轰炸长沙。敌机一来大家就躲到防空洞或地下室，但外边的事情还须有人看管，比如，是不是有特务发信号让飞机来轰炸。巡视间谍的任务又落在了尹达和石璋如的身上。

敌机一出现，学校便拉响警报，于是人们潮水般涌进地下室。尹达与石璋如听到警报声立即跑到教室外去巡逻。巡逻是件非常危险的事情，敌机来回盘旋时，若投下炸弹便难以躲开，让间谍发现也会引来杀身之祸。

一次，警报声呜呜呜响，人们迅速躲藏起来，圣经学院显得鸦雀无声。不大会儿，敌机迅速划过天空，俯身盘旋在学校的上空。此时，有人拿了把伞在校园内跑着。尹达对石璋如说，不可思议，人家都悄悄躲避起来，他却撑着伞招摇过市。石璋如不假思索地说，不好，探子！尹达说，还愣啥，拿下！于是，两人配合默契，尹达个头比石璋如高，便

---

① 见《石璋如先生口述历史》。

一个箭步冲上前，将撑伞人摁倒在地上，石璋如赶紧摁住双腿，两人迅速将那人制服，拴在一棵大树上。撑伞人突兀被揍，还被捆绑，非常生气，任凭他怎样解释，尹达和石璋如就是不放人。他俩认一个死理，敌机一来，大家就躲，你不但不躲，还撑着伞在外边晃悠，是何居心？

梁思永的哥哥梁思成组织的营造学社，也暂住在圣经学院。敌机飞走后，发现职员刘致平丢了，派人寻找，一看被捆在树上，还有人看守。梁思成很生气，找梁思永要人。兄弟俩不客气，一见面就吵了起来，梁思永问，敌机来了，他不怕死？梁思成向梁思永担保，刘致平绝对是好人，原来是场误会。

还有一次，敌机来圣经学院附近轰炸，学校拉响警报，顿时，人流如两股洪水般分别冲进了防空洞或地下室。尹达和石璋如坚守自己的岗位，望着头顶的飞机，疏导着往地下室的人流。有的学生边跑边喊他俩，你们也快点躲起来吧。尹达与石璋如临危不惧，在校园里来回巡逻着。敌机在圣经学院的上空盘旋一圈后，就将炮弹投在圣经学院一侧的小巷里，顿时，那里天翻地覆，瓦砾四飞。尹达与石璋如吓傻了，尹达说，坏了，那可是梁思成住的地方。飞机走后，他俩赶紧去查看情况。

梁思成住的小楼被炸塌了，房梁和门窗也挂在墙上，尹达想上楼看个究竟，可楼梯被炸上不去。两人就朝楼梯大声喊了一阵，没人应声，他俩赶紧回去给梁思永报信。刚一反身，尹达蹚到一条血淋淋的残肢，惨不忍睹。两人正惊恐之际，迎面看到梁思成携太太急急忙忙跑过来，原来他俩听到警报后躲进了防空洞免去一劫。尹达这才如释重负地说："你们无事就好，我们赶紧给梁思永先生报平安去。"梁思成与夫人惊慌失措地点着头，说，快去快去。梁思永得知梁思成的住处被炸毁，赶紧跑过去安慰哥嫂。

日军动辄轰炸长沙，长沙人天天钻防空洞，人心惶惶。尹达与石璋如站岗放哨已成常态，尹达感到了煎熬。

上海淞沪会战自打响以来，中国军民虽奋起抵抗，浴血奋战了三个月，由于指挥失误，国军节节败退，南京危急。

山雨欲来风满楼，救亡图存已成为国人的自觉行动。尹达内心的挣扎结束了，他终于做出决定，向好友石璋如告别，说这样天天躲，天天跑，日军不仅能拿下北平、上海、南京，也会攻下长沙，与其被追着打，不如上战场拼个你死我活。他决定离开长沙，赴战场杀敌。石璋如也是爱国青年，不容分说，愿随尹达一起行动。

危急时刻，考古组召集全组成员开会，决定先结束个人的工作，每个人须写一份工作进展情况交给李济，再谈个人去留。于是，大家纷纷在写报告，尹达用一天的时间将《山东日照两城镇史前遗址发掘报告》的进展情况，以及图版、器物草图的制作部分整理出来一并交到李济那里。

尹达将未完稿发掘报告交给梁思永，并请梁思永将报告的余下部分补上。梁思永接过报告惋惜地说，他在侯家庄西北冈殷代王陵发掘时的报告还未完成，两城镇发掘报告待战争结束了，仍由尹达来写。

1937 年 12 月 6 日，尹达在未完成的两城镇发掘报告后边，写道：

别了，这相伴七年的考古事业！

现在敌人的狂暴更加厉害了，国亡家破的悲剧眼看就要在我们的面前排演；同时我们正是这幕悲剧的演员！我们不忍心就这样让国家亡掉，让故乡的父老化作亡国的奴隶；内在的矛盾一天天加重，真不能够再写下去了！我爱好考古，如果有半点可能也不愿舍弃这相伴七年的老友！但是，我更爱国家，更爱世世代代所居住的家乡，我不能够坐视不救！我明知道自己的力量有限，明知道这是一件冒险历危的工作，但是却不能使我有丝毫的恐怖和畏缩！

梁思永看了尹达山东日照发掘报告后，评价极高："这报告将成为对于山东沿海地区的龙山文化的标准著作，而且是研究龙山陶器不可缺少的参考书。"

李济再次开会，说他与董作宾、梁思永、胡厚宣、郭宝钧等带文物先西迁，话音未落，尹达、石璋如、王湘、祁廷霈等异口同声地说：我们去抗战前线！

李济是自由主义的知识分子，主张把学术与政治分开，在南京时，他曾劝导尹达不要看通俗读物，学业要持之以恒，不要走偏。如今，山河破碎，国土沦陷，长沙面临危难，李济已毫无理由劝阻尹达他们了。可李济真舍不得考古组培养起来的考古才俊，他用手捂住眼睛，泪水哗哗流了下来。

1937 年 12 月 12 日，南京失守，日军屠城消息传来，史语所同人们个个义愤填膺。三个多月来，头顶是飞机轰炸，地上是同胞血肉。于是，尹达决定到延安去。石璋如、王湘也做好上前线的准备。

南京沦陷，长沙还会安全吗？文物又要转移。史语所研究决定，凡家乡已沦陷的即随文物走，没有沦陷的可自行决定。考古十兄弟不得不各奔东西，"李老大"即李景聃，安徽人，家乡未沦陷。"石老二"即石璋如，河南洛阳人，家乡未沦陷，他离开长沙，上战场参战。"李老三"即李光宇，河北人，家乡未沦陷，他是三组文物的管理员，不能走。"刘老四"即尹达，家乡滑县已沦陷，他决定参战。"尹老五"即尹焕章被河南古迹研究会留下帮忙，没来长沙。"祁老六"即祁廷霈，山东人，家乡沦陷，父亲已到重庆教书，他先到重庆。"胡老七"即胡厚宣，河北人，老家沦陷，决定随所走。"王老八"即王湘，南阳人，老家未沦陷，他与长沙的学生一起奔赴前线。"高老九"即高去寻，保定人，家乡已沦陷，决定随所走。"潘老十"即潘悫，李济派他押运古物到重庆，他也不能走。

"十兄弟"一个未到，五个要走，四个留下。12 月 14 日李济召集大家在长沙八角亭鱼塘街街口的"清溪阁"餐馆聚会，为尹达、王湘等六人饯行。

尹达与考古组的兄弟先到，技工胡占奎、王文林、魏善臣、李连春也参加宴会，李济、董作宾、梁思永也陆续到齐，大家围着一张桌子，李济点了些菜肴。菜肴还未上，尹达就将酒瓶打开，让服务生给各位满上。尹达情绪激昂，慷慨悲歌："国将不国，何学术为！抗日第一，爱国为先。"说完举起酒杯，一饮而尽。今日一别，何时再相见？尹达伤悲，不觉泪流满面。

"十兄弟"在田野考古中建立了深厚友谊，山河破碎，未来渺茫，大家都悲从心来。这些人除李济、董作宾、梁思永平时不喝酒外，像尹达、王湘、石璋如、祁廷霈几个人平日喝酒比较爽快，今天是借酒浇愁愁更愁，尹达带头痛饮，也跟着喝将起来。

他们异口同声地喊：第一杯，"中华民国万岁！"第二杯，"中央研究院万岁！"第三杯，"史语所万岁！"第四杯，"考古组万岁！"第五杯，"殷墟发掘团万岁！"第六杯，"山东古迹研究会万岁！"第七杯，"河南古迹研究会万岁！"第八杯，"李先生健康！"第九杯，"董先生健康！"第十杯，"梁先生健康！"第十一杯，"十弟兄"健康！

菜没上来，尹达、石璋如、王湘、祁廷霈已醉酒倒下，躺在酒馆的地上不省人事。李济、董作宾、梁思永看到几位弟子，分别之际如此伤悲，能够理解。但是，大家既已到齐，菜也上齐，李济本还要有个饯别词，现在这种状况，他也没什么可说的了，劝大家赶紧吃，又派人在外边找了几辆黄包车，将尹达他们拉到了学校。①

大家醉得一塌糊涂，第二天酒醒后，各自准备行装。尹达、石璋如、王湘、祁廷霈，四人意见一致，投奔延安。于是，四人面向北方，站在萧萧的北风里，尹达起誓："国难当头，男儿应执干戈以卫社稷，

---

① 见《石璋如先生口述历史》。

何以考古为。"接着四人发誓：北上延安，参加抗战！

尹达与石璋如一起去延安，先回家乡存放衣物、书刊、资料，约定大年初一在新乡火车站集合，若一方没按时赴约，可分头行动。王湘、祁廷霈与圣经学院的学生一起去延安。

1937年12月15日，李济带着装满文物的卡车与留在史语所的考古人员一起，离开长沙，往四川李庄转移。

1937年12月15日，归心似箭的尹达，背着衣物、书刊、资料等离开长沙，辗转于1938年1月下旬回到滑县牛屯集。①

---

①　刘增珍访谈。

第四章　烽火年代　圣地放歌

一　投奔延安

尹达回到家乡后得知儿子小胖已病死月余。丧子之疼，犹如五雷轰顶，国难家事一起涌上心头，尹达痛苦到了极点。

尹达化悲痛为力量，即与在北仓女子中学读书的妹妹刘桂芬商量一起投奔延安，参加抗战。随后将从长沙带回的中外文资料和书籍，一部分放在阁楼，一部分放在北院的地窖里。

1938 年 1 月 30 日，正是农历年的除夕夜，尹达与刘桂芬五更起床，悄悄搭乘事先租好的马车，疾驰而去。尹达之所以选择不辞而别，一是怕母亲阻拦，二是怕别离时看到家人伤心和痛苦。

路上思绪万千，这次出门非同往常，上战场与敌人拼杀，生死未卜，不知能否再回到家乡。想到这里，尹达鼻子一酸，泪雨滂沱。他情不自禁地回望着树影婆娑的家园和村庄，对家乡和亲人突然生出些眷恋和不舍。尹达让车夫停车，跳下车便双膝跪地："娘！儿不孝！原谅我不辞而别吧。打完仗，儿定尽孝。"刘桂芬也下车跪地："娘，小女有志。自古忠孝不能两全，原谅女儿吧！"

尹达乘坐在马车上，情绪激昂，想象着自己一身戎装，还曾想象自己是驰骋沙场的将军，指挥着千军万马，浩浩荡荡……

耿作明早晨起床后发现尹达不见了，皮箱也不见了，尹氏发现刘桂芬也没了踪影，便猜他俩可能去延安了。尹氏赶紧烧香拜佛，求神灵保佑他俩一路平安。

牛屯距新乡百十里地，赶到新乡已近中午。下午，尹达与石璋如在约定地点会合后找旅馆住下，再乘火车沿道清铁路到清化下车。从清化到临汾的路程走得比较辛苦。因为，全国各地的抗日青年和有志之士，纷纷投奔延安，所以，人员滞留在交通线上，汽车票非常难买。尹达与石璋如之所以选择这个时间出发，也是考虑到交通问题，他们认为趁过年时出行人流较少，可减少路途的行程。没想到车站滞留了那么多人。路途遥远，交通不便，有时租马车，甚至步行，日夜兼程，十数日才到临汾。在临汾找到了八路军办事处，当走到门口时，却被小战士拦住：哪来的？尹达和石璋如赶紧拿出中央研究院的证件，上前解释，说他们从长沙来，是中央研究院的考古人员，是来抗日的。

小战士上下打量尹达和石璋如：尹达身材高挑，穿蓝布棉袍，外套黑马褂，背军用包裹，手拎一小皮箱，像知识分子。石璋如身材瘦小，穿皮袍，戴皮帽，踏皮靴，背军用包裹，也拎着个小皮箱，像阔少。小战士道：中央研究院，是国民党的部队吧？给国民党做事的人，我们首长是不会留你们的。你们回去吧。

尹达和石璋如极力解释自己来延安的目的，说他们投奔延安，是来参军打仗的。小战士说，快走吧，这里不招新学员了。

初出茅庐的刘桂芬大发雷霆，拿出学校民先组织开的介绍信给小战士看，小战士便让刘桂芬进去。

这时，被拦下的人很多，大家便大声嚷嚷起来。

小战士无奈，说他也是执行命令，耐心劝大家先回去。有人说，他们跋山涉水，一路寻找，为的是参加八路军，杀日本鬼子，坚决不走。这时，一拨又一拨的人会聚在一起，人越来越多，大家你一言我一语与小战士大吵起来。突然，从人群中窜出一位彪形大汉，怒不可遏要打小战士，气氛非常紧张。

关键时刻，尹达挺身而出挡在了小战士的前头，力劝说，算了算了，大家不要动怒，不让进有不让进的道理，在哪儿都能抗日，再找地方嘛！

有人抱怨说，他们回不去了，来时的路费用完了。

尹达赶紧打开自己的包裹，拿出几块大洋送与那人做盘缠。尹达慷慨解囊时，被一位路过的八路军干部看到，上前问了尹达的情况后，对小战士说，让他留下来吧。

尹达与石璋如非常激动，愿望终于可以实现了。尹达与石璋如赶紧扛着行李往里走，没想到小战士竟将石璋如拦住。石璋如不服，与小战士理论，说一起来的，为啥不能一起进去？无论石璋如怎么理论，小战士就是不让进。小战士还讽刺石璋如：你看你，穿皮袍、绸缎、大皮靴，是来打仗的吗？八路军战士都是来吃苦的，你能吃这个苦吗？石璋如反驳，岂有此理！咋能这样衡量人呢？

尹达极力为石璋如求情，可小战士根本不讲情面，竟劝石璋如说，你爱国，可以回后方搞教育，教育建国嘛！因为当时对教育很重视，口号是抗战建国，抗战必胜，建国必成！

无奈，石璋如只得失望而去。兄弟一别不知何日才能相逢？尹达望着石璋如远去的背影突觉心中落寞，很是不舍，大声呼喊道：石老二，保重啊！石璋如回头摇晃着手臂喊，刘老四，你也保重啊……再见！

尹达在八路军营部登记后，接待员安排尹达住在一户老乡家。第二天一大早，几位八路军干部带上尹达一起去了延安。

刘桂芬在临汾加入了八路军学兵队，只见她打裹腿，扎腰带，袖子上还佩戴着有"八路军"三个字的臂章，青春少女瞬间变成一名飒爽英姿的八路军战士。

1938年1月底，尹达到延安，先入短训班学习，短训结业后，因是从国民党方面来的，所以只能到陕北公学学习。到陕北公学后，尹达随母姓尹，改刘燿为尹达。

陕北公学位于延安南面的杨家湾，过延河六七十米处的城隍庙院里。城隍庙城隍爷大殿前是一个小广场，城隍爷大殿是学校食堂，小广场是学生们吃饭的地方。城隍庙右侧是大大小小的土山，土山上是一排排一层层的窑洞，尹达就住在高层的窑洞里。城隍庙后边是一个山窝窝，是学生们演出的地方。城隍庙的左边是一个大点的广场，是尹达他们上课、听报告、晒太阳的地方。

陕北公学有高级班和普通班，普通班学时三至四个月，高级研究班为六个月。尹达是普通班学员。在没开学之前，尹达被安排干一些杂活，比如与学员一起去挖窑洞，为新来的学员准备住宿的地方，等等。

毛泽东、张闻天、陈云、李富春、王若飞等中央领导及中央机关干部等经常来学校讲课或作报告。毛泽东隔几天来讲一次课，他主讲统一战线。

陕北公学是培养抗日干部的学校，按照"七分政治、三分军事"的原则制订教学计划。毛泽东亲自为陕北公学制定校训："忠诚、团结、紧张、活泼。"后来毛泽东对陕北公学评价是："中国不会亡，因为有陕公。"

窑洞前的大广场一到晚上非常好看，小煤油灯闪烁着橘红的火苗，一盏一盏的非常壮观。学生们会在微弱的火苗下看书或者谈论。晚上有时也演戏唱歌，开始学唱陕北公学校歌，然后学唱"民先队歌"，即共产主义青年团团歌。

陕北公学开会或上课前总是相互拉歌，气氛活跃。陕北公学的学员有来自国民党的，也有无党派的以及海外华侨，年龄参差不齐，从十几岁的少男少女到中青年，年龄相差几十岁；学习较为自由，分上午课、下午课和晚上讨论；一日三餐几乎都是小米粥，有时也吃点粗粮馍馍。

尹达早上在广场上活动，或是到山坡下走走。早饭后去广场等候上课。上课前先唱歌。学习内容有文化课和军事课：政治形势、哲学等；操练解散集合、打行装、使用枪械。

大家来自五湖四海，说话南腔北调，年龄大小不一，文化参差不齐，有商人、艺术家、学生等，五花八门，但大家的目标是一致的，那就是上前线打日本鬼子。

晨号一响，立即起床，大家一起在广场散步，一起去上课，一起参加义务劳动。尹达被一种新型的同志关系包围着，被一种革命激情感染着，学习和劳动劲头倍增。

尹达心中一直有一个梦想——加入中国共产党组织。来到延安他就向党组织谈了他的心愿，并递交了入党申请书。4月份，陕北公学的党组织经过考察，尹达有学习天赋，讨论有独到见解，带头义务劳动，便批准尹达加入中国共产党组织。

陕北公学三个月的学习结束后，尹达被分配到前线去。学员是按批次离开延安的，尹达晚几天出发。第一批出发时，校长、老师、同学前来送行，中央领导周恩来、陈云、张闻天、博古等也来为学员们送行。

一段多么值得珍惜的时光啊！三个月的学习生活，同学间建立了深厚的革命友谊，分手时也难舍难分。与尹达同住一个窑洞、睡一张炕席的是一位来自南方的同学，他第一批先走，尹达将自己的皮衣送给他，说他去的地方寒冷，让他带走。南方同学不忍夺爱，坚辞不要。尹达将衣物硬塞进他的包裹里。随后，尹达又从兜里拿出几块大洋送给一个年龄较小的同学。

尹达的举动引起了时任中共中央革命军事委员会副主席周恩来的注意，周恩来悄悄走到尹达身边了解情况，问尹达以前在哪儿做事？尹达将自己曾在国立中央研究院历史语言研究所考古组工作的事告诉周恩来。周恩来听后非常满意。

张闻天又了解尹达以前工作的情况。尹达就将自己参加安阳殷墟、浚县大赉店、山东两城镇考古，以及史语所撤离南京后到长沙等情况简单叙述了一遍。尹达话音未落，周恩来转身对陕北公学校长成仿吾说，这个学员应留在延安。

留在延安！尹达很不情愿，坚持要往前线去，说等打完仗再来延安不迟。

张闻天劝尹达，说我们共产党也要搞学术研究，不能等革命胜利后再搞，现在就要抓紧时间搞，抗战和学术研究两不误嘛。

成仿吾批评尹达，说军人以服从为天职，让尹达快谢周副主席。

尹达这才醒悟过来，赶紧向周恩来敬礼，说坚决服从命令！用行动支援前方。[1]

第一批赶往前线的学员随着集结号的吹响迅速站队集合，他们唱着学校的《结业歌》，随部队向前线出发，离开了延安。

尹达有了安身之地便牵挂石璋如的下落，石璋如现在何处？

石璋如离开临汾后的一段日子非常艰难，他去了宝鸡，又辗转去了西安，衣物被抢，还差点丢了性命，一路上可谓诸事不顺，险象环生。待石璋如与史语所联系上后，于1938年4月中旬去了昆明。[2]

---

① 高岚访谈。
② 高岚访谈。

石璋如到昆明一见李济，鼻子一酸，哭诉自己的遭遇。李济安慰他说，能回来就好！李济迫不及待地了解尹达等人的情况，期待他们能到昆明来。

石璋如告诉李济尹达去了延安。李济对尹达去延安未有异议。清溪阁醉别，就此分手，大家各奔东西，能有个着落，他这个当主任的心里也踏实很多。后来，李济得知祁延霈也去了延安，但却不知王湘的去向，李济不得不到处打听王湘的下落，希望他也能到昆明来。他通过朱家骅给周恩来写信寻找王湘等人。后来朱家骅函复李济："关于王湘、杨廷宝二君之事，前蒙台嘱，即经致函周恩来君，顷接复云：'嘱事曾特电探询。现王任延安振华造纸厂厂长；杨在延安解放社出版局图书馆工作。渠等均愿安心服务，不拟离延他往，务乞鉴谅。'等语。知注探转。"

令李济想不到的是，国立中央研究院历史语言研究所考古组培养出来的考古人员，那些满腹经纶的青年才俊，一旦与共产党扯上了关系，就是套上八头老牛也拉不回来。李济后悔莫及啊，"清溪阁"一别，考古组"十兄弟"从此劳燕分飞，各奔东西，竟是永别。早知如此，何必当初呢！

二　兄妹重逢

留在延安的尹达又被安排在马列学院学习。校址在延安城北约七八里的蓝家坪，与党中央所在地杨家岭隔河相望。马列学院主要任务是培训军政高级干部，同时也成立编译部。编译部负责马列主义著作的编辑和翻译工作。

马列学院的学员来自两方面：一部分来自前线的指挥员，也有白区的地下工作者。另一部分来自"一二·九"运动后入党的青年学生。这部分人在入学之前，绝大多数都经过抗大、陕北公学、中组部训练班以及中央党校的短期培训。

马列学院开设政治经济学、哲学、马克思主义基本问题、党的建设、中国现代革命运动史、西洋革命史等课程。

尹达在马列学院第一班学习，与邓拓、李先念、李天焕同住一个窑洞里。李天焕是红军干部，与尹达睡一个炕头。

马列学院有时也安排学员到外校听报告。一次，尹达去抗日军政大学听毛泽东作大报告，两校间有一段路程，路上，尹达被一阵清脆嘹亮的歌声留住了脚步：

> 黄河之滨，集合着一群中华民族优秀的子孙。人类解放，救国责任，全靠我们自己来担承。同学们，努力学习！团结紧张，严肃活泼，我们的作风。同学们，积极工作！艰苦奋斗，英勇牺牲，我们的传统。像黄河之水，汹涌澎湃，把日寇驱逐于国土之东！向着新社会前进！前进！我们是劳动者的先锋！

那是一首《抗日军政大学校歌》，尹达情不自禁地循声望去，好熟悉的身影啊，是刘桂芬？

尹达的出现，令刘桂芬兴奋得跳了起来。尹达感慨地说，要不是这美妙的歌声啊，我们就擦肩而过喽！

与刘桂芬一起唱歌的是徐振亚。徐振亚是河南人，与刘桂芬在开封北仓女子中学是同学。她来得晚些，刘桂芬正在给她补课，教她唱校歌。

尹达悄悄告诉妹妹，他改名尹达。妹妹也悄悄告诉尹达她改名刘涑。

刘涑在临汾被八路军学兵队接收后来到延安，在抗日军政大学第四期学习。其间，她担任抗日军政大学第一女生队十三党小组组长。延安抗日军政大学主要是为前线培养军事、理论干部，既学理论，又学军事。

延安的窑洞本就简陋，住上几个大男人，使本就狭小的空间更加拥挤，大家白天忙于学习、讨论、听报告。一到晚上，四人挤在一处，一起讨论，常常到深夜。讨论的内容涉猎广泛，包括战争、历史、时事、学习等等。往往是李先念和邓拓睡着了，尹达与李天焕余兴未了，争论不休。由于两人经历不同，受教育程度不同，所以对问题的认知度和看法也不尽相同，争论是难免的。有时也面红耳赤，这时，李先念和邓拓出面劝架和稀泥，说睡吧，大半夜了，不早操了？两人识趣，这才休战。

李天焕崇拜尹达，认为尹达有学问，解答问题有条理，自己不明白的东西通过争论就会弄个水落石出。尹达也欣赏李天焕，有军事才能，思维敏捷。一个是历史、考古研究人员，一个是有着战斗经验的指挥官，两人惺惺相惜，互相吸引，取长补短，形影不离。一文一武英气勃发的两位青壮年，盘在一个炕上，故事多多，热闹异常。

尹达与李天焕听完课，一般情况下，要么整理笔记，要么在一起讨论问题。尹达有意去看妹妹，想撇下李天焕，说他去查个资料，便扬长而去。

李天焕本想离去，但又觉尹达有点神秘，旋风般追了过去。

尹达到抗日军政大学时，刘涑的小组正搞军事训练。只见刘涑手持左轮手枪，瞄准靶心，正聚精会神地练射击。一梭子弹打出后，才发现尹达出现在身后，便喊了声二哥。恰这时，李天焕也走到了跟前。二哥？李天焕像哥伦布发现新大陆一样兴奋，问尹达是咋回事。

尹达解释说，刘涑是他妹妹。接着，尹达又给刘涑介绍李天焕，说李天焕是从迪化来的红军干部。刘涑对西路军长征的艰难路程很感兴趣，一连发问几个问题，李天焕句句斟酌，耐心作答。

刘涑正值妙龄，皮肤白皙，明眸皓齿，大眼睛犹如两潭湖水，齐耳的短发闪烁着青春的光泽。谈话措辞得体。既有少女温柔恬静的气质，又有军人果敢刚毅的素养。李天焕看得两眼发直，倒吸一口凉气，惊赞道：不愧是书香门第，尹达之妹啊！

从抗日军政大学回来，李天焕变得寡言少语，常常发呆。大家都觉得李天焕反常，怀疑他生病了，劝他去看医生。李先念看出李天焕有心事，便提议拉李天焕去延河边转转。

大家一前一后，走着说着，话无边际。此时，李天焕只对一个问题感兴趣，尹达妹妹的情况。尹达便将妹妹在开封北仓女中读书，他与妹妹投奔延安的情况告知大家。由于激动，邓拓握着尹达的手说，尹达同志，我太羡慕你了！有个八路妹妹。也许是高兴，尹达又将大哥在奉天被捕入狱，出狱后去莫斯科的事也告诉了大家。

此后，李天焕不再迷迷瞪瞪，忧心忡忡，一下子变得生龙活虎起来，让人琢磨不定。

一天下午，马列学院安排中央领导人来作大报告，由于下雨，报告临时取消，大家自由活动。尹达趁空闲去看刘涑。只见她疾步如飞，行走在黄土高坡上。瞬间，一团乌云裹胁着一道银色的闪电，天空火光如炬，顿时，大雨瓢泼一般。不大会儿，雨住天晴，夕阳像一个烧红的鏊子斜挂在天际，橘红色的余晖映衬得一排排窑洞分外妖娆。尹达的心像着了火，便放开歌喉，大声唱起来。

突然，两个熟悉的身影映入眼帘：李天焕与刘涑，徜徉在一条泥泞弯弯的小路上，看样子聊得很开心。

尹达怒火中烧，这小子打刘涑主意，他三步并成两步走过去，对妹妹一改往日体贴关心的态度，疾言厉色地批评刘涑：不努力学习军事本领，浮躁下去成何体统！

　　爱情的萌芽，正待升温却遇寒流，李天焕面对尹达的态度手足无措，自我解压地说，路过路过。

　　刘涑被二哥劈头盖脸呵叱一通，甚觉委屈，扭头往窑洞方向跑去。尹达踩着自己来时的脚印，瞬间消失在云际里。

　　李天焕觉得尴尬又没面子，向天空怒吼：这，毫无道理！

　　李天焕二十六岁，没谈过恋爱，更没遇到令他心动的女人。正处青春萌动期的他偶遇妙龄女孩儿，在延安这段暂时休整的时光里，岂能不遐思飞扬。即将与刘涑捅破那层窗户纸的时候，半路杀出个程咬金，横刀断念，让李天焕独自承受相思之苦。一连数日，李天焕茶饭不思，人也消瘦了许多。闷着，天天闷着，越这样，越按捺不住对刘涑的思念和向往，可未经尹达允许，他这个勇武之人，兄弟义重，不敢轻举妄动。有道是抽刀断水水更流，可把李天焕折磨坏了。想着想着，他终于想明白了，凭什么不能追求自己喜欢的人。于是，他鼓起勇气给刘涑写信，表达他对刘涑一见钟情的深深爱意。

　　没想到恰被尹达发现。尹达直截了当地说，他不同意李天焕与妹妹在一起。

　　爱与尹达顶牛的李天焕不再示弱，理直气壮地说，刘涑未嫁，他未娶，谈恋爱正当其理。于是，两人吵了起来。

　　自此，尹达与李天焕有了"隔阂"，两人同炕，互不理会。尹达想用冷战闷死李天焕的欲念。可李天焕忍受不了这种气氛，睡觉时会朝尹达屁股上踢一脚。尹达装睡。李天焕再蹬一脚，尹达仍不理。李天焕见硬的不行就来软的，问尹达为啥不同意。尹达说妹妹年龄尚小，不能谈婚论嫁。李天焕说他可以等。几次理论，未有结果。

　　1938年11月下旬，日军突然轰炸延安城，顿时，房倒屋塌，狼藉一片。以后数日，日军连续轰炸。刘涑得知尹达住的窑洞被敌机炸毁后，惊慌失措地跑到尹达的窑洞前找哥哥。窑洞被炸，尘土飞扬。刘涑在尘土中呼喊尹达的名字，她以为尹达埋在窑洞里，喊人快救尹达。

此时，李天焕从慌乱的人群中跑过来，刘涑一见李天焕便催他快找工具挖人。不大会儿，李天焕找来铁锨，往窑洞里挖了一阵，挖出他与尹达的被褥和衣物，没发现尹达，两人的情绪稍稍稳定些。可尹达在哪儿？李天焕说，找他去，活要见人，死要见尸。于是，拉着刘涑的手去寻找尹达。

尹达闻听他住的窑洞被炸毁时，也慌慌张张地跑回来，正好与李天焕、刘涑撞了个满怀。

李天焕这才意识到他还紧紧攥着刘涑的手，赶紧松开，怯怯地问候尹达说，你还活着啊！

尹达回掸他说，阎王爷没下帖子！

一时间，三人尴尬地怔在那里。此时，徐振亚跑过来，了解窑洞被炸的情况，这才为他仨解了围。

马列学院第一期八个月的学习结束了，1938年11月底，尹达被分配到陕北公学关中分校任教员。李天焕属于程子华要的人，被分配到晋察冀抗日前线去工作。中央派程子华到晋察冀边区政府工作，他在抗日军政大学和马列学院要了四十名学员，军事、医疗、文艺等方面人才都有。李天焕与刘涑均在被选之列，学员分几批走，李天焕第一批走，刘涑最后一批出发。

李天焕心事未了，闷闷不乐。说尹达瞧不起人，他佃农出身，家里穷又没文化，只读到小学。

其实，尹达早有歉意，但不知该如何解释。尹达不是瞧不起李天焕，是尹达没这个思想准备。他将妹妹从家乡带出来是来参加抗日的，突兀冒出一桩婚事，他需要一个接受、消化和思考的过程。没想到时不我待，眨眼间人去窑空，想说这事时已晚矣。李天焕走后，尹达空留长长的思念和愧疚。①

三　回乡取书

陕北公学关中分校开办于 1938 年 7 月 7 日，地址在关中旬邑县看花宫，陕北公学党委副书记、副校长李维汉兼任关中分校校长。分校也分普通班和高级研究班，普通班每期三个月，高级研究班学期一年。半军事性质编制，注重军事训练。

尹达主讲《中国革命运动史》，让青年学子和革命人士了解中国共产党诞生的历史背景和使命，以及艰难的发展历程。尹达文史功底扎实，又有七八年田野考古经历，谈古论今，深入浅出，故事性与学术性并存，语言也幽默有趣，观点独到，令人耳目一新。尹达的课很受学生喜欢，一些教师、学者也来听课。

李维汉邀尹达去河边散步，征求教学意见，尹达建议应该给学生讲一些基础理论课。李维汉说他也考虑过这个问题，但苦于缺乏教材。尹达说他读大学时的教科书和笔记保存完好，遗憾的是都留在滑县老家。说者无心，听者有意，李维汉动了取回尹达书籍的念头。

李维汉将去河南滑县取书之事向组织做了汇报，组织上很快答复，并周密计划，安排刘涑回乡取书。

滑县虽已沦陷，考虑到牛屯离县城较远，日军在滑县城以外的驻防还不完善，行动应该没问题。

组织上派人护送刘涑回乡。刘涑扮成青年学生，身穿翠花棉旗袍，

---

① 高岚访谈。

手提棕色小皮箱，箱子里放衣物和女学生用品，还特意放了一双小女孩穿的红皮鞋。刘涑与两位护送她的同志，一路翻山越岭，艰辛跋涉，尤其是行走在太行山上，山路崎岖，脚也磨出了血泡，但一想到执行任务还能见到母亲时，刘涑归心似箭、健步如飞。出了太行山，转由中共秘密交通站的人来护送，一路东行。踏进敌占区时，地下交通站的同志扮作刘涑的大哥，套小驴车送她前行，谎称接读书回乡的妹妹。敌人盘查厉害，每一关刘涑都沉着应对，说她在外读书，敌人打开箱子翻查衣物时，还拿出那双小皮鞋。刘涑解释说是在离学校不远的商店买的，买给小侄女穿的。搜查人员觉得符合情理，让她过了检口。

刘涑回家对尹氏是个极大的安慰，她得知尹达在延安情况很好，心里踏实了许多。尹氏向刘涑哭诉家乡的遭遇，说日本人屠杀滑县人的惨象，说日本人杀人放火，见东西就抢，见人就杀，见女人就强暴，灭了好几个村庄的老百姓。刘涑安慰娘，一定要为家乡的父老乡亲报仇。

安全起见，刘涑在家只做短暂停留。娘和嫂子特别珍惜这个晚上，既想多与刘涑聊聊延安，听听尹达的情况，又怕刘涑第二天赶路犯困。刘涑让娘和嫂子放心，她与二哥一切安好。刘涑看着长高的淑莲，动了恻隐之心，决定把淑莲带到延安去读书。两人约定，五更出发。

刘涑携侄女偷跑的计划没能成功。母亲发现了她的企图后，大哭起来，说给家里留个人吧，你大哥革命了，你与二哥也革命了，娘不拦你们，淑莲还是个孩子。刘涑说带淑莲去延安读书，是好事。淑莲九岁该读书了。娘死活拉着淑莲的手不放，说孙女是她的念想，是她的命根子。娘发狠话，说上次让他们偷偷溜掉，这次别想得逞。刘涑极力劝娘，滑县已沦陷，到处是日本人，很危险。尹氏就是不撒手，说她祖孙俩死也要死在一起。刘涑拗不过娘，只好一人回去。①

---

① 刘增珍访谈。

刘涑归来已是 1939 年 1 月中旬，抗大分配到晋察冀的学员最后一批即将出发。刘涑到延安后，来不及亲自将书交到尹达的手里，即随程子华到前线去了。因旬邑县看花宫离延安还有 300 公里的路程，组织上将刘涑从家乡取回的书派人送到了旬邑县。

1939 年 1 月，陕北公学总校由延安迁到旬邑县看花宫村与分校合并，成仿吾仍任校长，党委书记是申力生。尹达继续任总校教员。

学校合并了，人员增多，规模扩大了，为让学生们开拓视野，有个读书的场所，陕北公学决定建一个图书馆。

成仿吾找尹达，希望尹达承担建图书馆的任务。尹达行动迅速，在陕北公学附近一个小湾子里找了两间民房，外带一个小院。民房虽破旧，经尹达整修后，焕然一新。尹达亲自爬上房顶修补漏洞，又用砖木结构搭起一些书架，再设计图书的类型，搜集了一些图书后，尹达提出最好在白区购买些图书。成仿吾同意尹达的想法，让尹达开书目单，然后由成仿吾通过白区的八路军办事处购买后运到延安。

月余，陕北公学图书馆已小有名气。馆内有国内书籍，也有外国书籍，图书馆有三个管理员，高岚和两个湖南来的学生。尹达为图书馆制定了借阅制度和管理办法，从三个管理员中挑选一个责任心强、有服务意识的人负责具体事务和管理工作，这个人就是高岚。

高岚在图书馆年龄最小，但勤快、爱动脑筋，图书借还有序，服务周到，工作一丝不苟。书被翻阅出皱褶和卷页时，高岚找些石头蛋蛋压在书本上，第二天借阅时整齐如新。闲暇时高岚会在小湾子附近捡些石头瓦砾，用泥巴与树枝搭一搭，就成了学生们的板凳。来借书的人坐在小院的凳子上安静地读书，或畅谈读书心得，或讨论国家大事。一时间，图书馆成了陕北公学一道亮丽的文化风景。

1939 年 2 月，中央马列学院院长张闻天将尹达调至马列学院历史研究室，任研究员。成仿吾不愿放人，找张闻天商量。张闻天理直气壮地说，当初与周恩来副主席留下尹达，就是为历史研究储备人才。成仿吾强调尹达的课受学生欢迎，又缺教师，最后两人达成协议，尹达兼职陕北公学教师，历史研究室的活动必须参加。

中央马列学院历史研究室由几个喜好和从事过历史研究的人组成，杨绍萱、佟冬、尹达、陈伯达，陈伯达挂名研究室主任。

尹达来延安前，曾谋划写一部中国古代社会研究方面的书，通过对考古学的研究和实践，有针对性地搜集和购买了一些参考史料和书籍，加上自己的思考和研究，对中国古代社会有了一个科学的、清晰的认识。考虑成熟后，因国内形势严峻，史语所到处搬迁，山东日照考古发掘报告一直未能交稿，这个计划被搁浅。现在时间宽裕，但资料有限，尹达查遍了延安的图书馆和现有的资料，少之甚少，尹达为此还去毛泽东主席那里查看典籍，但都满足不了他的需要。而那些珍贵的中外文资料和书籍存放在家乡的地窖里，长久在地窖里会不会潮湿发霉？那可是尹达的宝贝呀！想到这儿，尹达寝食难安。于是，他做出回乡取书的决定。

尹达向张闻天汇报了自己的想法，张闻天对河南的局势进行了安全评估。此时，河南的形势远不及几个月前刘涑回乡时的情况。日军为加强防御，在城区、要道修筑碉堡、炮楼，村村设立伪保长，充满了恐怖与血腥，局势凶险。但尹达爱书心切，著述执着，坚持回乡取书。

张闻天作了周密部署，派两名警卫全程护送尹达，每走一程，中共地下交通站的同志都安排护送。一路昼伏夜行，避实就虚，绕过敌人的据点和封锁线，可谓险象环生。夜过平汉铁路向东二三十里处，与日伪遭遇一场枪战，战斗胶着。尹达在交通站同志的掩护下，才得以逃脱。又行数里，已到地方势力与会道门的地盘，地下交通站的同志拿钱疏通后才得以通过，又辗转数日才赶到牛屯集。

尹达回到家，顾不上与老娘、妻儿多话，便一头钻进地窖里取出资料和书籍，告诉母亲，情势危急，不宜久留，便匆匆离去。

此时，滑县局势较为复杂，日军不仅占领中原，奴役百姓，同时还扶持一些流寇和土匪，组成皇协军，相互勾结，残害百姓。皇协军和土匪仗势欺人，不仅与共产党对立，同时还蚕食当地的大户和富商，搜刮民财，百姓们苦不堪言。

尹达前脚走，土匪李小孩儿后脚到，进门即大着嗓子嚷嚷，听说刘燿回来了，他备了桌酒席，请刘燿到他府上喝一壶。

李小孩儿是盘踞在牛屯集一带的土匪，纠集一帮野蛮成性的地痞流氓，无恶不作。李小孩儿本名李荣卿，牛屯南街人，因头大身小，看上去像个小孩儿，人送外号李小孩儿。他匪性十足，是个六亲不认的二百五，仗着占领的一块地盘，见谁打谁，日本人来了打日本人，共产党来了打共产党，后见日军势力大，当了汉奸。为扩充势力，经常骚扰大户、富商，抓人赎人，否则撕票，人称"老抬"，称霸方圆五十里。

尹氏闻声出得门来，一见是本村土匪李小孩儿，便知凶多吉少。尹氏只得壮着胆子回道，刘燿去长沙没在家。

李小孩儿不傻，明白尹氏在说谎，遂撕下伪装的面纱，露出狰狞的面孔，说明明有人看见他进家了，"搜！"一声令下，屋里屋外人山人海，一片嘈杂。土匪没找见尹达，李小孩儿气急败坏地大吼起来：听说刘燿参加了八路军，你闺女也参加了八路军，恁家快成八路窝了。今天若不交出刘燿，拿你顶罪。尹氏吓得站立不稳，歪在了门框上。凶残的李小孩儿一脚将尹氏从门框上踹到门里。尹氏的头磕在八仙桌上，倒在了血泊中。

淑莲见奶奶倒在地上，忙上前去拉，被李小孩儿啪啪扇了两记耳光。坚强的淑莲强忍着疼痛，依然俯下身子搀扶起奶奶。尹氏见孙女挨了打，便怒骂李小孩儿，兔子不吃窝边草，你连兔子都不如。

李小孩恼羞成怒，说，敬酒不吃吃罚酒，抢！顿时，五间堂楼的衣物、家具风卷残云一般被洗劫一空。李小孩儿临走又放狠话，改日再来！

耿作明从街上回到家，见婆婆、闺女挨了打，就与尹氏商量，家是待不下去了，各回娘家躲避去吧。

淑莲跟耿作明住外婆家，寄人篱下的日子很不好过。外婆家本就不宽裕，一下子添了两张嘴，遭舅舅舅母嫌弃，不是指桑骂槐，就是拿眼瞪她，淑莲处处不招人待见，每到吃饭时被吓得心惊胆战。耿作明怕淑莲吓出毛病，就将淑莲送到尹氏的娘家去。尹氏的娘家还算宽裕，既然尹氏有家不能回，其弟便找了个闲置的院子，给尹氏祖孙盖了两间茅草屋，尹氏在娘家人的接济下，带着淑莲尚可勉强度日。尹氏在尹庄一住就是四五年。①

尹达回程还算顺利，巧妙躲过敌人的封锁区和堡垒区，地下交通组织经过周密的计划和花钱买路，才使他得以顺利回到延安。

四　先锋归来

1939 年春，阳光明媚，春风飒飒，尹达正埋头编写《中国原始社会》一书时，忽闻马蹄声在窑洞前徘徊，有人喊，尹达在吗？

尹达停住笔探头望去，见是陕北公学校务处副主任、副处长孙力余。尹达忙迎上去。

孙力余骑在马背上，未有下马之意。只见他侧弯着身子，神秘兮兮地对尹达说，鲁艺学院副校长，人称"赵大爷"，他作的报告很受学生

---

① 刘增珍访谈。

们欢迎，教师们也爱听。女子大学的学生被他渊博的学问和学者的风度迷倒了一大片，嚷嚷着嫁人就嫁赵毅敏，问尹达愿不愿去听。

尹达幽默地笑了笑，说他又不是女学生。孙力余坚持说，他相信尹达听后会有一个意想不到的收获。尹达说昨晚阅资料，有点成熟的东西，不写出来对不住那盏陪夜的麻油灯。

尹达与孙力余在陕北公学分校时是老同事，关系好，无话不谈。所以尹达不掩饰自己的想法。

孙力余本想给尹达一个惊喜，但撼不动他，不再卖关子，直截了当地问尹达，你是不是有个哥哥在莫斯科？一提哥哥，尹达精神一振，眼前一亮，说，有啊。

孙力余说他在延安女子大学会场听赵毅敏作报告，讲有关苏联的情况。听着听着，突然觉得这人面熟，像一个人。尤其是方言，比如说我们，赵毅敏说成"我梅"，说屯子，赵毅敏说成"忒子"，总有一些词的发音与身边熟悉的人相似，这人是谁呢？思来想去，他将目标锁定于尹达，对，尹达，尹达有时话语间也会说"我梅""同志梅"。这个人的长相也酷似尹达。于是，孙力余展开丰富的联想：赵毅敏从莫斯科来，尹达哥哥在莫斯科。年龄、相貌等与尹达非常相像，难道是巧合？他越琢磨越有意思，这天，陕北公学邀请赵毅敏来作大报告，孙力余拉尹达一看究竟。

尹达问，那人叫啥？孙力余说赵毅敏。赵毅敏？尹达不以为然地笑了笑，说，咋能呢，他哥名叫刘焜。孙力余耐心地说，大家到延安后都改过名字，说不准人家也不是真名。

尹达犹豫不决。孙力余着急，说赵毅敏在陕北公学作《联共党史》大报告，再磨蹭一会儿报告就结束了。孙力余一把将尹达拉上马，坐在他背后，策马扬鞭，疾驰而去。

一想到哥哥，尹达情绪激昂，在马背上讲哥哥在东北被捕入狱，面对日军酷刑折磨宁死不屈的故事。尹达说，那年他到奉天监狱去探望哥哥，哥哥告诉他，抗击外侮入侵，是要用生命做代价的，他不怕死。

孙力余感慨说，你哥哥是真正的布尔什维克。尹达说他们都是踏着哥哥的足迹，投奔延安，参加革命的。

1939 年 1 月中旬，赵毅敏与蔡树藩、刘英、孔原一行四人从莫斯科来到延安后，住在杨家岭的北面。赵毅敏到延安后，毛泽东非常赏识他，经常找他谈话，向他了解国际时事动向和他对国际问题的看法。张闻天给毛泽东介绍说，他很会团结同志，会做思想工作。毛泽东即刻委赵毅敏以重任，让他到鲁艺任副院长，还说，鲁艺人员复杂，先熟悉一段时间，然后再讲话。1939 年 2 月，赵毅敏担任鲁艺学院副院长。在鲁艺了解情况三个月后，才举行大会，并针对鲁艺的问题提出了解决的思路和办法，使鲁艺的同志能够安心工作，创作出很多优秀的文艺作品。一时间，赵毅敏在延安的名气很大，人称"赵大爷"。赵毅敏还有为几个学校讲课的任务，有大报告、临时大报告。报告的主要内容是《联共党史》，另外也讲哲学、政治经济学、西方革命运动史、党的建设和中国问题等，中国问题包括中国革命形势、党的政策、革命历史，主要侧重辛亥革命以后中国政治形势的发展变化。当时没有正规教材，赵毅敏自己组织教材和讲义。赵毅敏曾在上海党中央、满洲省委地下党工作，还与赵尚志在东北并肩抗日，有着白区工作经验和战场实战经历，所以他的课不仅博古通今、旁征博引，同时还举一些实际的案例、战例，总结经验教训，所以常常博得学生们的掌声和欢呼声。

赵毅敏 1924 年到法国勤工俭学，1925 年因声援上海工人大罢工在法国被捕入狱，在狱中加入中国共产主义青年团。出狱后被流放在法、德边界，在德国党组织的资助下，于 1926 年辗转到苏联。1928 年回国，在绥芬河负责国际交通站的工作，其后赴上海党中央担任宣传部编审科科长、代理秘书长。1930 年被派往满洲省委任过组织部长、宣传部长、奉天市委书记，东北抗联哈东支队政委。其间，他经历了震惊中外的九一八事变，连夜写出了《中共满洲省委为日本帝国主义武装占领满洲宣言》，号召中国人民奋起抗击日本帝国主义的侵略。这份宣言史称《九·一九宣言》，是中国共产党向全国人民发出的号召中国人民起来抗日的第一篇宣言。这篇宣言震动了整个东北，在白山黑水泛起了抗日斗争的层层浪花，又像火炬点燃了东北人民抗日的烽火。中共满洲省委领导的抗日斗争，引起了日军的恐慌。日军大肆抓捕共产党人，赵毅敏于 1931 年 11 月 23 日被日军抓捕入狱。满洲省委被抓的四个人中，其他三人都有不同程度的变节行为，唯独赵毅敏未出卖同志们的任何信息，满洲省委地下党组织才没有遭更大的破坏。赵毅敏出狱后，又加入了东北抗日联军的斗争，1935 年去苏联参加共产国际第七次代表大会，后任共产国际第八分校校长，参与起草《八一宣言》，会讲法语、英语、俄语等几国语言。

尹达和孙力余来到广场一侧，翻身下马。尹达远远望去，报告会场，有位学者风度的人在作报告，那人略瘦高挑的个子，着深蓝色呢服，稠密的乌发沿着宽宽的额头弯过头顶，两道剑眉下一双深邃的眼睛炯炯有神，浑厚的声音响彻广场。尹达一眼便认出那就是自己日思夜想的哥哥。1932 年年初与哥哥在奉天监狱匆匆一面，时光过得真快啊，一晃即是八年。哥哥还能认出自己吗？尹达悄悄走近讲台，找了个缝隙慢慢坐下来，焦急地等待着报告的结束。

报告在一阵阵此起彼伏的掌声中结束。尹达霍地站起身，嗖嗖嗖跃到赵毅敏跟前，一把抱住赵毅敏，大声说，你是刘焜吗？

突兀的拥抱，赵毅敏不知所措，下意识地喊道：刘燿？赵毅敏仍不敢相信这一切是真的，用力将尹达推开，又郑重地看了看，真是弟弟，才又将尹达紧紧地搂进怀抱，惊讶地说，你也在延安？

说着，两人拥抱着转起了圈，飞旋起来。兄弟相逢，是一场怎样惊心动魄的场景啊！

　　是年，尹达 33 岁，赵毅敏 35 岁，两位激情澎湃的热血青年，在革命圣地延安相认是何等的激动。两人拥抱时胸间发出嘣嘣嘣、嘣嘣嘣的声响，竟是赵毅敏上衣兜里的怀表表蒙被挤碎裂的声响。

　　此时，尹达想起一旁站立的孙力余，赶紧将孙力余拉到哥哥跟前，说，孙力余同志为他们兄弟相认立下汗马功劳，若不是他慧眼识哥，兄弟虽在延安，不知何时才能相认。

　　赵毅敏遂伸右手拉住孙力余，将三双手紧紧搤在一起。

　　赵毅敏与尹达、刘涑是亲兄妹的消息不胫而走，在延安传为佳话。中央财政经济部部长李富春知道后，向赵毅敏了解情况，当时鲁艺校址已迁到延安城东十余里的桥儿沟。赵毅敏说，自他 1924 年到法国勤工俭学一直未回家乡，他走的时候刘涑四五岁，如今刘涑若站在他面前，恐难以相认。李富春屈指一算，说，哟，十五年咧！李富春将此事放在了心上，过了一段，他再次到鲁艺找赵毅敏。李富春一见赵毅敏就开门见山地说，你们三兄妹，十五年未见面了。他准备给程子华发电报，安排刘涑回延安一趟，让他们兄妹三人在延安见个面，团聚团聚。赵毅敏拒绝了，他说，前方正打仗，不能因私事扰乱军心，会有机会的。他给妹妹写封信让晋察冀的同志捎过去，相信总有一天会与妹妹见面的。

　　三兄妹会面之事，未能如愿，成为赵毅敏、尹达心中永远的遗憾和伤痛。①

―――――――――――

　　①　高岚访谈。

五　情深意长

延安附近发现了一些古文化遗址，尹达赶去调查，也做了简单的发掘，搜集了一些实物资料。数项工作集于一身的尹达，不得不用夜晚将时光补上。尹达住在陕北公学附近的窑洞里，陕北公学考虑到尹达工作任务繁重，让他独居一处较小的窑洞。他白天坐在窑洞口，不怕风吹日晒。夜晚，借一盏麻油灯微弱的光亮，在窑洞里爬格子，常常是鸡叫五更不知倦，甚至到天亮，要么忘打水洗脸，要么忘了吃饭。

一次，高岚来汇报图书馆工作，见尹达被麻油灯熏得鼻翼乌黑，满脸灰垢，才知道他不仅没洗脸，也未吃早饭。尹达如此废寝忘食，忘我工作，需要有人照顾，便主动承担起担水、洗衣、打饭的任务，算是感谢尹达的知遇之恩。尹达再三拒绝，但终抵不过高岚的热情和诚意。

高岚崇拜尹达渊博的学识，更欣赏尹达内敛稳重的性格。尹达没学者架子，像温厚的大哥，学术严谨，性格洒脱。

高岚爱读书，每读一本书都要写心得、做笔记。高岚无论在工作、学习上，还是在生活上，只要向尹达请教都会有意想不到的收益，这让高岚有一种生活和追求的方向感。

尹达去图书馆查资料，高岚总是主动承担一些抄写任务。高岚字体工整，遒劲有力，深得尹达赏识。

高岚1921年9月19日出生于湖北汉口一个商人家庭。来延安之前名叫高秀珍，到延安后改名高岚。父亲高道明毕业于南京金陵大学，是银行职员，家境殷实。父亲娶两房太太，高岚母亲为正室，父亲与姨娘一起生活。高岚自幼聪明好学，父亲便送她到学堂读书，后考取汉江心勉女中。心勉女中是一所女子私立学校，校长是一位主张独立、自由的女性，聘请了一些进步的教师到汉江心勉女中去教书。在学校里高岚认识一位教她们学习绣花的女工，这位女工是上海流落到武汉的难民，她给学生讲日军在上海的罪行，讲军民抗战的故事。高岚像所有爱国学子一样，国难当头，挺身而出。那年她刚满17岁，因年龄小，母亲不同意她去抗日。高岚不顾家人的阻挠，1938年夏，偷偷与老师及上海的流亡学生一起投奔延安，在陕北公学学习，1939年初结业，被安排到陕北公学图书馆工作。尹达对图书馆的工作管理很细，因在南京时跟随专家们修缮过一些善本和经典图书，所以，他也将如何修缮藏书的技能教给高岚，高岚对图书修缮工作做得很好，尹达很满意，就将图书馆的工作交由高岚具体负责。

高岚自幼随母生活，单亲家庭缺少父爱，潜意识中对尹达有种兄长般的依恋。

1939年夏，陕北公学与鲁迅艺术学院、安吴堡战时青年训练班、延安工人学校联合成立华北联合大学，校址设在晋察冀革命根据地。9月，高岚与学校图书馆一起迁到晋察冀边区的阜平县城南庄。与尹达分开时，情窦初开的高岚才意识到她已深深爱上了尹达，但军令如山倒，高岚极力克制自己，未向尹达表白。

高岚在城南庄的日子，徒增一种思念，一种情愫，一种向往，觉得困顿失落，恍如隔世。

华北联合大学迁走后，尹达不再教书，到中央马列学院研究室工作，也从陕北公学迁至延安城北七八里地的中央马列学院所在地蓝家坪。蓝家坪的窑洞很多，蜂窝一般。尹达住在半山腰的一个窑洞里。山下是一排搭建的简易平房，山的东边是涓涓淙淙的延河，有一座小桥通往杨家岭。

与高岚分开后，尹达倍感失落，工作上少一个助理，生活上少一个秘书，或者说关心他的人。但尹达很清醒，高岚是革命同志，不是他的私人秘书，尹达调整情绪，很快投入到撰写《中国原始社会》第一编的工作中。

1939 年 11 月，为培养更多抗战干部，党中央决定在陕北公学原址延安东门外杨家湾复办陕北公学。高岚兴奋得像小鸟，于 12 月中旬，欢呼着飞回了延安。一到延安，高岚就情不自禁去找尹达。

《中国原始社会》第一编一气呵成，正将一沓子书稿合订时，高岚如秋风一般刮进窑洞，一见面，就哭诉离别之痛。尹达拿了条毛巾递给高岚时，高岚趁势抱紧尹达，仿佛一撒手就再也找不见似的。

失而复得的友情，或者说难以启齿的隐痛刺向尹达敏感的神经，其实，高岚离开这段时间，尹达也曾相思煎熬。此刻，尹达试着推开高岚，但又觉得舍不得。尹达难以自拔，便也泪流纵横。尹达心里有挣扎，想到了家中妻女，不知该如何承受一个纯情少女的爱情，诚恳地对高岚说，他有妻女，难圆其梦。高岚仍不撒手。

高岚的执着，将尹达筑起的心理防线险些冲垮。尽管他与耿作明结为夫妻，育有一女，但那是媒妁之言、父母之命包办的婚姻。如今，爱情来袭，真情碰撞，尹达不知道是选择遵从自己的内心，还是横刀斩断这份真挚的情感，尹达非常纠结。

经过一番激烈的思想斗争，尹达回归理性，慢慢推开高岚，安慰说，他一心著书，无暇他顾，可能让她失望了。又劝慰高岚，年龄尚小，正处花季，会遇一个适合她的人。他们永远是好同志、好战友。

高岚被拒，哭着跑出窑洞。尹达无奈地望着高岚远去的身影，心如撕裂般疼痛……①

---

① 高岚访谈。

六　著书立说

尹达在此后两年里，将精力放在史学研究和著书上，在史学研究领域，渐入佳境，成果颇丰。

尹达为撰写《中国原始社会》，将自己在中研院史语所参加考古的资料和 1937 年以前田野考古发掘的材料进行了搜集和整理。他在中央研究院史语所时，曾搜集 1917 年以来旧石器考古发掘、1920 年以来新石器考古发掘、1927 年以来殷墟发掘的材料，其中有已经发表的论文、报告和出版的专著，还有未经整理的实物资料。

《中国原始社会》第一编的第二篇《中国氏族社会》部分，耗费尹达很多精力。他审慎地找出了各种文化遗存的先后关系，比较全面地介绍了各种文化遗存的情况，分析了中国新石器时代遗址的发现及其分期问题，指出安特生混淆仰韶文化和龙山文化的错误，"在分期问题上发生了相当大的错误"。他认真分析氏族社会的发展阶段，论述以渔猎为基础的氏族社会，肯定了昂昂溪文化早于仰韶文化，以农业为基础的氏族社会，表现为仰韶文化和龙山文化等等。这部书很有见地，描述了中国原始社会的雏形、发展，以及崩溃的过程。

尹达认为："研究我国氏族制的社会结构，考古学中新石器时代的资料是十分重要的；我们要想把氏族制度在我国发展的序列弄清楚，首先应当把我国业已发现的新石器时代资料的时间序列基本弄清。所以，我的工作第一步就放置在我国新石器时代的分期问题上了。"

《中国原始社会》第二编《从古代传说中所见到的中国原始社会》于 1940 年 9 月写成。

尹达在史语所工作六年时间，系统地学习了近代考古学知识，并以新石器时代考古作为自己的专业。可以说尹达六年的考古学习和实践，是他研究中国古代社会史的准备阶段。

尹达从河南老家取回的资料，有 1937 年以前考古发掘的资料。他对一些地面调查的情况等做了一番认真梳理后，掩卷沉思，撰写了《中国新石器时代》，将二十年来长城南北文化遗址的发掘，排出了一个发展的顺序，对新石器时代文化的分期作了较合理的排序：以渔猎为基础的氏族制社会——昂昂溪文化；以农业为基础的氏族制社会——仰韶文化、龙山文化。

在《中国新石器时代》一文中，尹达通过对村落、房屋、版筑围墙、墓葬等遗址的发掘，以及对石器、骨器、陶器等出土文物的分析，对上述两种经济生活、生产手段、交换方式、居住条件、墓葬习俗等，都进行了非常生动的描述。尹达还引用了梁思永《后冈发掘小记》的描述："上层所包含的是白陶文化（即小屯文化）的遗物；中层所包含的是黑陶文化（即龙山文化）的遗物；下层所包含是彩陶文化（即仰韶文化）的遗物。每层所包含的遗物里，不但有它所代表的文化的普遍器物，并且有那文化的特殊制品。如果把地层上下的次序依考古学的基本原则'翻译'成时间的先后，我们就可以知道后冈上在白陶文化的人居住之前，黑陶文化的人曾在那里住过，在黑陶文化的人以前，又有彩陶文化的人在那里住过，这简单的事实是城子崖黑陶文化发见后中国考古学上极重要的一个发见。"

梁思永的研究明确了仰韶、龙山、小屯三种文化的先后顺序。尹达在《中国新石器时代》一文中这样描述："按照其时间的先后，可以做成以下的系列：仰韶文化遗存——在下层，属于后冈期；龙山文化遗存——在中层，属于辛村期；小屯文化遗存——在上层，属于殷代后期。"尹达比梁思永更进一步的是，运用唯物辩证法的观点，从个别与整体、部分与全貌、现象与本质等方面，指出了安特生在研究方法上的错误：
"安特生在那些'根本不同的文化'的各个地带的遗址中，找到了'那
唯一相同之点'，即片面的加以比较。因之，肯定的得出古代东方文化
由西方传播而来的结论；更由此出发，确定了仰韶文化的标年问题。我
们研究任何问题，一定要多方的，全面的去把握所研究的对象，要从普
遍的大量的现象中寻求问题的核心所在；绝不应强调个别的部分的现
象，而忘掉全局。安特生在方法论上正犯着这样的毛病，所以免不了要
演出'瞎子摸象'的笑剧。""我们要明白'每个现象的各方面都互相
依赖，有密切不可分割的联系'，绝不应将一个整体割裂为几个单独的
部分，然后将这被割裂的部分孤立的作为这个整体的代表；安特生拿仰
韶文化的彩绘花纹和安诺、苏萨作部分的比较，正犯了这样的不可宽恕
的错误。"

《中国新石器时代》文后署名时间地点为："一九三九年冬写于延
安蓝家坪。"

这篇文章在二十世纪三四十年代，代表了中国新石器时代研究的最
高水平。可以说尹达是我国新石器时代研究的奠基人。

尹达对中国古代社会的研究也进入成熟期，他耕耘不辍，又著述
《中华民族及其文化之起源》，论述了考古学所见中华民族及其文化发
展的演变过程，以及金文、甲骨文证明的古代传说的真实性，进而批判
中华民族及其文化"东来""西来"等说法。文中指出：中华民族及其
文化起源问题，"就它的性质上看，好像是一个学院式的问题；在民族
垂危的今天，我提出这样的题目，似乎是有些脱离现实，似乎并非'当
务之急'"，"但是，我们睁开眼睛看一下，在民族抗战的阵营之内，
还隐藏着'认贼作父'的民族败类，还有不少缺乏民族自信心的动摇
分子，还存在着严重的投降妥协的危险。他们对中华民族光辉灿烂的历
史将要添上一页血腥的耻辱的史篇，他们将要把中华民族拱手奉送到日

本法西斯的手里；这样就会使中国的历史，中国社会史换变成殖民地的历史，转变为残酷的帝国主义国家的组成部分，帝国主义国家所奴役的部分！"

　　文章强调，近年来帝国主义阵营的欧美以及日本等国家的学者，无论过去还是现在都在竭力搜集证据，证明中华民族及其文化不出于广袤的领土之内，而是来自别处，而国内的一些学者盲目地附和跟风。尹达说："在抗战的过程里，部分的准备投降的妥协顽固分子，很可能利用这样的论调，一笔抹杀那悠久的中华民族的史迹。因此，为了加强民族自信心，为了使中华民族的子孙了解过去光辉灿烂的史迹，为了反对那'认贼作父'的民族败类之无耻行为，重新提出这样的问题，加以说明，我以为是必要的工作。"

　　《中华民族及其文化起源》于 1940 年 1 月 23 日完稿，后发表在 1940 年 7 月延安《中国文化》第一卷第 5 期上。

　　1940 年 1 月，范文澜从河南来到延安，不久，任马列学院副院长兼历史研究室主任。春天，研究室受中央委托，着手编写中国历史方面的书籍，作为干部学习资料之用。研究室经过论证后，将书名定为《中国通史简编》。

　　当时，延安处于最艰苦的时期，缺衣少粮，纸张稀缺，更缺图书资料。研究室所用的资料，除尹达的图书和资料外，就是从毛泽东主席那里借来的开明本《二十五史》及有关书籍。范文澜的 30 多箱书籍后来才到延安。

　　尹达承担了第二编的撰写任务，自秦统一到南北朝期间八百余年的历史部分。一方面，尹达沿用范文澜"略前详后，全用语体，揭露统治阶级罪恶，显示社会发展法则等"的编写思路；另一方面，用唯物史观的理论和方法，简明扼要、观点鲜明来论述那段政治、军事、经济和社会等方面的情况。这个部分，尹达与范文澜、佟冬合作，将题目定为

《民族统一的中央集权的封建国家成立后对外扩张到外族的内征——秦汉至南北朝》。

尹达半年后拿出了 10 余万字的书稿，《中国通史简编》上册（上古到五代）于 1941 年出版，中册（宋辽到清中叶）于 1942 年出版。

《中国通史简编》是马克思主义历史学家运用唯物史观编写的第一部中国历史。它肯定劳动人民创造历史的作用，运用社会发展规律分析、研究历史，是中国共产党人根据自己的观点阐述中国的历史，使共产党在中国历史问题上有了发言权。

其间，延安的史学界对殷商时期的农耕文明进行了一场辩论，尹达根据当时争论的主要问题，还撰写了《关于殷商社会性质争论中的几个重要问题》，明确表示"殷代后期的生产工具不是铁器，也不是铜器，而是石器"，"主要的产业部门不是牧畜，而是农业"，"殷代后期的社会是在崩溃过程中的氏族社会"，1940 年 7 月 9 日完稿，后发表在 9 月《中国文化》第二卷第 1 期上。

尹达治学严谨，对学术问题主张畅所欲言各抒己见，反对将学术分歧看成是个人恩怨。在古代史阶段的划分上，他同意郭沫若的观点，但对某些具体问题也有不同的看法；他通读了《中国通史简编》第一编后，认为自己与范文澜、吕振羽、谢华等对考古学材料和甲骨文材料中的问题有不同意见，但在学术上与同事们进行争论后，不得结果，对方也未曾改动，各自坚持己见。这对于治学严谨的尹达来说，绝不是一件小事，既然是学术之争，就要拿出一定的论据去论证，绝不能让站不住脚的理论误导后人。于是尹达撰写了《关于殷商史料问题——兼论殷商社会性质》，有理有据地探讨了殷商史料问题，指出"不能以初期发掘的材料和报告为满足，应当注意到所得到的全部史料，辩证地分析它们的相互关系"。这篇论文于 1941 年 1 月 28 日完稿（6 月发表在《中国文化》第三卷第 1 期上。《中国原始社会》补编，文字稍有改动）。

这两年，尹达除参加编写《中国通史简编》第二编外，写了一本书和三篇论文，共约 24 万字，一并收入《中国原始社会》一书。其中，关于殷商社会性质问题的三篇论文，引起了人们的重视，掀起延安学术界讨论的热潮，活跃了学术空气。与其说尹达在史语所六年主要是搜集和积累资料，那么，在延安这几年，即是他研究、消化、著述的过程，正如他所说："以最大的努力运用了学科的方法，把这些材料组织起来，希望从这里看出中国原始社会发展的线索。"

1943 年 5 月，《中国原始社会》出版。尹达为区别于其他关于原始社会的论著，在扉页标明"从考古学上所见到的中国原始社会"的标题。这本书装帧精美，用绵纸双折铅印，十六开本，印文非常清晰。

尹达是继郭沫若之后，较早地运用历史唯物主义的观点和方法指导考古研究，并将它与古代社会研究结合起来的学者。历史学家侯外庐曾评价尹达为"中国原始社会史研究的开拓者之一"。

在《中国原始社会》中，尹达用马克思主义来指导历史和考古研究，用考古资料、古史传说、民族史志诸多史料整合论述，以唯物史观为指导研究中国史前文化。

七　峥嵘岁月

尹达与赵毅敏在延安聚首之时，凌莎正在莫斯科赶往延安的路上。凌莎到延安后，担任中央党校班主任，给尹达写信望闲暇一聚。

凌莎来信后，尹达恰去马列学院历史研究室开讨论会，借机去中央党校看望了凌莎。凌莎一见尹达，往事浮现眼前，奉天救兄、开封养病等，历历在目，凌莎禁不住潜然泪下，说她与赵毅敏对弟弟的恩情没齿难忘。

尹达说，哥嫂为民族大义并肩战斗在抗战的前沿，做弟弟的论公论私都该当如此。凌莎留尹达等赵毅敏回来叙旧，尹达还有任务，便匆匆离开了中央党校。

1939年夏，尹达搬到马列学院山头的窑洞居住，与赵毅敏、凌莎离得稍近些，兄弟间相互走动也方便了许多。此时，凌莎已到延安中央党校经济研究室任研究员。

是年8月26日，凌莎生了个早产儿，因出生于战争年代，取名赵战生。赵战生不足月，凌莎又没奶，险些丧命。恰好，冼星海的女儿与赵战生是同月生，冼星海爱人钱韵玲承担了一人奶俩娃的任务。当时，延安的经济状况较差，买不到奶粉，随着两个孩子的长大，一个人的奶水养俩孩子显然不够。有人说这孩子养不活了，可赵毅敏夫妇舍不得抛下那个骨瘦如柴可怜巴巴的孩子。此时，鲁艺音乐教员郑律成给赵毅敏出主意，说买头奶羊喂着，羊奶或许能将孩子养活。陕北有养奶羊的习俗，赵毅敏就选了三只肥硕的奶羊养着，在窑洞前搭了个羊圈。他天蒙蒙亮就起床，踏着晨雾去山坡放羊，下午下班，赶着羊去延河边喝水，吃水草。

秋天到了，有人提醒赵毅敏，趁山坡还有草，赶紧储备羊过冬的草料，否则，冬天羊就没得吃了。赵毅敏这才意识到问题的严重性。舐犊情深的他赶紧找尹达求救，让尹达与他一起去拔草。

此时，尹达正废寝忘食、争分夺秒地著书立说，不好分心，态度不积极。赵毅敏央求尹达，说劳逸结合嘛，时间紧迫啊，再过几天山上草枯了咋办。他也是一天到晚忙，挤时间去薅草。三个张口的养一个张口的，一冬天咋也得一个小草堆吧。两人总比一人薅草多啊。

薅草一事，看似平常，实则与小侄子的性命有关。薅草即为养羊，养羊即为养侄子。尹达理解赵毅敏的心情，赵毅敏相继失去了几个孩子。侄子是上苍对哥哥的恩赐，哥稀罕，他也在乎，孩子是刘家的根脉，没有不薅草的理由。尹达抽时间去延河边帮哥放羊，有时也扣着篮子在附近的山上割草，晒干后，再结成捆堆在窑洞旁，然后找小推车一趟趟推到哥嫂居住的窑洞前。

赵毅敏于 1939 年 11 月底调离鲁艺，任中央党报委员会秘书长、《解放日报社》秘书长，后又到中央宣传部任秘书长，凌莎也调到延安女子大学任副教导主任，新的岗位任务繁重也忙碌。但养羊的事一刻也未耽误。多亏他人提醒事先备足了草料，否则，漫漫寒冬，一片肃杀，羊没草吃，后果不堪设想。因草料储备足，一冬天三只羊供奶丰盈，凌莎将羊奶挤出，在小奶锅里煮一煮，放些白沙糖，赵战生一顿能喝一大瓶。赵毅敏夫妇终将一个瘦弱不堪的孩子养得白白胖胖。

赵毅敏夫妇将一个出生不足五斤重的孩子养育成人，在幼儿园里欢蹦乱跳，活泼可爱。都说他们夫妇在养育史上创造了奇迹。为此，陕甘宁边区政府还颁发给赵毅敏一个"妇孺先进工作者"的奖励。[①]

1941 年 1 月，皖南事变后，国民党顽固派对陕甘宁边区进攻封锁，边区经济入不敷出，延安进入困难时期。如何保障延安保育院孩子们的生活和健康成长成了大家关注的话题。延安保育院有烈士的遗孤、前线官兵的子女，以及延安中央领导的孩子们。有人提议，凌莎把不足月的孩子养这么好，让她帮大家养孩子吧。中央组织部领导听从了大家的心声，1941 年 6 月，调凌莎到延安保育院当院长。

凌莎担任延安保育院院长后，延安女子大学托儿所、中央统战部托儿所并入延安保育院。原延安保育院的四个股扩编成四个科，同时还增设了乳儿班。合并后保育院幼儿人数多达二百多名。当然，工作人员也需相应增加。凌莎提出了"一切为了孩子"的口号，为了提高保教人

---

① 赵毅敏之子赵战生访谈。

1941 年凌莎、赵战生、高岚在延安保育院留影

员的素质，她在延安寻找有爱心、有能力的人来保育院工作，凌莎从几
所大学里挑选出十几个年轻、有活力、有爱心、有文化的人充实到保育
院，高岚也在被选之列。

高岚工作认真，聪明伶俐，遇事爱动脑筋，但铁面无私，说话不留
情面，正符合凌莎的心意，凌莎便让高岚当保育院的记账员。高岚经常
帮凌莎出主意想办法，解决了保育院很多难题，博得凌莎的好感。凌莎
又让高岚做她的助理。

高岚到保育院不久，遇一位疯狂的追求者。高岚恃才傲物，简单直
接，不喜欢就是不喜欢，将人家拒之门外。那人不甘失败，竟托凌莎说
情。凌莎给高岚做思想工作，问高岚有啥想法，高岚说她有心上人。凌
莎半信半疑。高岚不遮掩，说他爱上了尹达。

尹达！高岚话语落地，差点惊掉凌莎的下巴，我弟呀?！反问高岚，
尹达爱你吗?

高岚不容置疑：爱！高岚迟疑一会儿说：尹达有顾虑。

凌莎站起身在窑洞里来回踱着步子，良久才从悠远的思绪中回到现
实中来，自言自语地说，战事纷繁，亲情两隔，骨肉分离，何日才是尽

头？

凌莎仔细端详高岚：眉目清秀，机敏灵透，很不错的一个女孩子，与自己做妯娌该是件锦上添花之事。凌莎胸有成竹地说，这事包在她身上了。

凌莎做事雷厉风行，速找赵毅敏商量。赵毅敏又于7月底调至延安大学任副校长，校址在王家坪。凌莎骑一匹枣红马，来到王家坪，赵毅敏同意后，又去找尹达。

是年7月，尹达的工作也做了调整，组织上考虑尹达治学严谨、精通编书和出版工作，调尹达到中共中央出版发行部工作。

尹达不否认对高岚有情，但也道出自己的难处，他与耿作明虽没爱情，也没矛盾。河南已沦陷，又不便回去离婚，他两难。

凌莎说婚事她做主了。今儿星期三，明儿给组织打报告，星期五批复时间充足，这期间可做些准备，婚事定在星期天。说完，打马扬鞭，一溜烟消失在起伏跌宕的山道上。①

尹达处理完公务，去找组织汇报，经组织审核批准后，尹达才趁夜去保育院告知高岚。

延安的夜十分宁静，满天星斗眨巴着眼睛，浅秋的风顺着大川徐徐吹来，阵阵清爽。山坡上一排排窑洞错落有致，麻油灯燃烧的橘色火苗影影绰绰，窑洞内排列整齐的小床上躺着睡梦香甜的孩子们，尤显亲切。忽然，往事如风，袭上心头，妻女和老母凄苦的面容浮现在眼前，尹达鼻子一酸，热泪滚落。尹达突觉步履沉重，在一排平房前止住脚步，朝着家乡的方向，望月怀远。

尹达悄悄来到高岚的窑洞前。高岚闻听尹达的脚步声，早已迎候在窑洞前。半天，尹达才吞吞吐吐地说，嫂子定了，就这个星期天。这句

① 高岚访谈。

话，看似平平常常，在高岚看来，却胜过豪言壮语，海誓山盟。

1941 年秋，尹达与高岚在延安窑洞里结为夫妻。

婚礼非常简单，凌莎在尹达的窑洞前贴了一张大红喜字。高岚嫌尹达的被褥太破旧，拿出来晾晒在窑洞前，在炕上铺上几张旧报纸，将窑洞的墙上贴了几张画报。亲朋好友在窑洞口热闹一阵，算是闹了洞房。

结婚第二天，高岚即回延安保育院上班，夫妻星期天才能小聚。

尹达深入车间和工人们一起劳动，亲自检修机械，由外行变内行。当时，车间生产条件差，工作任务重，尹达极力争取资金改善工作条件和增添设备，对每道工序都进行改进，出版了大量马列主义著作、中央领导著述和党的文献，较好地完成了繁重的出版任务。

年底，中央中央将出版发行部改为中共中央出版局，设出版科、发行科、指导科，博古兼任局长，许之桢任秘书长，主持日常工作，尹达任出版科长，卜明任发行科长，臧剑秋任指导科长。

1941 年 12 月，中共中央决定采取精兵简政的政策，节衣缩食，简政放权，克服抗日根据地的实际困难。因出版局经费紧张，出版物也随之压缩。书刊、稿件内容由各编审机关负责，出版科负责审批与计划，尹达将一些无关紧要或者陈词滥调的资料或书稿等等，进行了删节与压缩，有的直接搁置到一边。据 1942 年统计，各单位报送的出版计划为七千万字，经尹达调整压缩为四千万字，年终完成三千六百万字，节约开支、科学生产初见成效。

尹达用朴实的工作作风和务实的工作态度，将出版局的工作推上了一个新的台阶。尹达善于总结，综合两年来的工作改进和实践经验，写出了《书籍版式汇编》一书。

1942 夏天，延安整风运动开始。

年初，高岚怀孕时，延安的物资正是匮乏之际，军民生活非常窘迫。尽管保育院的生活条件较好些，但工作人员的伙食还是定量分配，

1942 年，尹达与哥嫂家人合影。左一尹达，
左二凌莎，左三赵毅敏怀抱赵战生，左四苗秋林

开饭时，炊事员会将稀饭、窝窝头送到办公处。眼看着高岚的肚子一天天大起来，刚入夏，尹达为给高岚增加营养，常借游泳之名去抓鱼，再割些芦苇晒干，将洗衣盆架起来为高岚炖鱼吃。

1942 年 10 月 21 日，高岚生了个大胖小子，取名尹健。是年冬，天干地冻，窑洞尤显阴冷，尹达怕儿子受寒，便在河边割些苇草，晒干后用床单包上放到炕上，倒也温暖许多。尹达闲时也上山砍柴，劈柴晒干后垛起来烧炕用。

一次，尹达在大砭沟的北山坡上砍柴时，发现一处龙山时期的文化遗址。尹达征得上级同意后，对大砭沟进行了考古式发掘，发掘出一件陶鬲和几件陶器碎片。

此后，延安轰轰烈烈的大生产运动开始，开展生产自救发展经济。尹达学会了纺棉花。儿子闹时，尹达就将尹健揣进怀里，既能哄着他玩，又不耽误干活。尹达还学会了织棉袜子，一天能织好几双。尹达与高岚还开垦了一块荒地，种上了土豆、玉米，学会了担水浇地种庄稼，

刘涑任妇救会主任照

到了秋天，收获很大。

1943 年后，延安整风运动转入了肃清内奸、审查干部的阶段。时任总学习委员会副主任、中央社会部部长和情报部部长的康生具体负责审干工作。康生在延安各机关、学校发动"抢救失足者运动"。一时间，延安草木皆兵，非常恐怖。

尹达因曾就职于中央研究院历史语言研究所，是重点审查对象。康生三番五次让尹达说明情况，说尹达有特务分子重大嫌疑，逼尹达写书面材料，并找证人。尹达说明情况时，说他与妹妹一起投奔延安。这下麻烦大了，刘涑也成了"河南特务"的重点嫌疑。康生还多次威胁尹达，若不老实交代，将尹达就地正法。尹达因未曾"老实交代"，被康生囚禁在暗室里看管起来，甚至不给吃不给喝。

康生一边关押审讯尹达，一边派人去前线调查刘涑。①

刘涑自 1939 年初从延安军政大学毕业，到晋察冀参加抗战，一直未曾回过延安。其间，赵毅敏与尹达均给刘涑写过信。刘涑也飞书延安，告诉两位哥哥她与李天焕在雁北结为夫妻等事情。

刘涑随程子华离开延安后，先到冀中军区做文秘工作。贺龙到冀中

---

① 高岚访谈。

后，刘涑任冀中军区政治部干事。1940 年夏，刘涑随军区部队转移时，在雁北与李天焕重逢，他乡遇故知，二人尤其欢喜，因正处在战争最艰难阶段，部队几乎天天转移，两人均羞于提及延安旧事，只以兄妹相称。但他们都渴望一起回忆延安那段美好的往事。

雁北位于山西省雁门关以北地区。此时，贺龙指挥部队反"扫荡"，转战晋西北，与李天焕相遇，贺龙听说李天焕在延安时期曾追求过一个女孩子，两人又在雁北不期而遇。贺龙好奇，当得知这个女子竟是他认识的刘涑时，贺龙当即表示，他要当一回媒婆。就这样，刘涑、李天焕在贺龙的撮合下，于 1940 年夏结为夫妻。贺龙亲自为他俩主持婚礼。

刘涑与李天焕结婚后，调进了晋察冀军区第五分区工作。此时，晋察冀军区第五分区的司令员是邓华，李天焕任晋察冀军区第五分区政治委员兼政治部主任、第五地委常务委员，刘涑任晋察冀军区第五分区政治部干事。

1941 年，由于形势需要，李天焕任晋察冀边区政府公安局副局长、党组委员。刘涑任山西省灵丘县妇救会主任。

翌年 8 月，刘涑生一女孩，因战事繁忙，刘涑将女儿寄养在一户村民家中，给女儿取名李晓理，希望女儿能明白事理，通识大局。

1943 年 9 月，日军对晋察冀边区进行空前规模的秋季大"扫荡"，当时，晋察冀边区公安局考虑到局长张国坚的爱人宋维、副局长李天焕的爱人刘涑怀有身孕，随大部队作战行动不便，临时决定成立一个特别工作组，涞源县公安局局长王政阁负责这个组的安全保卫工作，晋察冀边区秘书主任宋维、灵丘县妇救会主任刘涑、边区公安局干事刘义、战士杨鑫、张树良、赵虎，以及随队医生林熙和宋维的勤务员杨志毅等组成"九人战斗小组"，坚持在神仙山地区反"扫荡"。"九人战斗小组"在神仙山一带起伏的山头与敌周旋，从这个山头爬到那个山头，9 月中旬，他们爬上海拔 3000 多米的神仙山峰巅，来到菊花石堂村、黄柏寺、桦木沟村等，随后又转移到拒马河北的大山上，转战到老虎背村，在山上穿梭十多天，刘涑与宋维挺着大肚子，咬牙坚持着，与敌人迂回周旋了二十多天。

10 月上旬，"九人战斗小组"又辗转来到桦木沟村，大家在村东头路北的第一户带院子的房子里宿营，刘涑与宋维即将临产，二人决定留下来在此待产。桦木沟村是一个 30 多户的小山村，坐落在一个小山坳里，周围山峦叠嶂，冈陵起伏。

10 月中旬，冀中军区七分区二十二团团长左叶率领两个步兵连负责护送 600 多名伤病员转移，在大山中与 2000 多名日军周旋了十多天，也来到了河北省阜平县神仙山的桦木沟村，部队准备在此进行短暂的休整。

30 多户的小山村，一下子驻扎了一千多人，非常拥挤。这些人中有晋察冀军区医疗队、军区休养所、军区供给部后勤仓库、边区银行的有关人员，抗大二分校的学员，部分边区党政干部，还有村民。村子只能安置重伤病员，战士们和轻伤员分散在村周围的山坡上休息。

10 月 12 日夜，地主胡景秀因抽大烟被八路军干部批评教育，对此他耿耿于怀，趁夜偷偷溜出村子向日军告密。13 日凌晨，300 多名日本兵在胡景秀的引领下悄悄摸进村子。机灵的哨兵发现敌人后立即鸣枪示警，日军迅速在村四周隐蔽，在村东口南面山上，村北山顶和村西沟口架起了机枪。顿时，枪声大作，手榴弹爆炸声响成一片。

正在熟睡的八路军战士、伤病员、村民被枪声惊醒后，立即突围。桦木沟村处在一个狭小的山坳里，四周的山离村子很近，村北边就是山顶，所以日军武器的杀伤力极强。当晚在村里宿营的都是伤病员，没有重武器，突围时死伤惨重。

刘涑、宋维、刘义、王政阁四人迅速向西突围，一口气跑到村西二三里处，躲在一块巨石后边观察敌情，发现驻扎在村里的伤病员还未脱离危险。此时，四人商议，他们留下来牵制敌人，掩护伤病员突围。做决定时，大家已做好了牺牲的准备。四人迅速隐蔽起来，这时，宋维的勤务员杨志毅也突围出来，追上了他们，宋维当即命令杨志毅转移，留个活口给组织汇报。17岁的杨志毅担负着保护宋维的任务，哪肯临阵脱逃，拒不服从命令。情急之下，宋维一把将他推到南山沟下。杨志毅稀里糊涂地滚落到沟里，当他回头看到四人正紧张地与敌人战斗时，泪水已模糊了视线。他看见，大批日伪军向四人包围过来，凶多吉少。杨志毅哭着飞快地向西跑去，给组织报信。

刘涑、宋维、王政阁、刘义用手枪、手榴弹主动朝从东北方向尾随而来的日军发起攻击，激烈的枪声、爆炸声引来数倍于他们的敌人。敌人从东面沿着北山坡向四人发起一次次进攻，四人居高临下，打死十多个日本兵。日军气急败坏迂回到大石头的西北方的山上，调来机枪、小钢炮架在山顶，从侧后翼向四人扫射、轰炸，宋维、刘涑、王政阁、刘义壮烈牺牲。此时，刘涑20岁。

三天后，杨志毅奉命带着晋察冀边区公安局手枪队队长李卫、张国坚局长的警卫员赵虎成，亲自来到桦木沟掩埋烈士遗体。此时，四位烈士的遗体已被当地群众掩埋在向阳的山坡上，杨志毅从老乡家借了几副棺材和一副衣柜，当从薄薄的浅土中挖出烈士遗体时，发现刘涑身中三枪。

李天焕率公安部队跳出了敌人的"铁壁合围"，转战到阜平神仙山一带，当取得反"扫荡"的胜利返回驻地时，却听到刘涑牺牲的消息。李天焕跑到神仙山桦木沟村的山坡上，撕心裂肺地呼唤：刘涑，你在哪里？李天焕哭了半天才下山。他发誓一定要为刘涑和烈士们报仇。

刘涑牺牲后，聂荣臻给赵毅敏发来唁电，告知刘涑英勇牺牲的消息。①

噩耗传来，赵毅敏悲痛万分。小妹为抗击日本帝国主义的侵略，献出了她年轻宝贵的生命。赵毅敏颤抖着双手拿着电报去找尹达，此时，尹达还被康生关押着。赵毅敏义愤填膺地找康生理论，理直气壮地说，尹达、刘涑绝不是什么"河南特务"，而是忠诚的中共党员。

康生狡辩，说日伪对晋察冀边区的"扫荡"非常残酷，调查受阻，派出调查的人尚未回来，结果不详。

赵毅敏忍无可忍，将聂荣臻的唁电"啪"的一声放在康生的桌上，说刘涑是八路军战士、民族英雄。

事实胜于雄辩，康生目瞪口呆，不得不释放尹达。

尹达获释后，两个不幸的消息折磨了他好久，一个是刘涑牺牲的消息，一个是儿子尹健患脑膜炎留下了反应迟钝的后遗症。

八　惺惺相惜

1945 年年初，抗日战争进入胶着阶段，在国统区的文人，写文章，出书刊，取得了一些成就。周恩来希望延安的学者写文章声援在国统区文化战线上艰苦斗争的同志，重点提到了郭沫若。随后，《解放日报》的编辑请尹达写一篇介绍、评论郭沫若有关历史研究的文章。尹达欣然接受，熬了数个日夜，写出《郭沫若先生与中国古代社会研究》一文，于 1945 年 3 月 13 日在延安《解放日报》上发表。文前，编辑还加了按

---

① 　高岚访谈。

语。4月《群众周刊》第10卷第七、八期合刊又全文转载。

尹达评述了郭沫若的《中国古代社会研究》与《古代研究的自我批判》的历史地位、功绩、学术观点、治学精神，称赞"郭先生绝不曾以己知的事物为限，而是不停滞地在追逐着新的史料、新的发现，尤其是真实而可靠的考古学上的收获"，"这篇文章《古代研究的自我批判》从郭先生自身研究的经过里，检讨了中国古代社会中的许多问题，把十几年研究的精华简要地写出来了；这的确是古代研究中的一件极宝贵的文献"，"我觉得特别值得提出的，正是郭先生严肃的科学的治学精神"，文章结尾处引录了郭沫若《新陈代谢》："我们应该要比专家还要专家，比内行还要内行，因此不可掉以轻心，随便的感情用事。不要让感情跑到了理智的前头，不要强不知以为知，一切的虚矫、武断、偷巧、模棱、诡辩、谩骂，都不是办法，研究没有到家最好不要说话，说了一句外行话，敌对者会推翻你九仞的高山"，说"这段话正是今后研究中国古代社会的人们的正确方向"。

尹达还将郭沫若与董作宾比肩评论："董先生是殷墟发掘者之一，手头储藏着丰富的材料，加之以深入的研究，必然得到那些辉煌的成果。但是飘零异国，失却自由的沫若先生，手头的材料既受到很大的限制，又不可能见到那些'锄头考古'所得到的资料，却同样能够发现这一断代的方案。"

尹达引述郭沫若文中的话："余为此书，初有意于书后附以《卜辞断代表》……继得董氏来书，言有《甲骨文研究断代例》之作……体例甚密……"

由此可知，"断代"的方案虽出于董先生之手，而郭先生也有同样的看法，就两人所处的不同条件来看，我们不能不敬佩郭先生学识的卓越。

尹达还写到大革命失败后，他读郭沫若的《中国古代社会研究》

一书后的感受和当时的心境，受到的启迪，使他从资产阶级考古学的象
牙塔中走了出来，他希望人们也能像他一样从这部书中受到教益和启
发。

周恩来读了尹达的文章后非常满意，给尹达写信希望他能与郭沫若
联系。尹达就将自己刚刚出版的《中国原始社会》一书转交给郭沫若，
请郭沫若斧正。

1946 年 8 月，郭沫若回赠尹达一些书籍，其中一本是郭沫若于
1945 年出版的《十批判书》。此时，尹达已到北方大学任教。周恩来将
这些书从重庆捎到延安后，又让人捎到晋冀鲁豫边区的北方大学，交给
尹达。从此，尹达与郭沫若便由周恩来互相捎信建立起了紧密的联系。

郭沫若的《十批判书》，主要是肯定孔子儒家思想的观点，说孔子
的思想顺乎历史潮流。《十批判书》还猛烈鞭挞秦始皇焚书坑儒的暴君
行为等等，用来影射蒋介石独裁政治的腐朽统治。尹达从郭沫若的信函
和赠书中得到了很多益处，汲取很多营养，受到了极大的鼓舞。当即回
信一封，转给重庆的郭沫若先生。

当时，尹达和郭沫若两位学者惺惺相惜，算是奇缘。郭沫若原本是
一位浪漫主义诗人，从文学转史学，写历史文章喜欢借用文学的手法，
来演绎推理。尹达乃考古出身，接受过严格的田野考古训练，在处理材
料的时候，注重证据，习惯归纳。郭沫若治学范围广泛，个性张扬，华
章横溢。尹达生活简朴，做事严谨，治学井然，中规中矩。就这样，两
个不同年龄、不同风格、不同背景的人开始了史学研究的神交。①

---

① 见林甘泉《从"私淑弟子"到得力助手——论郭沫若与尹达》。

九　坚如磐石

在抗日战争即将胜利的关键时期，为促进国共合作，国统区一些知名人士，褚辅成、黄炎培、冷遹、王云五、傅斯年、左舜生、章伯钧，在国民政府的授意下到延安访问。

7月4日，傅斯年在办完公事后，向中共方面提出要见一见他的学生照林（尹达在中央研究院时，名刘燿，字照林）。中共方面排查了在延安的考古人员后，确定傅斯年要找的照林即是尹达，便派人陪同傅斯年去见尹达。①

中共陪同人员驱车将傅斯年送到中共中央出版局尹达所在的窑洞时，尹达正全神贯注地审阅即将出版的书稿。傅斯年为给尹达一个惊喜，不让陪同人员告诉尹达他来的消息。傅斯年下车，探着身子走进窑洞，微微一笑，问了句：你是照林吧？

啊，照林？久违的名字！好熟悉的声音！尹达抬头看见傅斯年竟出现在他的窑洞前，顿时惊呆了，手足无措地问："先生，您怎么来了？"

尹达赶紧从炕头上下来，上前握住傅斯年的手，不知说什么才好。此情此景，师徒相见，百感交集。尹达试图拉傅斯年往炕上坐一坐，傅斯年看着尹达工作和生活的窑洞又黑又暗时，下意识地摇了摇头，显然对尹达工作和生活的环境不满意。傅斯年提出让尹达陪他一起去看望两位先生，说他也是受人之托。②

---

① 见谢保成《尹达学术评传》。

② 高岚访谈。

　　傅斯年在工作人员和尹达的陪同下，参观了中央研究院、马列学院，还会见了马列学院副院长兼历史研究室主任范文澜，与范文澜谈到了《中国通史简编》的情况，彼此都发表一些看法。接着傅斯年又拜访了林伯渠。傅斯年是受陈寅恪所托看望二位的。公务办完，该寒暄的仪式都进行完毕，傅斯年向中共的陪同人员又提一个要求，说他要与尹达单独走走。中共陪同人员理解他们师生多年未见，有话要说，便让两人在前边走，大家跟在后边，保持一定的距离。

　　师徒相见，确有他乡遇故知的亲切之感。尹达毕竟是傅斯年带出来的研究生，对傅斯年又是那么崇拜，两人聊得非常开心。他们一起回忆在安阳殷墟考古的往事，聊在南京的情况。傅斯年讲了尹达离开史语所后的一些事情，以及史语所同人对尹达的思念和牵挂。傅斯年将考古兄弟们的近况一一告诉尹达。尹达得知考古兄弟们一切安好，并努力工作时，感到无比的欣慰。两人回味过往，遥想当年他们在史语所建立起的考古事业和建树，那么灿烂辉煌。再看现实，师生政念迥异，南北相隔，空留思念长长，两人都唏嘘不已，感慨万千。傅斯年来延安之前，因在李庄与李济、董作宾、梁思永等看过《中国通史简编》等著作，也谈了他和大家对这部著作的评价和看法。尹达向傅斯年汇报了自己到延安后著书立说的情况和研究成果。傅斯年听后点了点头又摇了摇头，仍不满意。傅斯年觉得像尹达这样难得的研究人才，不应搞事务性工作，尤其是当什么出版局的科长。对尹达的山东日照考古发掘报告未能出炉感到遗憾，出于对徒弟的怜惜、对考古事业的责任，傅斯年忘记眼前这个中共的尹科长已不再是当年随他考古的照林，一时爱才心切，竟向尹达提出随他一起离开延安到四川李庄史语所工作的要求。傅斯年毫不客气地说，延安不适合尹达搞学术研究。若中共方面不放人，他亲自去跟毛泽东谈，相信毛泽东会从学术研究的大局考虑，让尹达继续将山东日照考古发掘报告完成出版，成就一番考古事业。傅斯年由于激动，或是求贤心切，声音很大。

或许是话题来得太突然，气氛一下子紧张起来，尹达下意识地四处张望，深恐被人听见后误会。也许是受到了延安"整风运动"揪"特务"的刺激，尹达神色慌张地回绝傅斯年，先生，回不去了。

傅斯年被尹达拒绝后仍不甘心，竟严肃地批评尹达，说考古组的同人都在等他回去，说尹达是中央研究院培养起来的考古新秀，说尹达忘了初衷。一连串的发问与批评，让尹达目瞪口呆，尹达见傅斯年动了情，也生了气，心中更加慌乱，语气生硬起来，说，先生，真回不去了！

谈话戛然而止。两人不知不觉地止住了脚步，面面相觑。待两人情绪平静下来，有些尴尬。尹达赶紧打破僵局，说自己在1943年出版了《中国原始社会》一书，要赠傅斯年斧正。傅斯年见尹达惊慌失措的样子倒有些难为情，急改话风，客气起来，说一定拜读，一定一定。

尹达送傅斯年书的本意，是表示自己并未荒废青春，一直以来仍致力于学术事业。傅斯年该说的都说了，该表达的都表达了，尽管意犹未尽，却没再谈论下去的必要了。傅斯年说，他从四川来延安，一路劳顿身体有些不适，想找医生检查一下。

尹达赶忙带他去中央医院。尹达陪傅斯年看了病，拿了些药，送傅斯年回到驻地，又赶回自己的窑洞，拿上《中国原始社会》送给傅斯年。

傅斯年的延安之行结束了，7月5日起程。中央领导晚上给傅斯年一行安排了饯行活动，尹达这才恋恋不舍地与傅斯年告别。延安一晤，师徒不知何时才能相见，尹达鼻翼一酸，禁不住泪眼婆娑。傅斯年看在眼里，疼在心上，望着尹达离去的背影，亲切地喊了声，照林，你看你……欲言又止。傅斯年这句轻柔的"你看你"，道出了他对尹达的不忍放弃和无奈。傅斯年来时信心满满，没想到爱徒追随中共的信念竟是如此坚若磐石。①

随着抗日战争的胜利，国共两党的分道扬镳，尹达担心能否继续完成山东日照考古发掘报告，期望着与中央研究院取得联系。傅斯年走后，尹达时常想念傅斯年。会晤那一幕，常常浮现在眼前。往事如风，与傅斯年交往的点点滴滴常常在尹达脑海中翻腾。尹达与石璋如作为河南大学校长许心武"函送"的学生参加安阳殷墟发掘，后被录取为中央研究院的研究生，又晋升助理研究员、研究员，均在傅斯年的关心和培养下成长，对老师的栽培终生难忘。此次会晤，尹达拒绝老师，驳了老师的面子。抗战胜利后，尹达对继续撰写山东日照的考古报告仍抱幻想，他希望傅斯年能通融并成全他的事业。然而，傅斯年走后，几个月时间，时局发生根本的变化，国共合作彻底决裂。尹达怀着对傅斯年和考古同人的思念及他们对自己的鞭策，于1945年11月，将自己在前几年撰写的《书籍版式汇编》一书出版发行，并捎往重庆史语所同人斧正。史语所也将一些资料捎给尹达，中央研究院的同人终与尹达取得了联系。

此后，尹达的工作有所调整。尹达得知自己要调往北方大学时，为了将山东日照考古发掘报告写出来，也给老师挽回些面子，于1946年2月给傅斯年书信一封：

孟真先生：

延安一晤，致以为快；知诸师友均在努力写作，自愧于学术工作尽力甚微，思之怅怅。

日内即赴华北，横过山西，拟便中作考古调查；过去山西虽然发现多处遗址，但大都未能分析清楚，故欲于不妨碍旅行中作此调查耳。

① 高岚访谈。

今后甚愿与诸师友取得联系，以便共同致力于学术事业，未审所中师友愿否？

所中所出有关考古之书，可否致送一份？盼甚。

愚未完成之书，仍愿续作；今后交通方便，大局安定，望能捎至北方大学，当设法完成之。

学安

后学尹达二月十五日①

这封信经组织审核后，才从延安转送给傅斯年。但随着国共两党战火绵延，尹达与傅斯年、梁思永等考古学界殷切盼望的山东日照发掘报告的续写部分终成泡影。

十　北方任教

抗日战争结束后，和平曙光初现，解放区的各项建设事业亟待开展，此时，晋冀鲁豫边区政府积极考虑为国家建设培养人才，决定创办新华大学，后定名为北方大学，校长范文澜。校址定在河北省邢台市。邢台所在的晋冀鲁豫边区是最大的解放区，处在太行区，群众基础好，邢台城内的天主教堂、城外的基督教堂、日军占领时期的新兵营房等，建筑规模较大，设施齐全，可以暂作教室和学生宿舍。

边区政府向中共中央请示调一批学者到北方大学任教，尹达也在被邀之列。尹达于 1946 年 5 月带家眷离开延安来到邢台。由于尹达在延

---

① 见谢保成《尹达学术评传》。

安时曾管理过陕北公学的图书馆，有图书管理经验，所以，晋冀鲁豫边区政府还让他兼任晋冀鲁豫边区北方大学图书馆馆长一职。高岚因有管理图书的经验，被安排在图书馆工作。

北方大学是解放区第一所院系比较齐全、规模比较大且比较正规的综合性大学。学员70%来自解放区，30%来自蒋管区，有地方和部队的干部，也有青年学子。

北方大学于5月21日正式开课。尹达负责讲授《辩证唯物主义和历史唯物主义》《社会发展史》，课余还要在新建的图书馆处理办馆事务。为扩大藏书量，尹达组织了社会为图书馆捐赠图书的活动，另外他也利用图书馆经费有针对性地购买了一批图书。北方大学初设五个分院，即行政大学学院、财经学院、教育学院、工学院及一个附属班。后增设了两个学院和两个研究室。购买什么样的藏书，每个院系都要照顾到，工具书、参考书都要有。尹达便征求各院系的意见，亲自去解放区、革命老区购书，在尹达的苦心经营下，北方大学图书馆藏书5000多册。

1946年7月，北方大学利用暑假组织学生参加邢台、沙河等县的农村工作团，帮助贫下中农进行土地改革。在沙河一带，尹达发现了一座大墓，据他推断，这里应该是汉代的一座墓葬。墓葬里有一些散乱的玉衣碎片，尹达将这些碎片搜集起来放到图书馆，让管理员收藏起来。

尹达欲将《龙山文化与仰韶文化之分析》一文在《北方杂志》上发表，这是晋冀鲁豫边区的一个学术刊物，尹达10月21日还为该文写了篇头语："算起来，这篇文章已经整整写成十年了。写成那天，正是全国开始抗战的'七七'；后来我决心离开那一学术机关，想到敌后尽一点抗战的义务。在解放区当时经过领导者督促，使我重捡旧业，写了一本《中国原始社会》；在写那册书时，曾因为材料的关系，托友人把这篇文章检抄一份，并承这位友人的好意把插图及图版复照的照片寄来。这篇文章曾有考古组编入《田野考古报告》第二册中，在香港付印时底稿及图版全部散失了；我曾据友人所抄副稿再抄一份，并照片六张，由一位朋友寄往上海，据说要这篇文章的杂志短命夭折，副稿及照片均不知流落何所！现在我仅存友人抄给的一份副稿，图版及插图也一时无法补足了。这次所发表的稿子，我只更动了个别的字句，所有的意见和布局都不曾变动。这篇文章的意见，我在写《中国原始社会》时曾用过（该书三三至三六页），现在索性发表出来，以求同好者的是正！"

尹达将篇头语与论文一并转交给《北方杂志》，等待发表。

由于国民党政府发动全面内战，北方大学不得不于 10 月底按上级的指示向西转移到山区。此时已是深秋，北方大学由邢台迁往山西革命根据地长治潞城的高家庄。高家庄位于长治北郊，潞城的西南边陲，校址设在高家庄的教堂堂院。

转移图书馆是一件非常繁重的工作，在缺乏运输工具的情况下，书籍、书架都要运走，书籍须归类、打包、装车等，每个细节都要考虑到。车辆不够，尹达还安排学生帮助扛书、装车，到地点后还要负责卸书、摆放、整理等等。

刚到驻地，尹达接受了一个非常重要的任务。晋冀鲁豫边区政府决定将《赵城金藏》交由北方大学图书馆看管。校长范文澜将接受鉴定与收藏的任务交给尹达。

1946 年深秋，护送文物典籍《赵城金藏》的队伍，套了 20 多头牲口，驮着 42 个木箱，从山西省沁源县太岳行署驻地出发，穿越太行山脉的崎岖山路，来到北方大学驻地高家庄的天主教堂。尹达作为图书馆馆长对这部长卷进行了鉴定和接收。

尹达小心翼翼地将一卷卷典籍展开后发现，由于长期存放于潮湿之处，有些纸页已粘连在一起，损毁严重。但整个卷轴装订精美，字体刚劲，雕刻工整，纸质上乘，印刷清晰，以五千余卷的篇幅汇集了佛经、史料于一体，是留世孤本，极为珍贵。遂将《赵城金藏》放置于北方大学图书馆里，又找些木工，购买了些木料，做好书架，将经卷放在架子上。

《赵城金藏》是金熙宗皇统初年，潞州女崔法珍断臂化缘，募集资金刻印的《大藏经》。崔法珍募资所修的《大藏经》刻本，因发现于山西赵城（今山西洪洞县）广胜寺，刻于金代，故后人称之《赵城金藏》。这部佛教经典，既是佛书，也涉及哲学、历史、语言、文学等领域的古籍，被佛教界誉为"天壤间的孤本秘笈"。

《赵城金藏》是一部规模浩瀚的佛教经典，从发现到珍藏数百年间经历了苦难和风雨，来之不易。尹达安排图书馆管理员日夜看管。

学校在太行山的生活较为清苦，一天三顿小米饭配有山药蛋。尤其是冬天，吃饭时，炊事员将小米饭挑到教堂前，大家排队打饭。盛到碗里，赶紧喝，头两口热乎乎的，接着饭凉了，再喝就是冰碴儿。早上打开冰窖洗脸时，手会冻僵。师生一起过着清苦艰辛的供给制生活。学校转移时，师生都是徒步行军。条件虽然艰苦，但学生们的学习情绪非常高涨。学校经常转移，每迁一处，都能听到浩荡的歌声，《解放区的天》《我们在太行山上》《延安颂》《南泥湾》《游击队之歌》《打得好》等歌曲，或在山间，或在小路，或在山沟里回荡。

北方大学的作息时间：早晨6点起床，集合哨一响起，大家就迅速集合站队，到操场跑步、扭秧歌；课间，锣鼓一敲，同学们就随着锣鼓声扭秧歌；晚饭后，同学们三三两两在村边的打谷场上和小路上，散步、谈心，畅谈理想。

学校为尽量减轻人民的负担，组织教职员工利用学习间隙进行生产劳动。在山西，教职员除耕种驻村拨给学校的土地外，还将校院内外的空地，开发出来种上庄稼，养鸡养猪。晚饭后，老师和学生三三两两背起箩筐，边谈心边拾粪，不但积肥、种地，也通过生产劳动改造一些思想观念。同时，生产劳动也提高了生活水平，大家吃上了新鲜蔬菜和白面，改善了生活条件。除农业生产外，还让学生学习纺花织布。

随着战争形势的好转，北方大学于1948年5月迁回邢台。在回邢台的路上，尹达与范文澜商议，河北省涉县温村是晋冀鲁豫边区政府机关驻地，较为安全，应将《赵城金藏》先放在那里。于是，《赵城金藏》被放在温村的一个天主教堂内，让历史教师张文教留下看管。

随着解放战争的节节胜利，为迎接全国解放，急需培养干部，1948年春中共中央决定将晋冀鲁豫边区的北方大学与晋察冀边区的华北联大合并，成立华北大学，1948年8月24日，华北大学在河北正定正式成立。校长吴玉章、副校长范文澜、成仿吾，尹达任教务长。①

华北大学下设四个部两个学院，即华大一部、华大二部、华大三部、华大四部，华大工学院和华大农学院。一所新建大学的教务长事无巨细，教师讲什么课，教师怎么调配，课时怎么安排，学生怎么招生、分配，都在尹达的思考和忙碌范围。

---

① 高岚访谈。

第五章　迎接黎明　接收北平

一　接收故宫

1948 年 12 月 13 日，解放军包围北平，围而不打，在城外搞动静，给盘踞在北平城内的傅作义以敲山震虎之惊。

随着敌我态势的转变，12 月中旬，中共中央已着手准备接管北平事宜，决定筹建中共北平市委和中国人民解放军北平市军事管制委员会。1949 年 1 月 1 日，根据中国人民解放军总部命令，在北平郊区良乡成立了中国人民解放军北平市军事管制委员会，简称军管会，叶剑英任军管会主任。当天，叶剑英宣布对北平辖区进行军事管制。

军管会下设文化接管委员会，简称文管会，钱俊瑞任主任，陈微明任副主任，委员由钱俊瑞、陈微明、尹达、马彦祥、李伯钊、艾青、光未然、徐迈进、张宗麟、范长江、侯俊岩等 11 人组成。文管会下设教育、文艺、文物、新闻出版等四大部，尹达任文物部部长，王冶秋任副部长。文物部由 6 人组成：尹达、王冶秋，联络员王毅、李枫、于坚、罗歌。文物部负责接管北京市内的文物、博物馆、图书馆等。在所有文物的接收中，故宫是重头戏。

尹达在良乡时已对接管故宫进行了周密的部署和安排。故宫地处两朝古都，文物古迹价值连城，非同一般，尹达慎之又慎。之前中共地下党已派王冶秋与故宫博物院院长马衡取得联系。1 月 18 日，马衡与何思源、吕复、康同璧等 10 人作为北平城内的和平使者出城与叶剑英会谈，商量城内文物保护一事。随后，叶剑英将尹达与王冶秋召集过来，语重心长地给他俩讲，接管文物工作进展如何直接关系到我们共产党和解放军的声望，关系到其他尚待解放城市的接管。还提出，接管过程中，一定要团结广大旧职员，对知识分子、学者，要礼贤下士，处处体现对他们的尊重和爱戴。接管要慢，但不是不管，要多考虑细节，尤其是文化界，要斯斯文文对待他们，让他们逐渐能为人民服务。

接着，尹达派人对故宫的文物、人员、内部结构等进行了全方位的调查和了解，做到心中有数。尹达通过故宫博物院院长马衡的儿子马彦祥与马衡进行沟通，让其先安顿民心，稳住工作人员的情绪，以免文物被偷被破坏。马衡心有灵犀，立即遵照尹达的意见，在故宫博物院开了个小会，会上说："过不了几天，北平就要和平解放了。""共产党是爱护文物的，共产党的政策是惩办坏人，我们没事，大家要安心工作。我本人绝不离开北平，和大家一起，保护好故宫的安全。"

1949 年 1 月下旬，傅作义率部起义，北平和平解放。

文化接管委员会的办公地点设在北海团城。文化接管委员会经过论证，提出："储藏文物较多之机关，如故宫博物院与北平图书馆，其清点工作确甚重要，但如无足够人手或不可能有切实负责常驻该机关之代表，切不可部分点收，最好是安顿他们，仍责成他们负完全责任，加以保护。"

1949 年 2 月 1 日，尹达将文物部的办公处设在北池子 66 号。尹达决定先拜访马衡，再进驻故宫。2 月 2 日，尹达让马衡之子马彦祥与马衡联系，预约与马衡见面的时间。因 3 日上午是解放军入城仪式，尹达觉得这一神圣时刻不能缺席，就将会面时间约到 2 月 3 日下午。

2 月 3 日上午 10 点，解放军进入北平城的入城仪式开始。解放军队伍阵容整齐、威武雄壮，沿永定门、前门大街浩浩荡荡，如潮水般涌进北平城。军政首长在前门城阙检阅部队进城。尹达走在绵延数里、蔚为壮观的队伍里，心情难以言表，北平和平解放了！一个崭新的时代就要来临了！

北平的民主党派人士、教授、学生、学者、名流、工人、群众等男女老少，从大街小巷蜂拥而出，欢迎解放军的到来。他们手举旗帜，呼喊着"中国共产党万岁！""中国人民解放军万岁！""中国人民站起来了！"等口号。一些年轻人和学生，由于激动竟往坦克上、战车上爬。

文物部在北平要接管多个文物单位，故宫位居第一。尹达明白，接收工作的成功与否，关键在于接收故宫的成败。马衡是接收故宫成败的关键人物，是著名的金石学家，尹达在中央研究院史语所的时候对他早有耳闻，也曾来北平参观过故宫博物院。马衡多年担任故宫博物院院长，在故宫工作时间较长，有一定的影响力。国民党撤退时，曾命令马衡带文物一同南撤，马衡深明大义，不愿将故宫的文物南迁，不愿让北平的文化遗产流落他乡，他以身体不适为由拖延时间，才将文物保留下来。

入城仪式进行完毕，尹达用完午饭已到下午两点多，在联络员于坚的陪同下去马衡家拜访。

去马衡家的路上，尹达意气飞扬，一直陶醉在解放军浩浩荡荡入城仪式的兴奋中，当走到马衡家门前时，尹达整理下自己的衣装，为表示对马衡的尊重，让于坚先进去通报，自己在大门外静候。

马衡为表示欢迎解放军代表到来的诚意，尽管 68 岁高龄，还是客气地起身到门口迎接。

落座后，尹达直奔主题，说，文物部接收故宫后，马衡仍担任国立北京故宫博物院院长，其他工作人员一律按原岗位就职，待遇不变，发放与以前同样的薪水。马衡同意并接受军事管制和交接，表示坚决服从中共的领导。尹达与马衡相谈甚洽，效果很好。

2 月 8 日午饭后，尹达偕刘新权、舒赛再次来到马衡家，告诉马衡万余解放军战士要来参观故宫，请马衡筹划做准备。马衡保证，坚决完成任务。即刻安排人手打扫卫生，将一些主要文物整理后，摆放在原来的位置上。

接管工作有序进行，2 月 11 日，文物部对故宫的接管正式开启。尹达安排罗歌、刘耀山、于坚三位联络员进驻故宫开始联络工作，尹达给联络员交代，进驻故宫后，须与故宫的旧职员打成一片，并组织他们学习共产党的方针政策和理论书籍，如《新民主主义论》《论联合政府》《社会发展史》《大众哲学》，有时，还要请大学老师、教授来为他们讲课。总之，先统一思想。马衡还给他们三人在故宫博物院开了一间办公室，离马衡办公室不远。

2 月 12 日，文物部接管故宫后迎来的第一批客人，是刚刚参加辽沈战役和平津战役并取得胜利的解放军第四野战军的官兵。解放军战士队伍整齐，秩序井然，一睹了故宫的真容。

随后，尹达安排于坚传达军管会的指示，让马衡召集旧部开会，说服旧部服从军管会的领导，支持联络员工作。

1949 年 2 月 19 日，一大早，钱俊瑞、陈微明、尹达、王冶秋一行来到故宫，分别与故宫各院馆的负责人谈话。下午，马衡去北海团城文化接管委员会办公处办理接管手续。

正式接管之前，尹达决定先开接管会议。会议在哪儿开，的确让尹达动了一番脑筋。故宫的旧职员约 500 余人，北平正处冬季，会议地点必须找一个既开阔又温暖的地方。

尹达想，接管故宫标志着一个翻天覆地的变化正在中国进行，过去的故宫是帝王将相出入的地方，现在的故宫掌握在人民的手里，所以这个会议在太和殿开较为合适。王冶秋赞成尹达的想法。于是，尹达让于坚去通知马衡他的决定。

马衡同意在太和殿开会，并强调说到时候他一定参加。于坚又将马衡的想法告诉尹达和王冶秋。尹达和王冶秋商量，马衡院长年岁已高，太和殿又没座位，不参加会议也可。于坚遂又将尹达的善意转告马衡。马衡坚持说，接管故宫是故宫博物院的一件大事，会议他必须参加。

尹达将故宫接管大会定于 3 月 6 日召开。太和殿位于紫禁城南北主轴线的显要位置，又称金銮殿。太和殿面阔十一间，进深五间，七十二根大柱。这里曾是 24 个皇帝登基、宣读继位诏书之处。也是举行各种大典如皇帝生日（即万寿节）、册立皇后、派将出征、接受文武百官朝贺等重要仪式的地方，是紫禁城内最大的殿宇。

1949 年 3 月 6 日，接管大会在金碧辉煌、奢华肃穆的太和殿举行。

尹达、王冶秋等人走到皇帝曾经坐过的宝座前站定，主持会议的王冶秋宣布："接管故宫的这次历史性会议就在太和殿里举行了！下面请军代表尹达同志传达讲话。"

尹达面对故宫的旧职员，大声宣读由叶剑英签署的军事管制委员会关于接收故宫的第一百二十号令。

接收令宣读完毕，尹达转身坐在了龙椅上。顿时，台下爆出阵阵唏嘘声、惊叹声：啊！哎哟！

尹达坐在龙椅里，身子微微向后仰了仰，后背靠了靠椅背，又欠了欠身，伸开双臂丈量了下龙椅的长度，在扶手上轻轻地拍了拍，向台下看了看，淡然一笑，随后潇洒地站起身，指着龙椅铿锵有力地说："几百年来，只有皇帝才能登上这个宝座。现在，我作为北平市军事管制委员会接管故宫博物院的军代表，也能坐在这个宝座上。有人说，老百姓登上这个宝座会头晕，会掉下来。今天，我头不晕，也没掉下来，这是为什么呢？因为人民当家做主了！人民成为主人了！"

尹达不仅语出惊人，还坐了龙椅，台下顿时不安定了。于是，鼓掌声、欢呼声、惊叹声，连成一片。

尹达声音洪亮："现在，我宣布：正式接管故宫。马衡院长还是院长，全体工作人员原职原薪。从今天起，故宫新生了……"

顿时，太和殿再次爆发出热烈的掌声，一浪高过一浪，久久不息。

尹达接收故宫的演讲，话语平常，道理深刻，提神醒脑，扣人心弦，令故宫的旧职员感到耳目一新，精神焕发，坚定了他们安心工作，跟随中国共产党走的决心和信心。

接下来是对故宫的物资、文物进行清点和登记，编写序号。

此后，故宫负责保卫的人员都换上了解放军的制服，其他职员依然穿着长衫，戴着毡帽。几个月前，国民党要运往台湾、已经打包的那部分文物还在一处存放着，职员们小心翼翼地将文物一件件取出来，再谨慎地安放在原来的位置上，擦拭干净。

尹达安排对故宫内杂草丛生、垃圾成山的状况进行清理，宫殿、楼阁门窗斑驳、屋脊脱落，年久失修。庭院古树树干中空、枝丫断裂、树叶凋零，有的树虫害严重，几乎枯死。尹达逐级汇报，写出拨付资金对文物和建筑进行修缮的呈请。

对人员的管理，尹达下了番功夫。如何将一个旧体制的职员改造成新时代的劳动者，尹达有自己的考量。他感觉之前安排的学习项目是不够的，又组织故宫的职员搞娱乐活动，让联络员教职员们学唱歌、扭秧歌。有的职员会唱京剧、拉京胡，也给他们提供上台展示的机会，大家在一起搞文艺联欢。解放军团结紧张、严肃活泼的工作作风，感染着每一位职员。通过工作和生活上的接触，以及一系列活动的开展，职员们紧张而拘谨的情绪得到了舒缓，都能安下心来兢兢业业地搞工作。

接管故宫的工作做得比较扎实，比预想的要顺利很多。故宫军事接管的顺利开展，为接收文物单位开了个好头。

随后，尹达带人又接管了国立北平图书馆、北平文物整理委员会工程处和北平历史博物馆，筹备恢复"鲁迅故居"。鲁迅故居坐落在西三条二十一号。此时，高岚也从河北正定华北大学来到北平，在北平历史博物馆工作，并开始征集革命文物。

为了稳定文物市场，防止古物的倒卖和流失，尹达紧急制定临时法令。1949 年 4 月 8 日，文物部以华北人民政府的名义颁布了《为禁运古物图书出口令》。1949 年 5 月 17 日，文物部又以华北人民政府的名义颁布了《为古玩经审查鉴别后出口令》，稳定了北平的文物市场和秩序。

由于故宫有些建筑几乎变成危房，当时经济还处在困难时期，尹达锲而不舍地坚持向上级反映，终于在五六月份，北平市人民政府拨付资金，修缮了故宫庆寿堂，这是北平解放后的第一次修缮。

中国人民解放军北平军管会撤销后，文化接管委员会宣告解散。1949 年 6 月 6 日，文物部并入华北高等教育委员会，名称改为"图书文物管理处"，王冶秋留下并担任处长，尹达另有重任。[①]

二　绸缪史学

接收故宫之前，军管会召开由民主人士参加的接收故宫座谈会，邀

---

① 高岚访谈。

请刚从沈阳来北平的郭沫若一行参加。得知郭沫若到北平参加座谈的消息，尹达整夜未眠。由 30 年代初读郭沫若的书到延安时期两人书信飞鸿，神交了近 20 个年头。他们渴望能见面交谈，可战事不断，各自都有责任和使命，见面乃奢侈之念。如今北平和平解放了，两人的愿望终于实现。

1948 年 11 月 23 日，郭沫若应中共邀请参加政治协商会议，与 35 位民主人士以和平使者的身份，先北上去沈阳，再辗转到北平。

接收故宫的座谈会于 2 月底召开，参加会议的有军管会领导、文化接管委员会负责人、文物部全体工作人员、故宫博物院旧职人员代表，郭沫若、李济深、沈钧儒、马叙伦等 35 位民主人士参加座谈。

开会当天，尹达与文化接管委员会的领导在会议室门前恭迎民主人士的到来。尹达边与民主人士一一握手，边在人群中寻找郭沫若。

花甲之年的郭沫若身穿一件深色毛领棉服，脖子里围了条羊毛围巾，架了副金丝眼镜，与迎接他们的人一一握手。轮到尹达时，尹达迫不及待地将手伸向郭沫若，问候道："先生好！终于见到您了！"郭沫若略一思忖，猜道："你是，尹达同志？"

尹达说："是的先生，我就是尹达。"

郭沫若遂将另一只手也搭在了尹达的手上，盯着尹达看了又看，言简意赅地说："后会有期。"郭沫若随着人流进了会厅。

会议由军管会首长主持，既是座谈，参会人员都要发言，尹达作为文物部部长，发言在先，他将对故宫的摸底情况向与会人员进行了汇报。尹达讲到，国民党撤退时，将一些贵重文物运到了台湾，有一些已经打包，若不是马衡有意拖延，这批文物恐命运多舛，凡保留下来的，马衡院长功不可没。尹达发言时，郭沫若始终将微笑送给尹达。会上，郭沫若也讲了话，他阐述了文物保管的重要性，讲如何使用文物的原则。说文物就是国宝，并痛斥国民党强运文物是盗窃行为。大家都发了言，提了些合理的建议，为顺利接收故宫出谋献策。

座谈会结束后，尹达与郭沫若亲切交流，尹达称郭沫若为先生。郭沫若说，新中国即将诞生，尹达应称他为同志。尹达说，他已自认是郭沫若的"私淑弟子"了。郭沫若谦虚地笑了笑，说，建设新中国是一项伟大工程，大家都需要做多方面的准备，更要成立历史研究方面的组织。尹达情绪激昂，说终于等到这一天了。郭沫若拍了拍尹达的肩膀说，后会有期。

3月中旬，尹达去北京饭店看望郭沫若。郭沫若一见尹达就说，尹达来得正好，他有重大消息发布。郑振铎同志到北平了，他说北平解放前夕，力推迁移文物的人是王世杰、傅斯年、朱家骅。当时，马衡对文物迁移态度不积极，傅斯年还对马衡有意见，并在蒋介石面前进谗言。

傅斯年这三个字对尹达来说，犹如芒刺在背。傅斯年是引导尹达走向考古学科的导师。尹达听得出，郭沫若对傅斯年有看法。此刻，尹达怨也不是，恨也不是。尹达心里沉甸甸的，蒋家王朝败了，将祖先留下的诸多国宝运到了台湾。尹达不偏袒傅斯年，对郭沫若说，他跟马衡探讨过，看来马衡的猜测是对的，就是他们这些人干的蠢事。

此时，郭沫若房间的电话铃响了起来，郭沫若接通电话，说有人来拜访。郭沫若对尹达说，他有很多想法，抽空详谈。尹达这才离开北京饭店。

接收工作千头万绪，尹达忙，郭沫若更忙。郭沫若参加了商谈召开全国文学艺术工作者代表大会的筹备工作，被推选为筹委会主任。在出席世界拥护和平大会上，被选为中国代表团团长。随后被确定为世界拥护和平大会筹委会副主席。3月底，郭沫若带团去巴黎参加会议，一直到5月25日才携家眷回到北平，在西四大院胡同五号院定居下来。郭沫若一到北平就派人联系尹达。

尹达于1949年5月底，邀郭沫若来故宫作报告，郭沫若欣然应允。

尹达与王冶秋等人在故宫的正门迎候郭沫若。午门当中的正门，明清时期只有皇帝才可以出入。

郭沫若走进红墙巍峨、壁垒森严的故宫，从午门到太和门，一直走进了太和殿。郭沫若在太和殿同大家讲话，他说：故宫是什么？是明、清两朝的皇宫，是保存得最好的古代建筑群，是封建皇权的象征，同时也是历史和艺术价值的体现。郭沫若还谈了当时的局势，对故宫的工作人员在接收和保护故宫工作中取得的成绩作了肯定，对旧体制的故宫人员进行了鼓励和表扬。郭沫若的言谈举止，可谓大家风度，故宫的工作人员不仅领略了郭沫若的风采，同时也感受到了新文化的风尚。

报告结束后，尹达邀郭沫若到他办公室谈话，郭沫若应允，两人边走边交流，话题一直围绕着历史文化。郭沫若提议，在新中国建立前，要先成立中国新史学研究会，邀尹达参与筹备工作。尹达说，绸缪史学，责无旁贷。尹达顺手从衣兜里掏出小笔记本，将与郭沫若的谈话记述下来，写上"中国新史学研究会"。

尹达还邀请周恩来作了报告，使故宫的工作人员聆听到了共产党高层的声音。周恩来对文物部的接收工作表示肯定，讲了革命形势，对旧职员提出了一些要求。①

报告结束后，周恩来语重心长地给尹达说，新中国就要成立了，希望尹达与郭沫若联手研究中国的史学问题。这大概也是周恩来在延安时期将尹达留下来的用意。可见周恩来的远见卓识。尹达虔诚地说，以后面受郭沫若先生教益的机会多了，一定不辜负首长的教诲和希望。

随着解放战争形势的发展，从 5 月到 6 月间，仅仅一个月的时间，杭州、武汉、九江、西安、南昌、上海、青岛先后解放。革命形势逼人，各条战线都奋起直追，郭沫若发出了《向军事战线看齐!》的短

_____

① 高岚访谈。

论，号召"拿笔的军队，必须向拿枪的军队看齐"，以争取文化战线上的伟大胜利。

是年6月，郭沫若、范文澜、陈垣、尹达等50位史学家发起成立中国新史学研究会。7月1日，中国新史学研究会成立。在新中国未成立之前，中国的新史学之花，率先在北平开放了。

三　文物归公

也许是接收故宫的缘故，也许是两人有同样的经历，同是从国民党阵营里脱逃出来追随共产党的学术人才，尹达与马衡成了忘年交，建立了良好的同志关系，闲暇也谈些过往的旧事。马衡是有学养之人，对参加殷墟考古的学者羡慕且尊重，他谈到了梁思永。尹达追忆过往，自然离不开梁思永。马衡从尹达的谈话中，看出尹达对梁思永的牵挂。马衡说梁思永做手术后几乎不能出门走动。梁思永做手术的事尹达并不知晓。马衡告诉尹达，说梁思永没走，仍住王府井大街九号。

王府井大街九号！这个记忆中的地方。尹达在安阳殷墟考古时，与梁思永信函来往就是这个地址；考古结束，尹达随梁思永来北平整理文物，去过梁思永的家。尹达霍地一下站起身：梁思永在北平？马衡激动得口吃起来，说，在在在。说完，尹达一溜小跑来到王府井大街九号。

往事历历，思念若渴，竟近在咫尺。1937年年底长沙一别，至今已十二个年头。尹达喘着粗气，叩响了王府井大街九号的大门。

门是梁思永夫人开的，见门前站着一位解放军，问：找谁？

尹达恭敬地问了声，师母好！梁思永夫人这才认出尹达来，异常激动地大声喊着梁思永的名字，说有贵客来访。

尹达几乎是跳跃着冲进梁思永的屋子，一见梁思永躺在床上瘦骨嶙峋的样子，鼻子一酸，喊了声"先生您……"竟泣不成声。

梁思永挣扎着抬起头，双目一炯：是照林呀！顿时，滚烫的热泪夺眶而出。师徒二人将双手紧紧地握在了一起，好久好久说不出话来。

梁夫人给尹达介绍梁思永的病情：1940 年冬天，因滇线战事吃紧，史语所被迫迁移。1941 年梁思永随史语所到四川南溪李庄，由于旅途劳累，使本就虚弱的身体造成了损伤，患上了严重的肺结核。抗战胜利后，梁思永在重庆做手术，拿掉 7 根肋骨。1946 年夏，他们才到北平来养病。

梁思永感慨，流亡岁月，他从长沙到桂林，又辗转越南到昆明，后到四川西部长江南岸的李庄，带着疾病随史语所考古组一路迁移，受尽了苦难。

尹达从梁思永那闪光发亮的眼睛里感到了一丝欣慰，先生精神还在，便安慰梁思永说，战争即将结束，苦难就要过去，一个崭新的国家即将建立。梁思永表示尽管身体亏损严重，但他愿振作精神，为新中国的考古出一份力。此时，尹达正接管北平图书馆，事无巨细，工作繁复，谈了北平图书馆的接收情况后，匆匆离开梁思永家。

尹达一直惦记佛经《赵城金藏》的归宿问题，他欲将这部佛典安放在北平图书馆。待北平图书馆接收工作就绪后，尹达安排车辆拉佛典进京，《赵城金藏》于 1949 年 4 月 30 日，与张文教老师一起，被一辆卡车载进了北平城，正式移交于北平图书馆收藏。

1949 年 3 月 2 日，文物部接管了由北大代管的"北平历史博物馆"。尹达考虑到国家多年处在兵荒马乱的状态，一些珍贵的文物要么被列强掠走，要么被迁移台湾，有相当一部分流传在民间。文物被盗、被抢、被毁、被买卖的现象很严重，对文物的损失很大，文物本属国家，是中华民族的文化瑰宝，应该归公，于是，他发起了北平文物捐赠活动。

4月初，北平文化名人贺孔才给国立历史博物院捐赠文物，有图书、器物等5371件。

这些文物经尹达鉴定后，相当部分是货真价实的国宝，价值不菲。他想，贺孔才的义举为保护文物带了个好头，应给予表彰。尹达遂向北平市军管会首长反映，对贺孔才捐赠文物的义举进行表彰和鼓励。军管会首长答应嘉奖贺孔才。为鼓励市民捐赠，尹达安排王冶秋举办"贺孔才先生捐赠文物展"，展出期间，北平城很多文化名人前来观看。

为将文物捐赠活动搞得有声有色，尹达与王冶秋带头捐赠文物。4月中旬，张钧孙捐赠文物1860件。接着，范文澜、徐悲鸿、沈从文、启功等文化名人也加入了捐赠文物的行列。

1949年4月28日，《人民日报》刊登了嘉奖令："北平军管会顷通令嘉奖贺孔才先生捐献图书、文物的义举……""本市贺孔才先生于解放后两次捐出其所有图书、文物，献给人民的北平图书馆及历史博物馆，计图书一万两千七百六十八册、文物五千三百七十一件。贺先生忠于人民事业，化私藏为公有，首倡义举，足资楷模，本会特予嘉奖。"

尹达思考，捐赠必须有个冠冕堂皇的理由，让市民懂得文物是国家的文化遗产，归国家保存才合情合理，应将"北平历史博物馆"更名为"国立历史博物院"，征得军事管制委员会文化接管委员会的同意后，"北平历史博物馆"正式定名为：国立历史博物院。

梁思永于4月底在报纸上看到文物部号召民众捐赠文物的消息，也动了捐赠文物的念头，便让夫人找尹达来家议事。

梁思永半躺在椅子上，一见尹达进来就说，他要将自己多年存放的文物全部捐献出来，交由尹达处理。

梁思永珍藏的文物极有分量，有些文物非常珍贵，价值连城。有些是梁思永从文玩市场买的，有些是从盗墓贼手里买的，有些是他搞研究用的。尹达迟疑着问，先生您，全捐？梁思永豪迈地说，捐，全捐给国家，也算为即将成立的新中国做点贡献！

梁思永在北平城的影响力不容小觑，梁思永捐赠全部文物的消息不胫而走。由此，捐赠文物的人越来越多，掀起了捐赠文物的高潮。

1949 年 6 月 21 日，古董商霍明志捐赠文物万余件。为此，尹达和王冶秋又组织举办了"新中国人民捐赠文物展览"和"新收文物展览"，轰动了北平城。

四　喜从天降

尹达深谙"接管"的含义："接"，即从他人手里接到自己手里，"管"，不仅管物，还要管人。管物，要懂得保养、安全、修缮等；管人，要用智慧和影响力以及规章制度等来管理。尹达每接管一处，都要对旧职员进行培训和指导。

接管故宫后即向外界开放，一波一波的人来参观故宫。解放军的首长、士兵，还有工人、群众、学生，以及社会各界的名流、雅士，当然，也不排除有图谋不轨的人鱼目混珠在人群里，接待工作应慎之又慎。当时，全国还没彻底解放，防范意识、警惕性很强。尹达要求凡来故宫参观者一律带介绍信和证明材料。

一天，《人民日报》的记者来故宫参观，点名要采访尹达。尹达在故宫静候，见面才知来人竟是邓拓。老相识了，多年不见，两人一见面即抱成一团。邓拓在延安学习时，两人不仅同班还同住一个窑洞。两人敞开心扉，大谈解放战争不断取得的胜利和战果，谈从延安分开后的情况，当谈到《人民日报》的情况时，邓拓说，他直接受尹达哥哥的领导。

一提哥哥，尹达便黯然神伤，眼眶里的泪水顿时顺着面颊流了下来，说革命成功之际，他却牺牲了，没能看到最后胜利的那一天，真遗憾！

邓拓一头雾水，说尹达胡说啥，赵毅敏好好的，咋牺牲了呢。他刚从赵毅敏那儿过来，赵毅敏还说抽时间来故宫看望你呢。

尹达愣了会儿神，一把抓住邓拓的胳膊摇晃着，问，哥还活着，没死？真的假的？

邓拓不以为然地说，当然活着啊！你哥现在是北平市委宣传部部长，报纸上经常发他的社论、文章，赵毅敏的大名，如雷贯耳，你没看到？

原来如此。尹达以为北平市委宣传部部长与哥哥重名，压根没敢奢望，那人是他的哥哥。

天降惊喜，让尹达猝不及防，回想这几年思念哥哥的痛苦与折磨，一股无名火发在了对面的一棵大树上，只见尹达挥舞着拳头，朝树干猛地挥去，怒吼道，哥活着的消息为啥没人告诉他，为啥？

邓拓莫名其妙，思索片刻，是不是关于赵毅敏在行军途中被国民党飞机炸死的错误消息惹的祸？想到这里，邓拓竟嘿嘿嘿笑了起来，说，失而复得，高兴还来不及咧，发啥火呢，还不快去找哥哥。

是啊，说去就去。尹达扭头就跑，跑两步又踅回来，问邓拓哥在哪儿办公。邓拓说，东四钱粮胡同十一号。尹达慌不择路，向反方向跑去，邓拓在后边喊，错了错了，走这边走这边。尹达忙掉转头，向王府井大街奔去。

关于赵毅敏牺牲的消息绝非空穴来风。1945 年 8 月 15 日，日本宣布无条件投降后，中央政治局对战略进行了调整，先派一批干部去东北。赵毅敏等 1200 人，于 1945 年 9 月 22 日悄悄从延安出发。这一行人中有骑马的、骑驴的，还有步行的。赵毅敏与凌莎离开延安时，尹达牵着马，亲自为哥嫂送行。赵战生没随父母一起走，而是留在延安由高岚带着，后由组织上送到赵毅敏和凌莎的身边。

　　行军途中，赵毅敏接到中央指示，要其留在承德。1945 年 10 月，成立中共冀热辽分局和中共冀热辽军区，赵毅敏担任冀热辽分局宣传部部长。此后，国民党军队多次制造摩擦，为了能与国民党和平共处，当时在美方代表的协调下成立了由美国马歇尔为首的军调处三人小组。三人小组有美国代表、国民党代表、中共代表，国民党代表是石觉，中共代表开始是陈伯钧，后换成萧克，赵毅敏为萧克的参议。

　　1946 年 8 月 28 日，冀察军调小组的三方代表正在承德郑重其事地谈判时，国民党军队就开始攻城了。程子华带着军区司令部和队伍立即向城外撤退，赵毅敏带着美方代表、国民党代表一起向城北撤退。当时，美方代表乘坐的吉普车在前，赵毅敏乘坐的大卡车在中间，国民党代表乘坐的大卡车在后。走着走着，国民党代表的车陷进了淤泥中，赵毅敏就让警卫员李天喜与国民党代表乘坐他的大卡车先走。赵毅敏找来当地的农民往外拉卡车，因刚下过雨，积水深，车不好往外拖。赵毅敏又借来马、牛等往外拖车，费了九牛二虎之力，才将国民党代表乘坐的卡车拖了出来。此时，前边五公里远处，突然传来咚的一声巨响。过了一个多小时，警卫员李天喜气喘吁吁地跑过来报告，说，不好了不好了，前边车上的人除他之外全被炸死了。

　　国民党派飞机轰炸逃出城外的解放军，看到解放军军代表的卡车后，盘旋在上空要轰炸卡车。警卫员李天喜非常机敏，他赶紧命令大家跳车隐蔽。李天喜因坐在卡车的后边，年轻跳得快，跑得也快，正跑时听到一声巨响，是汽车的爆炸声，跑得慢的人全被炸死了。

　　后来才知道，这辆卡车里装有弹药，飞机上的国民党军用机枪扫射时引爆了炸药，尽管车上的人都下了车，弹药爆炸的威力让人们没逃脱厄运。

卡车上有七个人，除李天喜侥幸逃脱外全被炸得血肉模糊。赵毅敏的行李等重要物品也被炸飞了。

走在前面的程子华听到爆炸声预感到出了大事，立即派人来营救，发现赵毅敏乘坐的卡车被炸了，又没找到赵毅敏和警卫员，找到的尸体已分辨不出人形，以为赵毅敏牺牲了。于是，程子华立即向延安发报，汇报了赵毅敏等人遇难的消息。一时间，赵毅敏被炸死的消息在延安传开了。尹达得知赵毅敏被炸死的消息后，有肝肠寸断之疼。

队伍正在转移，十余天后，赵毅敏才赶上了大部队，程子华这才知道是误会，赶紧向延安发报纠正错误。但关于赵毅敏活着的消息却没人告诉尹达，所以，四年来尹达一直沉浸在哥哥牺牲的痛苦之中。

路上，尹达越想越生气，他怪罪赵毅敏，明明知道他在接收故宫，却不告诉他。

北平市委成立后，赵毅敏任北平市委宣传部部长，兼《人民日报》北平分社社长。1949 年 3 月 14 日《人民日报》由河北平山县迁入北平后，《人民日报》（北平版）停刊。1949 年 3 月 15 日，北京市委宣传部又创刊了《北平解放报》，由北平市委宣传部直接领导。《人民日报》北平版的编辑、记者等工作人员也从王府井大街迁移到东四钱粮胡同十一号原国民党《北平日报》旧址，此时，邓拓为北平解放报社社长。

赵毅敏直接领导邓拓，安排《北平解放报》的重要文章，包括领导人的题词和重要新闻。有时，赵毅敏亲自写发刊词和理论文章。待报纸排版后，邓拓将报纸清样拿给赵毅敏审阅，赵毅敏审阅修改后，报纸才能出版印刷。邓拓在送报纸清样时，顺便问赵毅敏见没见尹达。赵毅敏长叹一声，说几年没见了。邓拓问，兄弟俩近在咫尺，抽空见一见。赵毅敏说，是该见个面了。邓拓听得出赵毅敏想见尹达却又挪不开身，显得很无奈，便说他去找尹达。邓拓怕找不到尹达，先给文化接管委员会打电话，让其通知尹达在故宫会面，这是邓拓来故宫的缘由。

路上，尹达走得汗流浃背，想见到哥哥的心情可想而知，一进赵毅敏办公室的门就喊，哥，中国人民解放军军事管制委员会文化接管委员会文物部部长尹达前来报到，敬礼！霎时，尹达整了个军姿，木桩一样站在那里。赵毅敏见尹达风风火火闯进来，笑得满面春风，起身相迎，问了句，邓拓让你来的？

尹达不正面回答赵毅敏的问题，而是怨气冲天地质问赵毅敏，既然知道我在北平为啥不告诉我。

赵毅敏莫名地摊开双手解释道，你看胜仗一个接一个，每天都有好消息，我要将胜利的喜讯尽快发给全国人民。你嘛，没顾上呢！赵毅敏赶紧给尹达倒水，示意尹达坐下说。

尹达一屁股坐进沙发里，仍气呼呼的样子，将误传赵毅敏被飞机炸死又没人告诉他是误传的事讲了一遍。

赵毅敏这才明白尹达抱怨的原因，竟风趣地说，放心吧，哥不会这么快去见马克思的。仗没打完，战争没结束，哥的任务没完成，有何颜面去见马克思？见马克思说什么呢？

尹达被哥逗乐了，笑得前仰后合。

赵毅敏将一杯热水递到尹达手里，坐在另一侧的沙发里与尹达叙旧，将那次险情讲给尹达听。国民党飞机轰炸，卡车陷淤泥施救，与国民党代表换车，车上炸药被引爆，等等。赵毅敏庆幸地说，要不是与国民党代表换车，否则哥真的去见马克思了。

尹达说，该死的误传，可把他折磨苦了，他以为这辈子再也见不到哥哥了。

尹达突然发现赵毅敏眼角红肿起来，便问赵毅敏是不是病了。

赵毅敏尴尬一笑，解释说赶写社论，连续熬夜，疲惫造成的！

尹达询问嫂子和侄子的情况，赵毅敏告诉尹达，凌莎在北平教育局工作，任北平市教育局副局长。赵战生在北平入了学堂。[1]

赵毅敏也问高岚和尹健的情况。尹达告诉哥哥，高岚于1949年1月17日生了个小子，因在正定县出生，取名尹正。高岚与两个儿子留在正定，很快就到北平。

赵毅敏说，等高岚来北平一定抽时间聚聚。

1949年5月16日，武汉解放。5月下旬，赵毅敏被党中央派到中南局工作，邓拓接替赵毅敏任北平市委宣传部部长。因时间紧急，顾不上与尹达辞别，赵毅敏给尹达写了封短信，托邓拓转交尹达。

此时，高岚和两个儿子已到北平，高岚在国立历史博物馆工作，住在博物馆的顶楼上。[2]

尹达接到赵毅敏让邓拓转来的信函，遗憾地说，一家人又擦肩而过了。

不久，组织上给尹达在东四十条街安排了两间民房，尹达一家搬了进去，算是在北平有了个温馨的家。文物部接收工作结束后，尹达回到华北大学继续任教。

---

[1] 赵战生访谈。
[2] 高岚访谈。

第六章　史海斑斓　规划远景

一　百废待兴

1949 年 10 月 1 日，中华人民共和国成立，各条战线都积极投身到轰轰烈烈的建设新中国的浪潮之中。为国家培养各方面的技术人才和精英，高等学府首当其冲，尹达提振精神，开拓思路，积极做谋划和准备。新中国成立了，教育的方向和学习任务也该有所调整，这是华北大学教务长必须考虑的问题。尹达潜心研究如何实施新的教学任务和学习内容，亲自编写教学计划，为各个学科设置教学内容，增设新的课程，并安排老师备课、讲课，组织学科人员听课，对教学内容进行调整。哪些是重点，哪些需要补充等等，事无巨细，都要经过讨论和论证。尹达整日忙碌在讲课、听课、修改方案、学科研讨等千头万绪的工作中。

1950 年年初，按照中共中央决定，以华北大学为基础，合并中国政法大学，调华北人民革命大学的部分干部组建中国人民大学。吴玉章为校长，胡锡奎等为副校长，尹达出任中国人民大学研究部副部长，兼中国历史教研室主任。

1950年10月3日，中国人民大学隆重举行了开学典礼仪式。开学后，尹达讲授中国近代史。中国近代史较为难讲，尹达认真备课，查询资料、史料，讲课中加上了自己的认知和见解，所以，他的课程有新意，也耐人寻味，博得师生的一致好评。

尹达身兼数职，中国人民大学的图书馆、课堂上、研究室、讨论会等等，到处都能看到尹达充满活力、忙忙碌碌的身影。

尽管教务繁忙，尹达仍把历史学研究放在心上。1951年7月，中国史学会正式成立。在中国史学会第一次代表大会上，尹达被选为常务理事，担负起全国历史学科的组织建设任务。

1949年11月中国科学院成立，梁思永告别近八年的蜗居、休养生活，积极投身到新中国的考古事业中。1950年8月，梁思永受命出任中国科学院考古研究所副所长，因走动不便，在家办公，指导田野调查发掘，指导考古所的研究工作。重任在肩的梁思永，念念不忘高徒尹达，他喜欢与尹达讨论考古。梁思永便致信尹达，望尹达抽时间细谈一二。尹达接信后，前往王府井大街9号探望梁思永。

1951年9月10日，尹达拜访梁思永，恰遇夏鼐在场。尹达与夏鼐自1935年初夏分开，一直未曾谋面。那时，尹达不足30岁，夏鼐只有25岁，两人风华正茂。转眼十六年弹指一挥间，彼此天各一方，如今已人到中年，再相聚情绪之激动可想而知。两人拥抱着转起圈来，将梁思永家茶几上的器具碰得叮当乱飞。

待两人平静下来后，才发现梁思永夫人已将一地碎物打扫干净，摆上了新茶具。

夏鼐从包里拿出这年春天他在仰韶村采集的陶片给尹达看。尹达一直关注仰韶文化与龙山文化之间的关系问题，对陶片极感兴趣。尹达爱不释手地抚摩着陶片，仔细看着，向夏鼐询问很多问题。

从尹达把弄陶片的表情，梁思永已觉察出尹达对考古的那份痴情。待两人安静下来，将注意力转移到梁思永身上时，梁思永这才将他的设想告诉尹达：着力为新中国的考古事业培养人才，培养年轻的考古队伍，并为新中国的考古事业做一个宏图计划，希望尹达能参与这个计划的设计和实施。

尹达赞同梁思永的宏图设计，更愿参与其中。尹达因讲授近代史，兼中国人民大学历史研究室主任，所以大谈如何教学生学习历史的话题，口若悬河，津津乐道。

梁思永对此话题不感兴趣，大家因是安阳殷墟考古时的旧识，说话随便了些，梁思永劝尹达不应在教学上下功夫，应到研究机构来，多钻研一些考古方面的学问。

尹达是干一行爱一行，爱一行钻研一行的人，说研究与教学同等重要。学校现在非常缺人。

夏鼐反对尹达研究教学，便掉尹达说，各行各业都需要人才，你说说，哪儿不缺人？

梁思永打圆场，说，关键是放哪儿更适合其发挥潜能，做到人尽其才。

两人同掉尹达，尹达心里明白也知趣，他们是想争取尹达共同从事考古。尹达模棱两可地说，学校不会放人的！

尹达走后，梁思永对夏鼐说，他想把尹达调来担任考古所的领导。夏鼐建议梁思永找郭沫若院长要人。梁思永立即给郭沫若打电话，请求将尹达调到中国科学院考古研究所。郭沫若院长说，他曾向上级请求过，学校不放人。梁思永不放弃，坚持让郭沫若想办法解决。

不久，考古研究所成立了学术委员会，梁思永聘请尹达担任学术委员，这样找尹达商谈学术问题名正言顺。梁思永像过去在安阳考古时那样，考古方面的问题习惯找尹达商谈。考古所要制订一个工作方针、任务或科研规划，也要叫上尹达来商议。

尹达面对考古研究所所长梁思永、副所长夏鼐，觉得自己不便过多地出谋划策。

夏鼐不客气地批评尹达说，叫他来是向他请教的，不必谦虚。尹达嘿嘿一笑，风趣地说，他久不搞考古，对于考古学，他已是一脚门里一脚门外了。

说归说，谦虚归谦虚，梁思永和夏鼐坚信尹达对考古学的那份痴爱不会变。既是商谈，尹达对考古学是知无不言、言无不尽，极力为梁思永、夏鼐出主意，想办法，献计献策。

尹达自教学以来一直思考这样一个问题：如何把自己学习历史、研究历史的经验、方法传授给学生，他总结归纳后，于 1951 年 10 月 16 日，编写了《怎样学习祖国的历史》一文，详细论述学习祖国历史的重点、意义、态度和基本方法。《怎样学习祖国的历史》发表在《学习杂志》第四卷第十二期上。尹达强调："祖国现实的新政治、新经济是从古代的旧政治、旧经济发展而来的，现实的新文化也是从古代的旧文化发展而来的，今天的中国正是历史的中国之发展。这一大民族的数千年的历史，有它的发展法则，有它的民族特点、有它的许多珍贵品。我们不应割断历史，应当对于祖国的历史遗产用马克思主义的方法给以批判的总结。承继这一份历史的珍贵的遗产。"

1953 年 9 月，尹达被调到北京大学任副教务长。到任后，为培养新中国的考古力量，尹达积极筹划成立北京大学历史系考古专业，为调配教员、招生忙碌奔波。

当时文化部、中科院和北京大学联合举办考古工作人员培训班，梁思永得知北京大学成立历史系考古专业非常高兴，在与北京大学协调时，梁思永才听说尹达又调到了北京大学，非常生气，立即约见尹达。

1952 年夏尹达与二儿子尹正

梁思永一见尹达情绪便激动起来，因肺部有病，生起气来直喘粗气，说尹达不应到北京大学，应向组织申请到中科院来。尹达无辜地说，这事他也不知道，事先没一点征兆。据说是北京大学点名要人。梁思永说，抢人是吧，他也点名要人。梁思永发誓：调不动尹达，他死不甘心。

尹达见梁思永动了真气，便担心地说刚调整了工作，再调动是否有可能？梁思永话语铿锵，坚强有力地说，只要坚持，可能就会实现。梁思永又语重心长地对尹达说，新中国的历史学、考古学如果没有尹达，是很大的损失！尹达有些难为情地说，梁所长，言重，言重了！

此后数日，梁思永极力向组织呼吁调尹达进中国科学院。

1953 年 9 月，梁思永病重，郭沫若前去探望，梁思永再次请求批准调尹达之事。梁思永说，尹达是难得的考古人才，他要在有生之年，了却这个心愿。郭沫若安慰梁思永安心养病，说调尹达进中国科学院也是他的心愿。

二　任重道远

　　1953 年，为贯彻毛泽东"百家争鸣"的方针，中央决定成立历史问题研究委员会。中宣部遴选 11 人为委员：陈伯达、郭沫若、范文澜、吴玉章、尹达、胡绳、杜国庠、吕振羽、翦伯赞、侯外庐、刘大年。中央宣传部将名单呈报给中央，毛泽东批示，让陈伯达担任历史问题研究委员会主任。

　　是年 9 月，陈伯达主持召开了中国历史问题研究委员会第一次会议，在会上传达了中央的决定：在中国科学院成立三个历史研究所，并创办《历史研究》杂志。规定历史研究所第一所的研究范围从远古至魏晋南北朝，所长由郭沫若兼任。第二所研究范围从隋唐至鸦片战争，

1952 年 12 月 11 日尹达在北戴河

拟请陈寅恪任所长。第三所的研究范围是鸦片战争以后的中国近代史，范文澜任所长。因陈寅恪谢绝，第二所所长改由北京师范大学校长陈垣兼任。《历史研究》杂志，郭沫若为召集人，尹达任主编，刘大年任副主编，尹达负责具体工作。

1953 年 12 月，尹达调到中国科学院，并接受中国科学院第 41 次院务常务会议任命，为中国科学院历史研究所第一所副所长，协助郭沫若筹建历史研究所一所；第二所副所长为侯外庐、向达、熊德基；第三所副所长是刘大年。三个所的日常工作实际皆由副所长负责。

一所、二所的办公地点位于东四头条一号院，分前后院，前院办公，后院住人。一所、二所，同一个办公室，挂两块牌子，一个党组。破旧不堪的院子挂了两块醒目的大牌子：中国科学院历史研究所第一所；中国科学院历史研究所第二所。一所、二所的办公条件比较简陋，缺人才、缺经费，几乎是凑合着办公，条件比较艰苦。有时，郭沫若来办公室坐坐，安排一下工作，听听汇报。陈垣也来，问问二所的困难和工作进展。两个所长谁来办公室，大家都热烈欢迎。后来，郭沫若觉得两个所在一起，不便安排工作和谈话，就让尹达直接到他家汇报工作。郭沫若家住西四大院胡同五号。

尹达在郭沫若身边工作，乐在其中。二人一起探讨历史，可谓珠联璧合，一个划蓝图，一个提建议。一个指挥，一个实施。郭沫若提出中国科学院麾下的《历史研究》必须是一份具有权威性的研究历史的杂志，支持尹达筹建《历史研究》编辑部。《历史研究》编辑部由三人组成，两女一男：林甘泉、刘坤一、胡柏立。林甘泉是厦门大学历史系肄业，刘坤一是燕京大学历史系研究生毕业，胡柏立负责收发和保管稿件、信函，以及行政事务。

1954 年 2 月，尹达创办了《历史研究》杂志。创刊时，尚无固定的办公地点，编辑部暂时挂靠于三所，借用一间阅报室办公。地址在东厂胡同。

尹达组织成立了《历史研究》编辑委员会。第一届成员有：郭沫若、尹达、白寿彝、向达、吕振羽、杜国庠、吴晗、季羡林、侯外庐、胡绳、范文澜、陈垣、陈寅恪、夏鼐、嵇文甫、汤用彤、刘大年、翦伯赞等。凡《历史研究》的编委，均有撰稿任务，少则一篇，多则数篇。

《历史研究》创刊时，根据毛泽东提出"百家争鸣"的办刊方针，郭沫若题写了发刊词。尹达提出用科学的观点和方法研究历史、探讨历史发展的规律，分析和评介历史人物、历史事件的办刊方针，提倡实事求是、各抒己见，并针对史学研究中的重大问题开展讨论，来促进历史学的发展。

《历史研究》是中国科学院主办的专业性学术刊物，主要刊载史学界具有较高水平的学术论文，包括中国古代史、中国近代史、世界史、史学理论和方法论、史学史，以及对史学著作的评介，发表重要的历史文献、资料的考证、研究、介绍等，设立了读书札记和史坛信息等栏目。

搞历史研究，讲究证据、来历等，尹达规定历史研究必须尊重史料，凭借对史料的积累，务实求真，来不得浮夸和假设。学术的使命和社会的责任，要求史学工作者立足当代，服务社会，坚持用马克思主义的立场、观点和方法来指导学术实践。

《历史研究》的编辑与东欧、西欧、美国、日本等国家和地区的一些著名学者和学术团体建立联系后，许多优秀的论文在国内外进行交流，影响力很大。因此，尹达又从中国人民大学调来了俄文和英文翻译张书生、郝镇华、邹如山，成立《史学译丛》组，并创办《史学译丛》刊物，《史学译丛》是不定期刊物，附设在《历史研究》编辑部，尹达兼任《史学译丛》主编。

　　《历史研究》编辑部人员虽有增加，但随着稿件的增多，编审力量仍是问题。因每个人的研究领域不同，有些稿件需相关的编委审稿，尹达和刘大年商量后向编委会提议，聘请知名学者担任《历史研究》的特约编辑。经《历史研究》编委会同意后，以编委会的名义向受聘的知名学者下发"特约编辑"聘请书。聘请历史一所、二所的杨向奎、胡厚宣、王毓铨，历史三所的荣孟源，北京大学的张政烺、周一良，北京师范大学的何兹全等，为特约编辑。他们有的在北京，有的在外地，通过信函审稿，成效不错。

　　平时，郭沫若对历史所的行政工作过问不多，但对所内研究人员的研究成果和成长非常关心。贺昌群写了篇《论西汉的土地占有形态》的论文，尹达送与郭沫若审阅。郭沫若仔细阅读后，认识到贺昌群的论据是封建社会土地国有制。郭沫若对此有自己的看法，提出"大小意见十八条提供作者参考"，意味深长地给尹达写了封长信，并在信上注明：此意见请送贺昌群先生阅。郭沫若对学术研究一向谨慎，从他给尹达转送贺昌群的信中可以看到，小到纠正错别字，大到对土地国有制的商榷，细致认真谨慎的程度可想而知。

　　杨向奎撰了篇《释"不玄冥"》的论文，尹达送与郭沫若审阅。郭沫若看后非常满意，即函尹达①：

尹达同志：

　　杨向奎同志的《释"不玄冥"》，可成定论。但我愿意替他补充一点意见，便是即玄字，乃镟之初文，象形。甲骨文有从此作之字如或（前编四卷七页六片），正像两手操镟而旋转之。玄音同镟，镟其后起字。镟主旋运，眩晕之病亦以旋运为其特征。眩晕则头昏目黑，故旋转为昏黑之意。转义固定而初义遂失，然玄犹存镟

_____

① 见林甘泉《从"私淑弟子"到得力助手——论郭沫若与尹达》。

之形，实无疑问。原稿似可登《历史研究》，请斟酌。

郭沫若　十一、十六

杨向奎的《释"不玄冥"》后来在《历史研究》1955 年第一期上刊登。

有时，郭沫若也让尹达帮他处理一些事务性的工作。《两周金文辞大系图录》是郭沫若在 20 世纪 30 年代流亡日本时的著作，由东京求文堂出版社出版，郭沫若有意增订再版。1954 年 8 月，著名的古文字学家容庚得知消息后，致函郭沫若，愿对《两周金文辞大系图录》初版的修订再版"少尽校对之责"，并提出些修改意见，进行商榷。郭沫若将容庚的信函转交给尹达，建议把《两周金文辞大系图录》作为一所的出版物出版，并请容庚核校补充。

郭沫若与容庚是旧交，其藏书以金石、丛帖为丰。1929 年，郭沫若在日本研究文学和古史时，也研究古文字，但苦于资料奇缺，无人讨论，便致函求助借书、金石拓片等。容庚大气慷慨，遂将珍贵的史料、书籍《殷墟书契前编》等借给远在日本的郭沫若，并讨论学术问题，才使郭沫若的大作《甲骨文字研究》《殷周青铜器铭文研究》《两周金文辞大系图录》顺利出炉。

尹达与容庚取得联系后，多次与其商讨沟通，对《两周金文辞大系图录》进行修改、校对、补充。容庚将校对好的书稿寄给尹达，尹达再送与郭沫若。郭沫若补充和修改后，再由尹达寄与容庚。该书于 1957 年 12 月由科学出版社出版。出版时，尹达尊重原著作者的版权，作者署名仍为郭沫若，而非历史研究所。

1954 年 11 月，中国著名的古文字学家、篆刻家商承祚欲再版《殷墟文字类编》。可以说，该书是一部比较完备的甲骨文字典。商承祚不仅对甲骨文已有的资料进行研究和诠释，还对新资料进行整理和考释。商承祚与容庚商议后，决定再版《殷墟文字类编》时，将新内容充实

尹达母亲尹氏与尹达长子尹健、次子尹正

进去。因 1923 年出版《殷墟文字类编》时是木刻本，所以再版还须找能篆书、雕刻的人参与其中。商承祚将人选物色好后，便致函郭沫若，"有意重新整理《殷墟文字类编》"，"近物色得一人，能篆书，可以协助，但需补助其生活费用"。商承祚信中还说，"鉨文和货币文，为春秋战国时期文字之另一种，迄无一部比较完备或尚无成书"，"亦欲另成之"。

　　郭沫若对"鉨文和货币文"能成书一事非常感兴趣，认为再版《殷墟文字类编》之事可稍往后放。同时，郭沫若将商承祚的《殷墟文字类编》与孙海波的《甲骨文编》比较，认为孙海波的《甲骨文编》更精湛、更有学术价值，于是函告尹达，让其一并操作。

　　尹达同志：

　　　　我觉得可以津贴他，请他先搞鉨文和货币文。孙海波有《甲骨文编》似比商的类编好。不知孙今在何处，该书似可考虑补充校印。望你考虑一下，望可函复（由院或所拟稿）。

　　　　　　　　　　　　　　　　　　　郭沫若　十一、二十

高岚在北京照

尹达迅速行动，即与商承祚取得联系，将郭沫若的意思转达给商承祚，并答应补助辅助商承祚搞"鉨文""货币文"的研究人员。

孙海波是著名的古文字学家，其代表作《甲骨文编》，1934 年由哈佛燕京学社出版，相当于一部殷墟甲骨刻辞的字典。尹达费了不少周折才找到孙海波，此时，孙海波在重庆北碚西南师范学院任教授。尹达即以中国科学院历史研究所的名义给孙海波发函，望孙海波能将其书进行修改补充再版。孙海波不日回函，称悉听尊便，乐行其为。

尹达将任务完成后，再将过程和结果函复郭沫若。尹达做事有始有终，郭沫若对尹达的处事风格、办事能力非常满意。

尹达刚进北平时分的两间小民居，后来与人调换到东四干面胡同 61 号，是一间半房子，尽管小了点，但离上班的地方近了些，省去很多时间。

后来，尹达与高岚又搬到地坛附近，1954 年 5 月，三儿子出生，因是在地坛出生，所以取名尹地。

　　1954 年夏，中南局撤销，赵毅敏调任文化部部长、中共中央国际活动指导委员会副书记、中共中央对外联络部副部长兼国务院外事办副主任等职，凌莎任首都师范大学校长一职。尹达母亲随赵毅敏从武汉来到北京。此时，尹达才得以与母亲、哥哥一家在北京团聚。

三　红山文化

　　尽管事务繁忙，工作千头万绪，尹达还是静下心来，重新审视《中国原始社会》一书的正误，决定将第一编第二篇改写为《中国新石器时代》出版。其间他多次拜访梁思永，尽管梁思永的病情每况愈下，但仍坚持为尹达改稿子。尹达不忍，劝他先养病。梁思永却说，身体已发出了要走的信息，趁还能做事，尽早把事情做好，免得撒手而去，将这几十年积累的学问和经验一并带进棺材，他不想就这么走了，要将自己的发现留在这个世上。尹达懂梁思永的心情，亲自下厨为梁思永煲粥，盼望老师养好身体，多留些时日。此刻，陪伴是对师恩最好的报答。

　　梁思永从尹达的书稿中发现了一些问题，提出了很多宝贵意见。梁思永还提议尹达应将赤峰发掘情况编入书中，这使尹达受益匪浅，增添了这本书在史学界的分量。

　　梁思永上次住院后，经过四个月的在院治疗，病情稍有好转，出院回到家，仍觉头痛失眠，胸闷气短。1954 年 2 月 23 日，梁思永再次入院治疗，左肺已没有生理功能，又患有严重的心脏病，经医治无效，于 1954 年 4 月 2 日不幸病逝，时年 50 岁。梁思永堪称中国第一位考古专业学者，50 年短暂的人生历程，如流星一般，转瞬即逝却光芒耀眼。

　　噩耗传来，尹达万分悲痛。老师驾鹤西去，给尹达留下了长长的思念与回忆。4 月 13 日，尹达撰写纪念文章《悼念梁思永先生》，将老师的人品、一生功绩和对中国考古事业的贡献，以及对老师的思念等等，一并抒写在文章里：

> 思永先生……一九三〇年回国之后，参加了前"中央研究院"历史语言研究所考古组的工作。发掘过黑龙江昂昂溪的新石器时代遗址，调查过热河境内各地的新石器时代遗存，参加过山东历城城子崖的发掘工作；在河南曾参加过殷墟发掘，主持后冈遗址的发掘，领导安阳西北冈殷陵的大规模的发掘工作。从一九三〇年到一九三五年，思永先生大部分时间和精力都用之于田野的调查和发掘的考古工作。

> 1931 年的春天和秋天，思永先生主持河南安阳的后冈遗址发掘工作，在这里找到了小屯文化、龙山文化和仰韶文化之具体的层位关系，从这样明显的堆积现象上，确定了龙山文化早于小屯文化而晚于仰韶文化，最少也应当说在河南北部这三种文化的时代序列是基本上肯定了。这好像是一把"钥匙"，有了它，才能打开中国考古学中这样的关键问题；有了它，才把猜不破的谜底戳穿了。这是中国新石器时代考古发展中的一个极其重要的转折点。这功绩应当归之于思永先生。

> 思永先生之所以能够掌握这把钥匙，绝不是偶然的机运，这和他丰富的田野考古经验及深刻的中国新石器时代遗存的学力是分不开的。思永先生曾参加过小屯村殷墟的发掘工作，由于他的参加，才把殷墟的考古发掘提高到应有的科学水平，才把殷墟发掘工作中存在的混乱局面澄清；因之思永先生对殷代的遗物遗迹也获得了具体而深入的认识。同时，思永先生对仰韶文化遗存，也有相当研究，他曾具体的分析过山西夏县西阴村的陶器，并写成了《山西西阴村史前遗址中的新石器时代的陶器》一书。且思永先生是龙山遗

址的发掘者和整理者，因之对龙山文化遗存的特征就十分清楚，以这三方面的具体认识为基础，通过精细的发掘工作，很自然地会把后冈这样复杂错综的堆积关系找出清楚的眉目来，找到解决这一关键问题的锁钥。我们仔细去钻研思永先生的《后冈发掘小记》《小屯龙山与仰韶》和 1939 年写的《龙山文化》，就会看出他的结实的学力和精细的治学态度。

尹达充分肯定了梁思永的成就，同时，也称赞梁思永丰厚的学养和诚恳的研究态度。文章在《文物参考资料》第四期上刊登。

夏鼐也写了篇纪念梁思永的文章，交由尹达审阅。夏鼐怀念当年在安阳殷墟考古时与梁思永的生活点滴，说梁思永领导殷商陵墓发掘，几个陵墓同时开工，梁思永骑自行车在发掘工地来回穿梭，指导发掘，像俄国海军大将萨夫诺夫指挥战斗一样。尹达看后直截了当地对夏鼐说，梁先生是一位学者，不能做这样的比喻。夏鼐苦笑着说，拿掉拿掉。

4 月 18 日，中国科学院为悼念梁思永举行了纪念会，中国科学院院长郭沫若参加了纪念会，中国科学院副院长陶孟致悼词，尹达报告了梁思永的生平学术活动和成就。纪念会有 300 多人参加，史学界、考古学界的同人都为梁思永写了纪念文章，表达了哀思和深切怀念。

4 月下旬，尹达带着痛失师长的悲痛，与裴文中一起赴莫斯科参加苏联科学院历史学部考古学和民俗学科学大会。会间，与会人员纷纷参观莫斯科的异域风光，尹达无暇游览莫斯科明媚的春光和异域风情，而是躲在屋里认真汇总新中国成立以来在考古方面的发现与成就，于 4 月26 日撰写出《四年来中国考古工作中的新收获》一文。尹达从四个方面概述了新中国成立四年来考古方面较为突出的成就：新石器时代的发现及其综合研究；殷代遗址的新发现；战国时代遗存的新发现；汉代遗存的重要发现。此文发表于 10 月《文物参考资料》第十期上。

从莫斯科回来，尹达按梁思永的遗愿，开始撰写《关于赤峰红山后的新石器时代遗址》，作为《中国新石器时代》的补充。

赤峰红山后新石器时代遗址与梁思永渊源颇深。1923 年，梁思永清华大学毕业后到美国哈佛大学留学，研读考古学和人类学。其间，阅读了日本著名的民族学家、人类学家和考古学家鸟居龙藏和法国著名地质学家、古生物学家、考古学家桑志华撰写的赤峰考古调查研究的论著后，对赤峰文化遗址产生了浓厚的兴趣。1930 年梁思永哈佛大学硕士毕业回国后，到"中央研究院"历史语言研究所考古组工作。10 月下旬，他辗转来到热河、赤峰发掘，在热河、赤峰收获了新石器时期的石器和陶片等一大批文物。九一八事变爆发后，日军占领东北，对东北、内蒙一带的文化遗址进行文化侵略。1933 年 7 月 23 日，日本满蒙学术调查团，打着学术研究的旗号，在朝阳、凌源、兴隆、承德、赤峰等地，对一批新石器时代遗址进行调查，发掘两个月，出土了很多文物，满载而归。

日本人在东北对中国大肆进行文化掠夺的时候，梁思永正患肋膜炎住院治疗，直到 1934 年春才渐渐好转。秋天，梁思永在赤峰的发掘报告才得以发表。梁思永的考古报告，是中国考古学者的第一篇热河新石器时代文化专论。

1935 年夏，在日本被誉为"考古学之父"的滨田耕作来到赤峰，以满蒙学术调查团的名义，在赤峰进行大规模的考古发掘。滨田耕作本想发掘青铜器时代的石棺墓地，偶然发现了红山后的史前遗址，便改变初衷。发掘两处新石器时代居住遗址，31 处墓葬，人骨 29 具，动物骨 20 具，陶器等 16 件，玉石珠 38 颗，骨器 33 件，青铜器 14 件，采集品 1000 余件，全部带到日本京都帝国大学教研室。1938 年，滨田耕作等人将这次发掘报告整理为《赤峰红山后》，发表在日本的学术杂志上。

当时，日本内阁制定了欲灭亡中国必先灭亡满蒙的所谓大陆政策。日本的史学界、考古学界响应这一政策，打着历史研究的幌子，对中国东北、内蒙古东部地区进行了疯狂的考古和挖掘，目的就是炮制满蒙从来不属于中国和满蒙独立论。

梁思永不服，但碍于身体和时局等原因，一直没能将赤峰红山后文化遗址进行一个宣传说明和阐释，也一度成为梁思永的心病。

尹达遵照梁思永遗愿，将赤峰红山后遗址定为新石器时代遗址，"为长城南北两种新石器时代文化相互影响之后的新型的文化遗存"，"就红山后这一新石器时代遗址在陶器和石器的特点分析，这种文化遗存很可能是细石器文化和仰韶文化相互影响之后所产生的新的文化遗存。也就是说，是含有细石器文化和仰韶文化两种因素的文化遗存。我们可以名之为中国新石器时代的红山文化"。

尹达还强调，这一遗址的发现"对于长城南北新石器时代文化的相互关系问题，初步找到了解决的钥匙"。尹达完成了老师的遗愿，抨击和驳斥了日本学者所谓的依据。在《关于赤峰红山后的新石器时代遗址》一章里，尹达将赤峰红山后文化遗址正式命名为"红山文化"。

四　重操旧业

尹达在指导各省考古工作时，发现了一些问题，是个别省市在建设过程中，不注意保护文物，或没有文物保护的意识，使一些文化遗址以及未发掘的遗址遭到破坏。尹达看在眼里急在心上，1954年3月初，利用半月时间，写出《关于开展考古工作的建议》一文，刊登在《文物参考资料》第三期上。尹达提出，考古事业是一项伟大的工程，应与经济建设密切结合起来，亟待解决的问题是编写和出版考古学基本知识的书籍，培养考古工作者，提高考古队伍的素质，吸收业余考古工作者，积极宣传教育群众，开展文物保护工作：

> 我们祖国历史悠久，我们的祖先长期生活在祖国各地，遗留下
> 极其丰富的物质文化遗存；这部用实物积累而成的最真实的祖国历
> 史，一层层地保存在地下。地面上的遗迹遗物，虽说经过历代的破
> 坏，但依然存在着非常丰富的足以补正祖国历史的宝贵史料。它们
> 没有经过历代统治阶级歪曲，保留着当时当地劳动人民创造历史的
> 伟大业绩，将使我们有可能修正并充实祖国的历史，是应当万分珍
> 重的保存下来的，任何破坏都是不容许的。

> 现在祖国已进入经济建设的高潮，正在有计划地、加速地开展
> 重工业建设，大规模的工厂必然要在全国各地逐渐建造起来；随着
> 大工厂的建造，就必然出现不少的工业城市。这些建设所选择的地
> 方，往往会是比较丰富的遗址。如陕西的咸阳，河南的洛阳、郑
> 州、安阳等。随着工业建设的发展，交通运输业势必发展，铁路、
> 公路行将与日俱增地兴建起来。随着农村经济逐渐合作化，农业中
> 的水利工程，势必在各地逐渐地、较普遍地兴建起来。这就是说在
> 广大劳动人民积极建设中，在翻天覆地的祖国建设高潮中，势必触
> 及地下或地上的遗迹遗物，如果不在开工之前，将地下及地上的遗
> 迹遗物加以清理和保护，势将遭遇到某些损失，甚至遭到破坏。适
> 应着祖国建设的步伐，慎重地保存这部完整而真实的祖国历史，这
> 一沉重而繁难的担子就落在考古工作者的肩上了。

梁思永病逝后，夏鼐因其他原因提出辞职，推荐尹达来接替梁思永
考古所副所长之职。组织上留夏鼐仍任原职，并同意尹达来考古所任
职。1954 年 6 月，尹达被任命为中国科学院党组成员，兼任中国科学
院编译出版委员会副主任委员，同时还兼任考古研究所研究员、副所
长。考古研究所所长一职一直由郑振铎兼任，因郑振铎还有其他重要工
作，所以考古研究所的工作实际由尹达负责。

1954 年 4 月下旬，尹达（前右二）、裴文中（前右三）出席苏联科学院历史学部考古学和民俗学科学大会

尹达重操旧业，驾轻就熟。考古所的工作全面铺开后，考古工作人员就要派到基层去调查发掘。有基层工作经验的考古队，工作开展得很顺利，没经验的考古队，与当地产生一些误会和摩擦，发掘工作就难以顺利开展。尤其是领队，与基层打交道少，缺乏沟通经验会影响发掘进展。

新中国成立初期，由于考古研究所派出的考古队与地方产生矛盾，地方领导告状，后来就再也不能去发掘了，给考古工作造成的负面影响极大。1954 年夏，安志敏带着考古队到安阳殷墟发掘，因没与地方处理好关系，被困安阳，还不让回京。尹达乘火车连夜赶到安阳解决问题，考古所派徐锡台到山东去发掘，地方政府机关与民众联手抵制，发掘团进不了工地。尹达得知后立即出马，为其解围。考古工作队成员年轻气盛，不注意讲话方式，造成被动局面。尹达心中不悦，但也没直接批评，而是苦口婆心地教他们，吃一堑，长一智，以后要改改学生脾气，尊重地方的干部和老百姓，做好工作，才能圆满完成任务。

1954 年 9 月，考古研究所对半坡遗址进行大规模发掘，这是考古研究所成立以来第一次有组织、有计划、科学、规范的田野考古发掘。负责发掘的是石兴邦。尹达为此倾注很多的精力，对如何保护及建立半坡博物馆给予了很多的指导。

年底，考古研究所召集各个田野考古遗址发掘的负责人来京，参加业务汇报，副所长夏鼐主持会议。大家将发掘情况、出土文物、进展程度以及发掘过程中遇到的困难和解决办法等等，都作了详细的汇报。石兴邦汇报在半坡遗址发掘的方法时，尹达毫不客气地对他提出严肃的批评。尹达质问他，究竟是发掘还是搞破坏？基址保护不好，怎样建博物馆？这么重要的发掘，应当将这一遗址完整地保存下来，为我国史前学的研究建立一个基地。那里是黄河流域史前文明的象征，要高度重视。接着，尹达一连提了几个问题，让石兴邦回答。石兴邦回答关于组织发掘情况时，又没按尹达的要求去做。尹达又不给情面，狠狠批评起来。尹达是田野考古专家，批评得合情合理。石兴邦想得开，情愿接受批评。会议结束后，石兴邦主动找尹达请教建半坡博物馆事宜，尹达谈了自己的想法，石兴邦答应一定照办。

是年9月，尹达被推举为全国人大代表，出席第一届全国人民代表大会第一次会议。9月15日，全国人民代表大会第一次会议举行了隆重的开幕式，会议通过了中华人民共和国宪法，选举出中华人民共和国主席和全国人民代表大会常务委员会，选举出最高人民法院院长和最高人民检察院院长，尹达与1200多名人大代表投了票。

其间，尹达作为人大代表到河南大学等地视察。回到母校，尹达特别激动。尹达四叔刘绍骧的孙子刘增杰正在河南大学读中文系，是大二学生，得知尹达来校视察，便看望尹达。尹达非常关心母校的学风建设，当得知一部分学生不重视专业学习，虚度年华，热衷于搞运动、参与社会活动时，尹达十分忧虑，他语重心长地对刘增杰说："战争年代和解放以后，组织上要求我做学术组织工作，我服从了分配，牺牲了专业。心里想做的事（指考古研究），可能来不及做了。你在学校读书，条件不错，一定要沉下心来，在专业上有所追求。不要风风火火，跑来跑去的，浮在上面。要珍惜时间，认真读书，独立思考，要有真才实学。"刘增杰听从尹达的教诲，对学业很刻苦（后留校任教）。

尹达到中国科学院以后，开始思考中国史学和考古研究工作的发展和建设问题。经过深思熟虑，一个蓝图和规划展现在眼前，总的来说是一个中心和两个主轴，即在马克思主义理论的指导下，建立中国考古学体系和具有中国历史文化特色的中国通史及史学史研究体系。

针对建立中国的考古学体系，在尹达安排下，考古所出台了一系列措施和规划，为考古所绘就一个大的发展蓝图，规划、制定了具体的方案及研究实体。

首先，在考古学领域树立马克思主义唯物史观为指导思想。尹达依据苏联科学研究的经验，把考古学的历史地位和作用提升到一定的高度，同时，还写了一系列的论文，来阐明考古学是历史学科的组成部分，也是理论战线的一个重要阵地。考古学要以历史唯物主义为指导，从人类文化遗迹研究人类历史的演变过程。

指导思想确立后，尹达着手制订中国考古学体系发展规划，为中国考古学建立相应的机构和体制。尹达根据中国历史地域性、民族性发展的特点，将全国划分出若干个历史考古文化区，每区设立考古研究所及分所，并将这一规划具体落实在"十二年科学发展远景规划"里。尹达还内定了每个考古研究所的负责人，如东南分所负责人为南京的曾昭燏，东北分所负责人为沈阳的李文信，西南分所负责人为成都的冯汉骥，西北分所负责人定为西安的武伯纶，还有新疆分所、洛阳工作站等等，都作了规划安排。

其次，中科院考古所集中管理全国考古研究工作。中国科学院和文化部研究决定，考古发掘与研究的任务由考古所负责，文物政策的制定、文物史迹的保护及流散文物的收藏管理，由社会文化事务管理局（今文物局）负责，将各地的文物清理队（考古队）人员及设备移交给中国科学院考古所。

当时，中国科学院、文物局、北京大学已联合举办了 4 期考古培训班，培养了 400 多人的考古队伍，已能胜任地域性的随工清理和应急性的抢救发掘工作。这项工作在实施过程中出现了一些问题，工作推进被搁浅，造成遗憾。

为了论证和落实其规划，统一思想，把考古事业办好，1956 年 2 月，中科院和文化部联合在北京饭店召开第一次全国考古工作会议。中国科学院院长郭沫若、文化部部长茅盾、文化部副部长郑振铎等出席会议。全国各地的考古学家和各地文化部门的领导参加了盛会。当时，北京饭店会聚了来自全国各地考古学界的精英和学者。

会前有个不得不说的小插曲，尹达是这次会议的主要操办者，事务多，还要写发言稿，开会时间已到，尹达急匆匆赶往北京饭店门口，没想到北京饭店的保安将他拦住，尹达拿出会议证件，再三解释，可两个死脑筋的保安就是不放行。理由是尹达破衣烂衫的样子，不像个学者。主持人是尹达，尹达不到，会议无法开始。考古所的同志往门口张望时发现尹达正与保安纠缠，赶紧跑过去解围。

会议由尹达主持，郭沫若、茅盾、郑振铎都作了重要讲话，尹达还作了重要发言。

会议期间举行了学术讨论会，尹达的工作思路，关于考古事业的理论指导、政策方向、前景规划在会议上进行了讨论，为史学界和考古学界所接受，成为以后考古学界的工作规范。大家统一了思想，坚定了信心，朝着既定的方向，发展中国的考古事业。

开讨论会时，尹达坐在郭沫若身边，郭沫若悄悄劝尹达，以后衣着讲究些，新中国成立六七年了，衣衫褴褛的样子不能给祖国争光。尹达尴尬地笑了笑，说今后注意。郭沫若又说散会后让秘书带你做两套毛料中山装，以备今后出席各种会议和接待外宾及应酬时穿，得有个所长的样子嘛。尹达羞涩地笑着说，是是。郭沫若还说，以后我们接待外宾的机会很多，要走出国门，与国际上的史学界进行交流，不讲究不行。

尹达有句经典名言：人不能做衣服的奴隶。这次碰了壁，又受到郭沫若善意的提醒和批评，尹达也有所触动。平日里，尹达穿着娘亲手做的棉布鞋，鞋头破了洞，脚趾露了出来，因近段忙没回家，破洞还没顾上补。一件破旧棉袄，穿了好多年，还打着几个颜色反差很大的补丁，难怪保安将他拒之门外。①

尹达在秘书的陪同下，真就做了两套灰色毛料的中山装，还买了双黑色牛皮鞋。两套毛料衣服，一套春夏穿，一套秋冬穿。尹达身材高挑，面庞冷峻，皮鞋、中山装一穿，显得威武精干，洒脱自如，焕然一新。

实施规划，尹达先抓考古研究所的体制、人才、资料的建设。建学科，配齐科室和人员，新增碳14实验室和动物研究专业。从全国各地调集国内著名学者来考古研究所工作，聘请人类学专家颜訚先生主持体质人类学研究，陈梦家先生研究甲骨文。欲聘冯汉骥先生来主持民族考古学，尹达与地方上进行了艰难的交涉，终未能如愿。

在所内，尹达关心和爱护老专家学者，支持他们的研究，为他们配备助手，协助他们工作；实行老中青三结合的办法，师傅带徒弟，培养年轻的考古工作人员；另外，他尽最大努力去争取台湾和海外的学者归国研究，实行副博士学位。

机构健全、人员配齐后，尹达重视业务人才的培训。一次，他在考古所召开的全体会上要求："研究型人才的培养是个大问题，没有足够

---

① 高岚访谈。

数量的高水平的研究队伍，没有宏大的后盾力量，开创历史科学研究的新局面，就没有基本的保证。当前，要充分发挥老专家的骨干作用和中青年研究人员的生力军作用，同时要及早地考虑定向培养研究人才的方案，保证质量，把有研究水平的人才吸收进来。"尹达要求考古队伍，不仅政治思想好，本质业务精，还要道德品质好，即要培养德才兼备的干部队伍。

平时，尹达要求考古工作者要有理论基础，读书要读名著，读原著，说读原著不仅学到了理论，而且知道了很多历史事实。鼓励同志们学习马克思主义，掌握其立场、观点、方法，利用其理论和方法解决实际问题。

尹达兼职很多，几乎每天都有会议，有时一天开几个会议。对于考古所的工作，他抓大事、抓研究计划的制订，让考古所的其他业务人员去具体实施。

尹达与夏鼐同为考古所副所长，两人合作很好。夏鼐将工作抓得细致、认真，有时小事也要向尹达请示一番，尹达会严厉批评夏鼐，自己拿主意就是了，不要事事皆请示。

尽管事务繁忙，尹达也从未忘记搞学术研究，甚至熬到深夜，加班加点。夏鼐担心尹达的身体吃不消，就劝尹达，白天开会、工作，晚上加班写稿，不要命了？尹达说，学术领导者绝不能放弃自己的研究课题，仍要挤出时间来亲自摸索研究工作，否则是领导不好的。转而又批评夏鼐说，你也一样。夏鼐承认尹达说得有道理，说，是是。但他仍坚持劝尹达，不能将身体搞垮。尹达领情，向夏鼐保证12点前准时睡觉。

五　驳斥旧说

　　从 20 世纪 20 年代到 50 年代，尹达经过对新石器时代 30 年的研究，取得了一定的成绩，想做一个总结。1954 年 12 月 4 日，尹达撰写了《论我国新石器时代的研究工作》一文，明确了我国新石器时代大体上分为细石器文化、仰韶文化、龙山文化、东南硬陶文化四个不同的文化系统，并对这四个文化的特征、不同文化系统的先后序列进行了分析。文章中把地下遗存的资料整理出了一个眉目，并结合丰富的古代传说文化以及少数民族的现存资料，作了进一步的研究。文章发表在1955 年 2 月《考古通讯》第二期上，后收录于《中国新石器时代》。

　　是年年末，秘书放在尹达办公桌上四本刊物，均为瑞典地质学家、考古学家安特生与其同人的新作：1943 年出版的《远东古物馆馆刊》第十五期上发表的《中国史前史研究》，1945 年出版的《远东古物馆馆刊》第十七期上发表的《朱家寨遗址》，1946 年出版的《远东古物馆馆刊》第十八期上发表的《甘肃齐家坪与罗汉堂遗址》，1947 年出版的《远东古物馆馆刊》第十九期上发表的《河南史前遗址》。

　　尹达非常关注安特生对中国历史、考古的立论，迫不及待来读，发现安特生在他新的学术报告里，增加了很多考古内容，但对中国历史的分期问题、中国人种由何而来的问题，仍然是老腔调。安特生的旧说在国际上造成的影响尚未消除，其新著又在一部分历史学者中产生了影响。我国有些史学者视安特生为中国新石器时代考古的权威，对其崇拜，对他的理论深信不疑，写论著时继续引用和传播安特生的理论。

　　早在 1937 年夏，尹达在南京与安特生当面辩论，安特生已理屈词穷。是年 7 月 7 日，尹达针对安特生"中国人种西来说"重写《龙山文化与仰韶文化之分析》一文，进行了有理有据的辩论。安特生在新作里继续宣传他的"中国文化西来说"，旧说流毒尚未肃清，新说又继续泛滥，尹达岂能容忍。尹达想，还有继续批判安特生的必要。

　　尹达立即找裴文中商谈，两人在一起探讨了两次。裴文中的看法是：齐家坪遗址是晚于仰韶文化遗存的另一种不同的文化遗存，应该将齐家文化从仰韶文化中划分出来，另命名为"齐家文化"。

　　随后，又立即召开考古研究所会议，大家讨论安特生的新作及弊端。大家纷纷提出自己的意见和看法，最后达成共识。尹达不得不停下手中的工作，在综合考古所集体意见的基础上，撰写了《论中国新石器时代的分期问题——关于安特生中国新石器分期理论的分析》一文，进一步抨击安特生的谬误。初稿写出来后，尹达送给夏鼐看。因 1945 年夏鼐在甘肃宁定县齐家坪遗址附近做过调查，在魏家咀附近的阳洼湾找到了齐家坪类型的墓葬，还找到了齐家坪式文化遗存和仰韶期的层位关系。夏鼐在 1948 年《中国考古学报》第三期发表的《齐家期墓葬的新发现及其年代的改订》一文强调："我们居然找到了齐家文化期的墓葬。新发现的结果不仅对于齐家文化时代的埋葬风俗及人种特征方面，供给新材料；并且意外地又供给地层上的证据，使我们能确定这文化与甘肃仰韶文化二者年代先后的关系。"文中还写道："这次我们发掘所得的地层上的证据，可以证明甘肃仰韶文化是应该较齐家文化为早。"1949 年，夏鼐在甘肃临洮的寺洼山发掘，认为马家窑遗址文化和河南的仰韶文化有很多不同的地方，不应该采用安特生所谓的"甘肃仰韶文化"的说法，而应另定名称——马家窑文化。

　　尹达针对安特生新著的观点，着重论述先前未及深入研究的不召寨遗存、齐家坪遗存，指出不召寨是纯粹的龙山文化遗址，齐家坪遗址是晚于仰韶文化遗存的另一种不同的文化遗存。安特生对中国新石器时代分期的基本理论建筑在"单色陶器"早于"彩色陶器"之上，而尹达几十年的考古实践所掌握的资料，证明安特生的理论是错误的，安特生对甘肃新石器时代的分期即"相对年代"和"绝对年代"都是错误的。

尹达参考了20世纪40年代以后尤其是新中国成立后对新石器时代遗址的新发掘，如：1951年中国科学院考古研究所在渑池县作过调查，证实了不召寨遗址属于龙山文化系统，在不召寨西约五里地的下城头发现了仰韶文化遗址，在杨河发现了和不召寨相同的龙山文化遗址。安志敏、王伯洪等学者对河南西部新石器时代文化的考古调查发现，河南西部确实存在着两种新石器时代末期的文化遗存，即仰韶文化和龙山文化，而且这两种文化遗址往往相距很近。他们将调查发现写入《河南陕县灵宝考古调查记》中。

通过对新材料的分析及田野考古深挖后看到的文化堆积，尹达断定："不召寨是纯粹的龙山文化遗址；仰韶村遗址里有龙山文化的墓葬。河南西部有龙山文化和仰韶文化两种遗址的存在。大体上仰韶文化早于龙山文化。那么，安特生所假设的'单色陶器'早于'彩色陶器'的基点就站不住了，他为这一错误论点所做的辩护也就不攻自破了。"

尹达在论文的最后，反复强调："我们应当用科学的方法，综合大量关于我国新石器时代的新资料，早日建立起我国新石器时代分期的标准来。"

文章写好后，尹达再次请考古所的专家们进行论证，1955年4月7日《论中国新石器时代的分期问题——关于安特生中国新石器分期理论的分析》完稿定论，9月刊登于《考古学报》第九期上。

自4月到6月两个月的时间里，尹达又将《中国原始社会》第一编第二篇《中国氏族社会》改写成《中国新石器时代》，将《论中国新石器时代的分期问题——关于安特生中国新石器分期理论的分析》一文也编入《中国新石器时代》一书，试图突破安特生的错误体系，建立中国新石器时代的新体系。

1955 年 6 月，尹达被选为中国科学院哲学社会科学部委员、常务委员。

8 月 3 日，尹达为《中国新石器时代》写完后记，便请郭沫若为该书题写书名。10 月，三联书店出版了《中国新石器时代》一书。

《中国新石器时代》出版后，尹达经过审慎的思考，发现《论我国新石器时代的研究工作》一文，有些定义不够妥当，如"硬陶文化""几何印纹硬陶"等等，于是，11 月 5 日，尹达又撰《关于"硬陶文化"的问题》一文。尹达声明，在没有标准的遗址之前，权且暂时使用，但绝不能说是一种长期的正确的方法，还说，该书中"所用的两个印纹陶器的图片，就更不足以代表这种文化"，特意加印了一页进行更正，以免误人。后发表于 1956 年 1 月《考古通讯》第一期上。

六 青岛寻亲

1955 年夏，尹达借青岛出差之机来看望发妻。女儿已从青岛海军某部队转业到青岛市公安局侦查科工作，分了房，将耿作明接到青岛一起生活。女儿长大了，能照顾妈妈了，这让尹达感到了欣慰。革命成功了，人民过上了欣欣向荣的幸福生活，可尹达对耿作明一直有隐隐的思念和歉疚，想见个面说说话。

尹达一到青岛，脑子里便浮现出 1951 年来青岛寻找女儿的经历。

1951 年夏，尹达带着地址到中国人民志愿军青岛某部队找女儿。到部队驻地后，竟查无此人。于是，尹达又通过当地政府与部队联系，也未找到。就在准备返程之际，传来了好消息，说刘淑莲已找到，她在部队的名字叫刘增珍，此刻，正在海滨练习游泳。

刘淑莲改名之事尹达不知情，所以费尽了周折。这里有一个故事：

1948 年滑县解放后，尹氏带淑莲从娘家尹庄回到牛屯老宅，耿作明也从娘家长垣县马村回到了牛屯。此时，尹达中学同学于明瑞在牛屯教书，得知淑莲回到牛屯时就资助她到牛屯小学读书。几个月后，于明瑞调到道口中学教书，又将淑莲接到道口中学上学。淑莲读书少，基础差，学习跟不上，于明瑞不分昼夜帮淑莲补课。淑莲学不会，压力很大，于明瑞批评淑莲说，你爸爸是考古专家，将来全国解放了他会来接你的，没文化能成？从此，淑莲学习非常刻苦。有一天，于明瑞告诉淑莲，刘家这代人是增字辈儿，给你改个名字吧。从此，刘淑莲改成了刘增珍。读书期间，刘增珍认识一位男同学叫刘俊秀。刘俊秀人聪明、干练，学习好，经常帮刘增珍补课，两人日久生情，互有好感。1950 年年底刘增珍与刘俊秀一起参加了中国人民解放军，在青岛某海军部队服役。随后，刘俊秀与刘增珍又加入了中国人民志愿军，刘增珍被分配在部队后勤部，刘俊秀到汽车连。1951 年年初刘俊秀去朝鲜战场之前，在北京参加集训。刘增珍得知刘俊秀在北京集训便写信给他，说 1949 年夏，伯伯赵毅敏回乡时告诉她，爸爸原名刘燿，去延安后改名尹达，现在北京，让刘俊秀替她寻找爸爸。若见到爸爸，就说他是刘淑莲的未婚夫，爸爸不知道刘增珍这个名字。于是，刘俊秀就留心寻找。部队负责训练的首长得知这个消息后，替刘俊秀找到了尹达。此时，尹达在中国人民大学工作。刘俊秀在中国人民大学中国历史教研室找到了尹达。

刘俊秀一见尹达，先敬军礼，再问爸爸好。正伏案看书的尹达被面前这个年轻的军人搞蒙了，疑惑地看着刘俊秀问，你找谁？刘俊秀说，他叫刘俊秀，是刘淑莲的未婚夫。尹达这才恍然大悟，原来是女儿托女婿找上门来的。得知刘俊秀、刘淑莲已参加中国人民志愿军，尹达感到无比的欣慰。尹达对女婿提出了很高的要求，希望他在部队受到锻炼，战场勇猛杀敌，为祖国争光，平时一定要注意读书学习。刘俊秀还留下了他俩所在部队的番号和地址。刘俊秀只顾激动兴奋，竟忘了将刘淑莲改名刘增珍之事告诉尹达。所以，尹达给女儿多次写信，一直未有回音。尹达想，女儿是不是在抗美援朝战场上牺牲了？思女心切的尹达于1951年夏来青岛寻找女儿。

1951年夏，烈焰炙烤着大地，尹达在青岛市政府领导与部队领导的陪同下，乘坐吉普车来到海边部队游泳训练场。

海军部队对新兵的训练很严格，几乎每天都要练习游泳，此时，刘增珍正在浅海畅游，忽听岸边有人喊：刘增珍刘增珍，有人找。

刘增珍迅速浮出水面，走到海边，在沙滩上逡巡半个圆，见几个陌生人向她走来。因刚从海水中游出来，梨花带雨一般。部队领导见状赶紧跑过去，让刘增珍穿好衣服。刘增珍认为要执行什么特殊任务，迅速穿戴整齐，跟着部队首长与迎面而来的一行人会合。

尹达一眼便认出女儿，激动地说，妮儿，淑莲，你认识我不？刘增珍站定，默默地盯着来人看了会儿，迟疑着说，不认识啊！

首长哈哈大笑起来，说，看来父女面对面也认不出了呀！刘增珍，他是你父亲，中国人民大学研究部副部长尹达同志。

刘增珍这才认出尹达来，跑上前，喊了声爸爸……竟号啕大哭起来。

父女十几年没见面了，尹达离开家乡时，刘增珍还是个八九岁的孩子，一眨眼女儿变成了飒爽英姿的志愿军战士，尹达流出了幸福的泪水。尹达与女儿在海边聊了些旧事和家里的情况，因急着回程，与女儿匆匆见了一面便乘吉普车离开了海边。

一晃四五年过去了，刘增珍已转业到青岛市公安局工作，尹达按地址找到刘增珍的办公室，一见女儿就说，走，看恁娘去。尹达与女儿疾步如风，不大会就到青岛市公安局家属院，由于激动，女儿离门口老远就喊，娘，娘，你看谁来了？

有点发福的耿作明慢慢撩开帘子，望着尹达看了会儿，幽怨地说，那不是你爹吗？走到天边，也能认出他来。说完，竟放下帘子，扭头回了屋。

尹达苦笑了笑，说，还挺记仇呢。

刘增珍一把将父亲拉进屋里，倒了满满一茶缸水，双手捧着递给尹达。

天太热，出汗也多，尹达接过女儿递过来的水一饮而尽，然后吩咐女儿去买菜，说他想吃手擀面条。其实，尹达是想单独与耿作明说说话。女儿理解，一溜烟儿跑出了门外。

耿作明低着头坐在一旁，故意不看尹达。尹达长吁短叹几声道，你辛苦了！耿作明倒也通情达理，说尹达随公家南征北战，也不容易。尹达发现耿作明头发白了，沧桑了许多。尹达再叹，时间真快啊！一晃十几年过去了。耿作明也叹，老了。尹达说，岁月不饶人啊，都老了。问耿作明，青岛还住得惯吗？耿作明不耐烦地答，女儿在哪儿，哪儿就是家，自个儿家有啥惯不惯的。显然对尹达有怨气。尹达从衣兜里掏出些钱放在桌上说，来时匆忙没顾上买东西，自己想买啥买吧。

耿作明忽然忆起解放前尹达在"中央研究院"工作时薪酬高，每每回家都要买些衣物、食品什么的，那时她多快乐多幸福啊，全村人都羡慕她。想到这里，耿作明突然被一种莫名的悲情左右着，哇的一声大哭起来，边哭边数落尹达，说尹达一去延安就不要她了。

尹达还叹，唉！那时谁也不知战争什么时候能结束，怨也好恨也好，打也好，都随你。耿作明哭着说，不说了，都过去了。尹达道歉，承认对不住耿作明，这些年没照顾好她们，希望耿作明遇到合适的人，考虑改嫁。

或许是改嫁二字，触动了耿作明那根倔强的神经，耿作明愤怒地撑

20 世纪 50 年代，耿作明、刘增
珍在青岛

尹达，谁稀罕嫁人。

两人谈话尽管拘谨了些，情绪了些，但毕竟是老夫老妻。虽爱得不
多，但亲情依旧。尹达说，看看，倔驴脾气又来了不是。耿作明便止住
了哭。尹达安慰耿作明，说往后每月给耿作明寄些钱来，贴补她和女儿
的生活。耿作明这才消了气。

此时，女儿将做好的饭菜端上来，一家三口围着小桌吃了顿团圆
饭。

尹达吃完饭，又与女儿拉会儿家常，了解女儿、女婿的工作情况，
给女儿留下联系地址，然后乘等候在院子里的车回到宾馆。

尹达走后，刘增珍追问母亲，爸爸都说了啥。耿作明怼了句，他能
说啥。刘增珍劝母亲，不要责怪爸爸，他在外也需要有人照顾，爸爸能
活着就是咱娘俩的福分。爸爸没音信那些年，你天天烧香磕头，求神仙
保佑他平平安安地活着。耿作明再撑刘增珍，说让他活着，没让他娶

小。刘增珍劝耿作明说，爸爸来了，应开心才对。耿作明一挥手说，算了算了，他已承认错误了。杀人不过头点地，不与他计较了。其实，在耿作明心里早已原谅了尹达。

一年后刘增珍因工作成绩突出，被提拔为青岛市公安局侦查科科长一职。

七　搭架招人

历史所的工作刚刚起步，郭沫若便想齐头并进。他在1953年冬就想在上古所成立"译古组"，那时，历史研究所尚未成立。因人员、场所、经费问题，一直拖延着，没能解决。

郭沫若与四川文化名人周孝怀（周善培）交往密切，这个人对白话译经很感兴趣，1953年通过何北衡向郭沫若建议，中国科学院应成立"译经组"。郭沫若将这个事情交给刘大年来论证，1953年12月给刘大年的信中说："我意在上古所中附设一'译古组'，恐有必要。"那时历史一所、二所尚未成立，"上古所"就是原来拟定的历史一所。历史一所、二所成立两年后，郭沫若仍想将这个组织成立起来，所以就将这个事情交由尹达来办。

郭沫若交给尹达筹建"译古组"，又是一个艰巨的任务，需要筹备、选人，到各单位去协调要人，调人要找组织下文件，还要搞好他们的待遇，落实办公地址，落实办公条件、生活待遇等等，非常烦琐，郭沫若给尹达讲，先搭架再招人。于是，郭沫若介绍何北衡与尹达面议。

尹达同志：

何北衡同志来，交来周孝怀老先生关于古籍诠译的意见和方案

（原件请打出后交还孝老），现由北衡兄当面交您，请仔细商讨。我有几点意思写在下边。

①诠译馆的经费，望催办公厅，及早核定，可以略照原拟数目增加一些。图书购买费应予以考虑。

②馆长仍请周孝老担任，但需一助手帮忙，北衡兄愿任此事，似可由北衡兄任副职，或其他名义。

③上海房屋，北衡兄言他有办法，他不久将往上海一行。望备一信由北衡兄持交上海办事处，以便取得联系。

④其他应办事件，由北衡兄面谈，请商酌决定。

郭沫若
三、十八

1955 夏，何北衡拿着郭沫若的手书找到尹达，与尹达切磋成立古籍诠译馆事宜。但考虑周孝怀年事已高，行动不便，又定居上海，为照顾周孝怀，尹达与何北衡商议将古籍诠译馆设在上海，隶属研究所一所。由何北衡去上海目测办公地点，尹达还在历史一所挑选一个年轻人去上海协助何北衡。因经费未果，后来这个事就不了了之。

这年，尹达很忙，不仅操劳历史所的工作，要参与一些社会活动，有些事情很具体，还要亲自去协调。

7 月 5 日，尹达出席第一届全国人民代表大会第二次会议，会议一直到 7 月 30 日才结束。其间，尹达接郭沫若函，郭沫若让尹达以历史一所的名义，速速给他买一本旧书稿。

尹达同志：

附上彭元瑞函，请一阅。所谈原稿，系王先谦《管子集释》原稿。该书尚未印行，杨树达（遇夫）曾为之序，因散失，近始探得下落。我建议历史第一所将它买下，我急想参考。似可请杨遇夫先生为中介，较为牢靠。可寄三百二十元（说明邮资在内）去，请遇夫先生点验原稿无误后，再成交易。寄款时可同时给彭君一信。书到后，望即送我处，以快先睹。

郭沫若

五五·七·八

尹达知道，郭沫若 1953 年得到一部许维遹与闻一多合著的《管子校释》的未完稿。但这部未完稿因没保存好，有的书页发黄，字迹锈斑，看不清楚。郭沫若看过这部未完书稿后，突然萌发了校注《管子》的想法，但仅有许维遹、闻一多这部残稿还不够，郭沫若想征集多版的《管子》校译本，作《管子集校》的计划。从 1954 年开始，尹达从历史一所抽调张德钧、任林圃两个人给郭沫若当助手，校注《管子》。张德钧和任林圃是古文字专家，对文献研究颇有造诣。郭沫若在校译《管子》的过程中得知，王先谦有一《管子集释》稿本，杨树达曾为稿本作序。郭沫若赶紧写信与杨树达联系，请杨树达查找《管子集释》稿本的下落。杨树达与王先谦的家属取得联系，家属答应可转让。郭沫若很高兴，速安排尹达以历史所的名义买下来，作为《管子集校》的参考书。

尹达让一所图书馆出钱，将王先谦的书稿买下后，为不耽误郭沫若集校《管子》，趁会议讨论时，送与郭沫若。《管子集校》这部书，经过郭沫若及两个助手十多个月的辛勤劳动，终于出炉。

搞历史研究需要更多的专业研究人才，为聘请历史研究所的兼职人员，尹达费尽周折，经过几个月的周旋，与相关单位的领导进行联系，做了大量的工作，与所聘请的专家学者也进行了认真的沟通，万事俱备，尹达草拟一份报告，两个附件转交郭沫若。

张副院长并

转郭院长：

历史研究所第一所，成立业已年余，而高级研究人员至今未能调配，工作进行甚为困难。年来也曾多方设法，但调配的专任高级研究人员，最近几年恐仍不甚可能。

我们考虑至再，认为聘请在京及京外的科学家以兼任本所研究人员，使在一定期间完成一定研究任务，是十分必要的，同时为他们配备一定助理人员，协助工作，也能够在三五年内培养一些青年干部。只要计划搞得适当，组织工作搞得周密些，我们认为这是一个切合实际的方案。另拟"办法草案"请审阅批示。

根据这一原则，拟聘北京大学教授张政烺、四川大学徐仲舒、山东大学杨向奎以及武汉大学唐长孺四位兼任我所研究员；另详附件。山东大学已为杨向奎于应届毕业生选配了两位助手。

以上四人都和高等教育部黄部长交换了意见，他已初步同意。我院如果同意，望能与高等教育部函商，以便早日确定。这一办法是否可行？望批示。

敬礼！

尹达

五五·十月五日

附件一：高等学校的科学家在中国科学院历史研究所一所兼任研究员的暂行办法（草案）；

附件二：历史研究所第一所拟聘兼任研究员名单。

尹达将呈请草案转交给郭沫若。郭沫若赞同尹达的想法，不久报告得到批示，所述情况也得到落实，张政烺、徐中舒、杨向奎、唐长孺四位教授成为历史研究所一所的兼任研究员。随后，又将张政烺、杨向奎正式调入历史研究所为研究员。

接着，尹达会同有关方面拟定一份《历史研究所第一所拟聘学术委员名单》，报送郭沫若。

　1. 郭沫若　学部委员；

　2. 嵇文甫　河南师范学院院长；

　3. 翦伯赞　北京大学历史系主任，学部委员；

　4. 吕振羽　学部委员、党员；

　5. 张政烺　北京大学历史系教授；

　6. 周一良　北京大学历史系教授；

　7. 邓　拓　人民日报总编辑、学部委员、党员；

　8. 徐仲舒　四川大学历史系教授；

　9. 杨向奎　山东大学历史系教授；

　10. 顾颉刚　历史研究所一所研究员；

　11. 尚　钺　中国人民大学历史教研室主任、党员；

　12. 唐长孺　武汉大学历史系主任；

　13. 唐　兰　故宫博物院学术委员工作；

　14. 尹　达　本所学部委员。

郭沫若看了这份名单后，对尹达的工作思路和长远规划非常满意，但一看到他的名字排在第一位，顾虑重重，当即就在名单下作了批示：

尹达同志：

　　一所事，连所长名义我都久想辞掉。学委中千万不要列名。我最怕开会，耳朵聋，实在也没有办法。我并非消极，我天天也在做事。但空头名衔太多，于心实难安。其他各位都同意，顾既可列入，则上海的周、广州的容，似亦可考虑也。

　　　　　　　　　　　　　　　　　　　　　　　　郭沫若

　　　　　　　　　　　　　　　　　　　　　　十、十一

郭沫若的批示转来后，尹达按批示又增加了周谷城、容庚，由16人组成历史研究所第一所第一届学术委员会。

此时，有人转给尹达一部山东大学已故教授丁山的遗著《甲骨文所见氏族及其制度》，尹达看后认为很有见地，对甲骨文的研究有所推动，就将此书送与郭沫若，并附言：丁山教授研究中国古代史，功底相当，绝非一日之功。这部书也是他多年研究的成果。

郭沫若看后很快复函：

尹达同志：

丁山《甲骨文所见氏族制度》，我速看了一遍。创见颇多。所揭示之氏族，用卜辞与金文相互参政，大抵可信。前三分之一，我同意发表。唯所用辞汇，有些地方欠妥，我已代改了三两处，尚未尽……此等处，无法改易，但与其文主旨无碍。

郭沫若

五五·十·二十

遵郭沫若叮嘱，尹达将丁山教授遗著的部分内容在《历史研究》上发表。

此外，还有些稿件是通过郭沫若转给尹达的，尹达也会尽力发表；有学者向郭沫若写求职信，郭沫若也一并将信函转给尹达来处理；还有一些学者，有研究成果，苦于经济压力未能出版，也向郭沫若写信，并提出要稿费。每遇到这种情况，郭沫若也会写信让尹达想办法解决。可见郭沫若重视学者的研究成果，更重视学有专长的人。

中央和中宣部对历史所非常重视，很快充实一批著名的史学家来所里工作。一所调来了顾颉刚、杨向奎、胡厚宣、张政烺等，二所调来了贺昌群、谢国帧、王毓铨等。除顾颉刚、谢国帧年纪稍长外，其他均为中年学者，壮大了史学研究的力量。

一所的工作开展一年多来，积累了一些经验，取得了一些成果，同时也暴露出一些问题，尹达静下心来，认真归纳梳理，将存在和亟待解决的问题，以及需要改进的地方整理出来，于 10 月 31 日撰写出《关于

尹达（前排左一）、侯外庐（前排左三）、张政烺
（前排右一）等在历史研究所3号楼门前与来访外宾合
影留念

历史科学工作的现状和改进的意见》，初稿出炉后，又经多次修改，以文件形式呈报中国科学院学部委员会，通过讨论后付诸实施。

是年，日本邀中国专家学者参加学术会议，中国科学院成立了访日科学代表团，郭沫若为团长，尹达也在被邀之列。11月27日，一行10人从北京转香港。当日他们在香港登上荷兰飞往日本的客机。飞机起飞后，发生故障，又飞回香港。12月1日，他们再次乘机飞日本。

会议期间，代表团多次与明治大学考古学研究室的专家学者进行座谈和学术交流。与会记者纷纷采访尹达，尹达向媒体介绍了新中国的史学成就。访问于12月25日结束，于12月28日离开日本，先到上海，再到北京。

访问归来，因《历史研究》发刊任务较重，尹达从外围调来几个人，编辑部增加到六个人，张云非担任编辑部组长。人员增加了，编辑部容纳不下，经尹达多次呼吁，1956年年初，历史研究所第一、二所，及《历史研究》编辑部搬到东四头条一号院的东隔壁"九爷府"。"九爷府"房产归属中国科学院，"九爷府"的后院也分给了一所、二所。自此，历史研究所一所、二所才算有了宽敞的办公地点。

八　远景规划

1956 年，尹达迈入了一个人生节点——50 周岁，这年，天降大任于斯人也，历史的重任再次落在了他的肩上。

1956 年年初，党中央发出"向科学进军"的号召，要求制定"十二年科技远景规划"，将这个任务交由中宣部负责。中宣部设置了几个小组，尹达被安排在历史小组。历史小组共 11 位成员，其中 4 位来自中国科学院历史研究所，尹达、陈垣、侯外庐、向达。中宣部指定历史方面的相关规划由尹达负责来起草。尹达在一个月里，起草了《发展历史科学——关于培养历史科学人才的十二年远景规划草案》。《草案》经历史小组反复讨论、推敲、修改，最后命题为《1956 年—1967 年社会科学远景规划纲要草案》，对历史学科的建设和部署做了详细的规划，涉及学科的各个方面，且与学科现状紧密相连，用于指导实践。

"远景规划"草案完成后，中国科学院又交给尹达一个任务，历史研究所要肩负起培养历史人才、学习中国历史的重任，尹达又撰写了《编写中国历史教科书计划草案》，大致分以下六个方面的设想：

一、全书暂定 100 万字。中国历史教科书的叙述上限是从旧石器时代，下限到 1949 年中华人民共和国成立。

二、成立中国历史教科书编辑委员会，历史教科书编辑委员会由 36 位史学家组成，郭沫若负责全面编写工作。

三、殷周组由尹达负责，秦汉组、魏晋南北朝组由翦伯赞负责，隋唐组由向达负责，宋辽金元组由邵盾正负责，明清组由吴晗负责，近代现代组由范文澜负责。教科书中的插图由中国科学院考古研究所负责，地图由谭其骧负责，索引、年表由聂崇岐负责。

四、成立中国历史教科书编辑委员会编审小组，由 7 人组成，郭沫若任组长，组员：陈寅恪、陈垣、范文澜、翦伯赞、尹达、刘大年，负责组织写稿和审稿等工作。

五、教科书中关于奴隶制和封建制的分期，采用郭沫若的主张，即殷周为奴隶社会，战国以后为封建社会。

六、教科书体例：文字要现代化，不直接引用原始材料，必要时加注释。

2 月 8 日，《编写中国历史教科书计划草案》草稿出炉，经过广泛征求意见和历史研究所同人的认真讨论、商榷，最后达成了 1957 年必须完成初稿、三年或五年后定稿付印成书的意见。

作为历史研究领域的实际操刀者，针对如何进行历史学科的研究，尹达撰写了《改进历史学科的研究工作——为毛泽东同志发表〈改造我们的学习〉十五周年纪念而作》的文章。文章明确指出学风中存在着两种倾向：其一是"还没有'详细地占有资料'，还不能在辩证唯物主义和历史唯物主义的理论指导下，认真分析大量的客观事实，从而引出正确的结论。相反的往往是从马克思列宁主义的经典著作中的某些辞句出发，凭自己的主观想象臆造出来某种理论，然后东拼西凑，片面地摘引某些史料，以证实其早已安排好的结论"；其二"还存在着'只见树木不见森林'的烦琐作风，这种片面的支离破碎的治学方法，不可能从复杂错综的历史现象中找出客观事实的内在联系，不可能发见历史现象中存在着的客观规律"。

尹达对研究历史的方向和目的也进行了阐述："历史资料的搜集、保管、整理、编纂和出版，是发展历史科学的重要步骤，我们必须十分重视。""有关我国古代史和中古史的大量文献资料，考古的资料等，也大都还没有经过科学的整理和编纂，这就使得这方面的研究工作，产生极大困难。这些现象是极不正常的，必须及早组织人力，进行工作，拖延下去，就会造成很大的损失。"尹达严肃批评了有些史学工作者的弊病："作为史学工作者，对于历史资料采取漠不关心的态度，是决不允许的。"尹达对学术批评的诠释是"绝不能说已经十分健康了"，还存在着将他人提出的看法"看作是对自己的攻击，因而心怀不满，从感情上制造某种人为的隔阂"，甚至"以权威自居，盛气凌人地给提出不同意见的人以打击"。尹达强调："学术研究是一件细致的工作，批评任何一种理论或学说，都需要进行认真的科学分析。"文章 5 月 30 日在《人民日报》上发表后，在史学界引起了很大反响。

6 月 14 日，党和国家领导人接见参加制定"十二年科技远景规划"的科学家，毛泽东主席等国家领导人与参会人员一一握手。

延安时期毛泽东非常欣赏尹达，那时，毛泽东喜欢读历史典籍，读书多且精，有些经典句子能背下来。有时，毛泽东写文章欲引用，一时找不到出处，就派人找尹达查出处。

6 月 15 日，第一届全国人民代表大会第三次会议召开，尹达作为史学界的代表参加了盛会。尹达边开会边筹备中国历史教科书编辑委员会。

经过几个月的酝酿筹备，《中国历史》教科书编辑委员会终于成立了。机构组建起来后，尹达考虑如何开展工作和进行分工，先呈请郭沫若院长。1956 年 6 月底，郭沫若复函尹达：一所的学术委员会同意召开一次，恐怕是第一次吧，即可作为成立会。

随后，尹达负责组织召开历史研究所一所学术委员暨《中国历史》教科书编辑委员会成立大会。

1956 年 7 月 1 日，郭沫若共邀请 50 多位史学家、哲学家参加《中国历史》和《中国哲学史》教科书编写座谈会。中宣部部长陆定一参加会议并讲话，陆定一希望历史教科书由郭沫若任主编。会上，尹达、范文澜、吴晗、翦伯赞等先后发言。通过座谈，讨论确定了编写《中国历史》教科书作为高教部的任务、高教部委托中国科学院负责实施的工作思路。郭沫若同意在集体编写完稿后，由他做整书的校对工作。

会后，郭沫若与几个研究所商议，确定编写工作由历史一、二所负责远古至鸦片战争部分，历史三所负责鸦片战争至五四运动部分，中央政治研究室负责编写五四运动至中华人民共和国成立部分。这三个部分的具体组织领导，分别由尹达、刘大年、田家英负责。

为方便编写《中国历史》查找资料，尹达决定建一个资料库。之前尹达早有想法要把历史研究所办成中国古代资料中心。尹达安排一所从古文献中剪接和摘录史料，制成卡片，装入特制的柜子中。这些资料是从古文献里剪接下来的，可以避免抄写时出现抄错、漏字等情况。用时直接、方便，但工程浩大。研究所一所的工作人员全部上阵，集中精力，投入到剪接整理资料库的工作中。典籍大都是线装本，参与这项工作的，大都是青年学者，他们通过查找资料，剪接书页，熟悉了文献的出处和剪接内容，在摘抄和制卡的过程中，使各断代史研究组的青年学者收获很大，学到了很多历史知识。尹达组织一所研究人员进行历史资料的基本建设工作，是个创新，为编写《中国历史》、研究历史提供了便利条件。

随着考古研究所发掘和研究成果的不断出新，日本考古学家、学者期待能参观中国近几年出土的文物和发掘遗址，探索有关日本文化起源的情况，以及中日过往的文化渊源。当时，中日尚未建交，正常的学术交流行不通，日本考古学家冲破重重困难，才实现了他们来中国学术交流的愿望。

1957 年，郭沫若正式邀请日本考古学界专家学者到中国访问，将这个接待任务交给尹达。

1957 年 4 月，与来访日本学者合影。尹达（右一）、夏鼐（右二）、翦伯
赞（右三）、侯外庐（右五）、周一良（右七）、刘大年（右八）

日本考古学协会和每日新闻社联合组成"日本考古学家代表团"，
1957 年 4 月 17 日，访问团一行到达广州。尹达随郭沫若等到广州迎接。

"日本考古学家代表团"由日本学士院会员原田淑人、东京国立博
物馆士俗室长杉村勇造、东京大学文学部教授驹井和爱、京都大学人文
科学研究所教授水野清一、明治大学文学部教授杉原庄介、东京大学东
洋文化研究所助教授关野雄、京都大学文学部讲师樋口隆康、京都大学
人文科学研究所助手冈崎敬、每日新闻社写真部长安保久武、每日新闻
社学艺部员杉木要吉等专家学者组成。

尹达对参观的行程及路线进行了规划和具体安排，先陪他们在广州
作短暂参观，又去杭州、上海、苏州、南京、曲阜、济南等地，29 日
抵达北京，参观了考古研究所、古脊椎动物研究室，并进行了座谈和学
术交流。接着，又参观了北京大学、中央民族学院，参观了周口店、历

史博物馆和故宫博物院。日本考古学家代表团对各地的历史博物馆很感兴趣，一致称赞中国各地的历史博物馆均按历史文化节点顺序陈列展品，设想很好，有利于对该时期的文化进行了解，再者就是规模，中国文物丰富，有规模，有气魄，他们望洋兴叹，感叹日本出土文物少，展品少，陈列形不成规模，单靠从艺术的角度去发挥，展示不出某一时代的文化和历史。当日本考察团了解到尹达他们正着手编写《中国历史》教科书时，个个称赞。

北京的访问结束后，尹达根据他们的诉求又将他们分成两组到各地去参观。

一组五人于 5 月 10 日出发，参观了西安半坡遗址、张家坡遗址、汉城遗址，还有大雁塔、博物馆等，参观了洛阳东周城址、汉魏城址，还去了白马寺、龙门等，参观了郑州二里岗、白家庄等遗址；另一组于 5 月 12 日去了敦煌、西安、成都、洛阳。一组 5 月 20 日返回北京，到京后尹达又安排他们去文物单位进行参观。

5 月 23 日，尹达因出席中国科学院学部委员会第二次会议，遥控安排两组于 5 月 27 日在武汉会合，然后让他们去长沙、广州等地参观。

日本考古学家代表团在中国停留了一个半月，于 6 月 2 日从广州返回日本。中国科学院学部委员会第二次会议于 5 月 30 日才结束，尹达未去广州送行。

1957 年 6 月 26 日，尹达出席第一届全国人民代表大会第四次会议，会议至 7 月 15 日结束。会议期间，7 月 1 日上午 10 点，尹达组织召开了全国考古学会议的筹备会。将正式会议的时间、地点、会务内容、参加人员等定下后，又具体分工会务工作。

九　扛鼎巨著

1958 年是一个特殊的年份，举国上下都处在"大跃进"和人民公社化运动的氛围之中。此时尹达已 52 岁，仍觉精力充沛，活力四射。

1958 年 1 月初，中宣部副部长周扬主持《中国历史》编写工作会议时，谈到郭沫若既是学者，也是社会活动家，事务繁忙，由他主编的《中国历史》，不可能投入太多时间和精力去编写，便指定尹达具体主持《中国历史》的编写工作。会上，周扬要科研战线"出成果，出人才"，要求专家学者，不仅出成果，还要多做贡献，并将《中国历史》中分量最大的部分，原始社会到封建社会的编写重担放在尹达的肩上。

尹达明白，扛鼎这部巨著，考验他学术理论、领导风范、工作艺术等能力的时候到了。

《中国历史》的编写方案自 1956 年 2 月印出后，经多次修改，数次讨论，尹达到处呼吁，才将编写人员确定下来。实践证明，他忽略了一个问题，最初确定的编写组成员由知名专家组成，可这些老专家大多都在领导岗位上，个人著述和科研任务很重，一时挪不开精力，所以编写进度迟缓不前。如今，编写《中国历史》的重任既已落在他的肩上，他不得不换个思路。经多方做工作后，在这次会议上敲定了尹达提出的老中青三结合的人员构成办法，中宣部、国家科委采纳了尹达的意见，才确定了撰写《中国历史》人员构成方案。

1958 年 1 月下旬，郑振铎、尹达、夏鼐三人商量在三门峡水库地区进行发掘考古工作，通过论证，三人终于拿出方案，并交由夏鼐具体实施。尹达赶紧从考古工作中抽出身来，筹备《中国历史》的编纂启动工作。任务下达已三年，计划早已制订，却迟迟没启动，搁浅原因尽管有种种理由可以搪塞，但任务完不成，无法交代。此刻尹达如坐针毡。

既然老中青三结合的方案可行，原定的老专家、老学者有的需要替换，有的需要补充。协调人事调动是一件非常具体、烦琐、折腾人、耗精力的事情。尹达不得不一个单位一个单位地跑，与被调动人员单位领导谈，与组织部门谈，与人事部门谈，再协调组织部门将人员调进来。有时，还要出差去外地协调，尤其是有些单位不愿放人，找理由拖延，这更增加了尹达的工作量和难度。尹达一天到晚在大学、教育部、组织部、人事部等地方来回穿梭，话说得口干舌燥，忙得不可开交。一拨人事问题搞定下来，尹达穿坏了两双鞋，嘴上长了一堆小水泡，两个嘴角都裂开了口子。

为编写《中国历史》做准备，为提高历史研究人员的理论水平，尹达组织历史研究所一所、二所的研究人员阅读马克思主义经典著作，并安排研究人员编辑《马克思主义经典作家论资本主义以前社会诸形态》一书（该书后于1959年2月由中华书局出版，分上下册）。

1958年6月1日，《红旗》杂志创刊，尹达任编委。《红旗》杂志是毛泽东倡议办的，编委的名单也是由毛泽东亲自拟定的。《红旗》杂志是中国共产党中央委员会主办的理论刊物，编委阵容强大，由中央机关、各省市自治区和部队理论水平高写作能力强的宣传系统的负责人、党内理论专家等36人组成，陈伯达为总编辑。每个编委分有撰写稿件的任务。

1958年8月8日，尹达主持召开《中国历史》各编写组负责人会议。侯外庐、刘大年等三个历史研究所的实际负责人和现代史部分的实际负责人田家英、科委的刘列夫等参加了会议。会上大家研究编写《中国历史》的计划与分工问题。经尹达提议、大家讨论，做出了初步的决

定。会议结束后，尹达赶紧给郭沫若汇报工作进展情况，郭沫若同意会
议的研究成果和分工，并要求尹达尽快付诸实施。

为了不让大家在编写过程中迷失方向，有所遵循，体例划一，8 月
17 日至 20 日，尹达利用在大连出差的四天时间，草拟了《关于历史理
论的处理》《编写〈中国历史〉的体例》等文件。从大连回来后，立即
将拟好的文件，转交给中国科学院有关负责人进行讨论，同时召集编写
组负责人和专家对《指导思想》草稿进行论证和修改，将讨论会会议
时间确定为 1958 年 10 月 15 日。

1958 年 10 月 15 日，讨论会如期召开，范文澜、侯外庐、刘大年、
田家英、白寿彝等 14 位专家学者前来参加讨论。尹达在会上要求："中
国历史是中华民族各民族人民在特定自然环境中经过世世代代的社会实
践活动形成的，中国历史发展的规律是在这种历史活动中实现的。所以
编写历史要有人和事，不能发空论。要具有人的气氛、生活气氛、社会
气氛，而且是历史的发展着的'人的气氛、生活气氛和社会气氛'。只
有这样写成的历史才能让人读出味道，引人入胜，令人如在其中，备受
教益。如此历史，不明言规律而规律自明，令人读了自然产生一种奋发
前进的力量。而要写成这样的历史，就要熟悉各种历史资料，具有各方
面的历史知识，用马克思主义的科学分析方法，将之贯穿起来。在编写
的过程中，不仅要有经过分析的系统的考古资料，而且要有经过科学整
理的系统的文献资料。"尹达强调："我们与来自全国各地大学、研究
机构的专家、教授、学者共同编著这样一部巨著，认识难以统一，观点
很难一致，但我们在编写的过程中，一定要克服困难，求同存异。"会
上大家意见统一，形成文件，下发各编写小组，对文件进行研讨，并达
成共识。尹达要求，会议结束后，要在本年的 10 月 25 日前，完成各段
编写人力组织调配工作，11 月各段必须将编写大纲的雏形拿出来。

11 月底，各编写组负责人将编写《中国历史》教科书的大纲草稿

交给尹达。

十　瓦罐排队

　　1959 年是中华人民共和国成立十周年，国家要出版十年来中国的经济建设和文化科学的成果，文物考古成就也是其中一项。这个编写任务，上级责成中国科学院考古研究所来组织编写。

　　如何将新中国的考古工作推上一个新的台阶，尹达想借助会议的机会对考古界进行一次学术交流。为能更好完成这项任务，考古所与文化部、文物局商定在北京召开一个编写"十年考古"的座谈会，请部分地方的文物考古机构派人参加，共同商讨，集思广益。来参加会议的有北京、山东、甘肃、山西、河北、河南、陕西、四川、广东、湖北、湖南等省市文物机构的代表，以及南京博物院、北京大学、西北大学、古脊椎动物研究所的代表，座谈会于 1959 年 1 月 19 日开始，会址就在考古研究所。

　　筹备一个全国性的会议，不仅要解决会务经费、会务安排等问题，还要就如何编写"十年考古"、建立马克思主义的新中国科学考古体系，商讨今后为文物、考古大协作等制定方案。会上，尹达还要发起成立中国考古学会，还须亲自写讲话稿。用日理万机这个词来形容尹达，一点也不夸张。53 岁的尹达，已满头银发，更觉沧桑。开会那天，尹达因衣服破旧，再次被拒之门外。

　　几日不来考古所，换新门卫的事尹达不知晓。他手里拎着个小布兜，里面装有文件、讲话稿，一大早来到考古所，走到门口时被门卫拦住。尹达解释，他是这次会议的主要负责人，还是中国科学院考古研究所的所长。门卫斜了他一眼说，你，收破烂的吧？这不是你来的地方，走吧。尹达下意识地看了看被自己穿得破旧的衣服，尴尬地笑了笑说，他衣服放在办公室，让他进去换上可让门卫看看。另一门卫不屑一顾地说，谁信呀。说尹达把他俩当傻子了。

上次在北京饭店被拒，登的是大雅之堂。这次在自己单位门口被拒，尹达有点羞愧难当，他不与门卫争辩，而是静静地等候在门口，以待考古研究所的人来证明自己的身份。不大会儿，考古研究所的一位女同志慢慢悠悠地走过来，一见尹达便亲切地搭话，尹所长，等谁呢？尹达幽默地说，等你啊！那位女同志一头雾水，愣了会儿神，问，所长，有事？尹达说，检查一下谁来得早、工作积极。女同志疑疑惑惑地看了看尹达，"哦"了声，然后加快步子向会场走去。①

尹达不再理会门卫，径自走了进去。俩门卫目送尹达远去的背影目瞪口呆。

尹达习惯衣着简单，生活节俭。但出席会议，还是要整洁一新，他赶紧走到办公室，洗了把脸，刮了刮胡子，换上中山装，提着文件包，气宇轩昂地向会场走去。

会上，尹达作了《组织起来，大家动手，编写"十年考古"》的讲话，对新中国成立后十年来的考古工作作了简要的总结，他说，从考古学的学术角度看，十年来我们的考古工作有了空前的发展，资料累积得很丰富。但是，由于发掘任务繁重，还未来得及进行全面、综合、系统的研究。我们趁纪念建国十年的机会，全国考古工作者共同来商讨一下，作一初步总结，应该说是十分必要的。尹达在谈编写"十年考古"的指导思想时强调，要在马克思主义思想的指导下，对新中国考古发现的丰富内容，对大量珍贵的资料，对发现的诸多新问题，应该及时地进

----

① 高岚访谈。

行全面的研究。编写的方式要求是集体主义的大协作，发挥大家才能，集思广益。还要求，我们所记述的材料一定应是经得起考验的材料、科学印证的材料。我们的理论建立，一定要经过科学的分析。尹达将自己多年的考古经验传授给大家，他说："在考古工作中，文化堆积的层位关系的辨认，应当说是科学的基本要求，而认文化堆积的互相关系，就必须具备一些必要的田野考古基本技术；认土，找边，认器物，辨情况等等；如果粗心大意，含糊了事，势必造成时间混淆，识别不清的恶果。作为马克思主义的考古工作者，对待科学研究工作，要比资产阶级做得更加认真，更加切实。再如'陶器排队'是大家最爱讨论的问题，不少的同志批评资产阶级学者在这种工作中的错误做法，这无疑是十分必要的。有些考古学家把陶器的研究神秘化了，烦琐化了，使这一工作失去了目的性，这是应当批判的。但是，把器型排列完全否定了，认为只要一提'瓦罐排队'就是资产阶级学术思想，那就不对了。我们必须了解，在古代的社会生活中，留下来的最多而且最常见的遗物，应该说是陶器了。陶器是数量最大、变化较多的文化遗存。在没有文字记载的历史中，经过对它们的认真研究，就可以找到各种文化遗存的时间序列和地区分布。只此一点，对古代社会历史的研究就有十分重要的意义。所以，对陶器的科学研究不应当过分忽视。如人骨和兽骨，对于古代社会生活的研究是十分重要的，从发掘到整理都应当特别注意。至于田野工作中的文字记录、绘图、照相等一系列的工作，都应该认真做好。为了编写好'十年考古'，避免资料上的错误，各地区的考古团体把各种主要资料的发见过程认真做一次科学的检查，是十分必要的。这是提高我国考古研究水平的重要步骤。"

有些考古工作者思想比较混乱，尹达为统一思想、达成共识，在会上他语重心长："毛主席曾教导我们，科学是老实学，来不得半点虚假。所以我们检查过去的工作，对就是对，错就是错。一定要以实事求是的

精神去做。如果证据确凿，必然会取信于人。"会议历时 8 天，1959 年
1 月 26 日闭幕。

　　新中国"十年考古"的编写工作开展得非常顺利，稿件像雪花一
样飞落到北京，每一篇文章尹达都亲自审阅，且非常满意。从此，在一
段时间内及时整理、编写、总结文物考古收获的工作，逐步成为文物考
古界的常规工作。

　　是年，尹达升任考古研究所所长一职。不久，陕西考古所将乾陵墓
道挖开，随后才派西北所负责人武伯纶进京请示发掘问题。当时文化部
将这个任务交给中国科学院哲学社会科学部征询意见，征求尹达意见
时，尹达提出目前技术尚不能发掘乾陵，先保护起来，等技术成熟再发
掘，并让考古所秘书石兴邦写报告呈报中央转国务院。尹达安排石兴邦
从三个方面来陈述：第一，目前不应挖掘。第二，不能挖掘的理由要阐
述清楚。理由是，怕引起各地的连锁反应。第三，不具备挖掘的条件。
考古工作者不能反对挖陵，因它是研究古代历史文化的重要资源。尹达
对这个报告修改了三次，才呈报给国务院，国务院决定五年内不允许挖
掘，命陕西考古所将墓道回填。

十一　解决分歧

　　编写"十年考古"座谈会结束，尹达即拟《中国历史编写提纲及
说明》，呈报给郭沫若，郭沫若同意签字后，立即印发给全国各高等院
校历史系、各历史研究机构和史学工作者，征求他们的意见。

　　1959 年 3 月 5 日，郭沫若召开了《中国历史提纲草案》座谈会，
全国 60 多位历史学家赴京参会，尹达、陈垣、范文澜、吴晗、翦伯赞、

1959 年，尹达（左一）与郭沫若（右一）在北京

侯外庐等都参加了会议，主要议题是怎样撰写奴隶社会和封建社会部分的提纲草案，编写《中国历史图谱计划》《中国历史博物馆陈列说明》等事项。郭沫若在会上强调希望"以集体的力量，写一部质量较好的《中国历史》"。还说，"这本书里，在奴隶社会和封建社会的分界问题上，是采取了我的意见，这是为使这本书有统一性"，"在其他许多问题上，尚望大家多提意见"。郭沫若还谦虚地说，分期问题也只是权宜之计，以后有更好的分期看法，则随时改正。

会议历时九天，1959 年 3 月 13 日结束。会议结束后，为做好《中国历史》的编写工作，统一认识，尹达两次请郭沫若为《中国历史》编写组作报告，郭沫若将自己对历史分期的问题进行了阐述，对中国奴隶社会形态的理解和认识也做了讲解。这样做是为了使编写组了解郭沫若对历史分期的基本观点，以便在撰稿时尽可能贯彻主编的观点和主张。尹达还让秘书将郭沫若的两次讲话整理出来，题为《关于中国古史研究中的两个问题》，后发表在 1959 年《历史研究》第六期上。

4 月 18 日，尹达出席第二届全国人民代表大会第一次会议。会议开了十天，28 日结束。接着，尹达着手组织编写组人员的到位工作，安排编写组人员的工作场所、住房，一直忙到 11 月底编写组人员陆续就绪，《中国历史》长卷才开始编纂。

编写起始，有人对郭沫若古史分期的某些观点提出异议，于是，《中国历史》编写组内部出现了分歧。郭沫若认为中国奴隶社会不像所谓"古代东方型"的奴隶社会那样，奴隶主家中有奴隶，生产者是公社成员。他将商周社会中基层单位"邑"，看作是奴隶主控制下的劳动集中营，又像是行政机构。中国古代经历过井田制，但不是公社集体所有制，而是奴隶主贵族的土地国有制。春秋战国时期社会动荡裂变，土地国有制向土地私有制转变。庶人从奴隶的身份摇身一变成了雇农、佃农和依附农民。城市中工商业者成了主流，与一些地主、官僚一样，是靠农民过活的。就此，将奴隶社会的下限定在春秋与战国之交是比较合适的。

不同看法是：西周是封建社会而不是奴隶社会。有人提出：商周的庶人不是奴隶，是家族公社和农村公社的一员等等。

学者专家们议论纷纷，坚持己见，绝不退让。一部书中出现"百家争鸣"的局面也不可能，按主编的观点来写，尹达又怕大家不服气，工作消极，闹情绪。尹达为难，边做思想工作，让其保留意见，边找郭沫若汇报。郭沫若在分歧问题上很大度，他说一部书能兼容各种理论和思想观点实属不易。他只求《中国历史》在古史分期问题上不偏离他的基本观点，不限制编写组人员在一些问题的叙述上有自己的看法。

编写组有些人将自己与郭沫若有歧见的问题，写信给郭沫若，郭沫若会将信函与问题交给尹达。尹达严格把关，对历史的定位绝不一言堂，而是广泛征求意见。如在中国文明起源、古史分期、农民战争等问题上意见不统一，尹达认为，这些问题之所以不一致，最重要的原因是大家受了旧史学的影响所致。尹达旗帜鲜明地提出，学习马克思主义理论，掌握其精神实质，以减少旧史学对编写《中国历史》的影响。这样做的效果很明显，不能一遇分歧就争吵不休，各执己见，停顿不前。所以，每遇争议，尹达便组织大家坐下来交流谈论。这样的交流会，尹达开了多次，大家开始讨论时，还文质彬彬，措辞雅致，说着说着就争论起来。有时争得面红耳赤，甚至拍桌子、瞪眼睛。尹达就会站出来充当灭火器，给大家"喷水"。顿时，大家就安静下来，回到问题的原点，接着讨论，直到解决问题为止。问题解决了，思想统一了，认同一致了，才能心平气和地开始工作。

编写《中国历史》的过程，是一个烦琐、辛苦、费时间、耗体能的过程。尹达与专家学者们在这项浩繁的伟大工程中，夜以继日、奋力拼搏，为史学界做出了表率。

此时，由郭沫若任主任委员兼主编的《甲骨文合集》一书也开始启动。《甲骨文合集》是1956年制定的《历史科学十二年远景规划》（草案）的重点项目。1959年成立了《甲骨文合集》编辑委员会，尹达出任编辑委员，历史研究所先秦史研究室承担具体编写任务，胡厚宣是该研究室的主任兼《甲骨文合集》工作组组长，后改成总编辑。

郭沫若对《甲骨文合集》编纂的要求是："一定要集思广益，取得全国古文字学家及有关单位的支持，尽可能集中丰富的资料，经过科学的整理和编纂，使之成为一部比较完整的学术资料的汇编。"

于是，胡厚宣带着编辑组到全国各地去调访，搜集甲骨文材料。尹达对这项工作给予很大的支持，协调编辑组与有关单位联系，解决他们遇到的实际困难。

《甲骨文合集》编辑组在编写过程中也出现分歧，意见很难统一，胡厚宣总是让尹达出面主持讨论会。尹达让大家将意见和分歧一一摆出来，再梳理、归类，然后回答各种分歧的解决办法，总是能轻松将矛盾化解。

十二　一股正流

　　1959 年，尹达接受了一个新的任务，筹建中国历史博物馆。

　　为迎接新中国成立十周年，1958 年 8 月，中央决定在北京建设"十大建筑"，作为向新中国成立十周年的献礼。建中国历史博物馆和中国革命博物馆的任务交给谁，中央开始考虑人选。1959 年年初，范文澜、翦伯赞、钱俊瑞、王冶秋等人推荐时任中共北京市委书记的邓拓，经中宣部与北京市委批准，筹建中国历史博物馆的任务交给了邓拓与尹达。邓拓兼任中国历史博物馆建馆领导小组组长，尹达兼任中国历史博物馆建馆领导小组副组长。

　　筹建工作的最大课题，是展厅怎么布置，放哪些内容，如何运用马克思主义的历史观，用什么文物展示中国历史，邓拓将这个任务安排给尹达具体负责。尹达绝不一言堂，他的意见是，召集史学界的专家一起来定。征得邓拓同意后，1959 年 1 月，尹达召集了由翦伯赞、吴晗、邓广铭、夏鼐等十几位历史学家参加的座谈会，并成立专家组。专家组为中国通史陈列拟订了几条原则，其核心是以阶级斗争为主线，表现中国各个历史阶段劳动人民的斗争奋进史，将历代经典文化、艺术、科学和表现人民生活状况的图景作为点缀。

　　待 1959 年 8 月中国历史博物馆大楼建成后，历史博物馆陈列中国通史，革命博物馆陈列中国革命史。邓拓负责收购、鉴定文物、字画、图书，有陈列价值的一律放进展厅。尹达具体负责中国通史陈列的文物和图片，中国通史从 170 万年前的原始时代起，到 1840 年鸦片战争止，分原始社会、奴隶社会、封建社会几部分。陈列展厅面积达 8000 平方米，陈列文物 9000 余件，从中可以了解中国古代社会各阶段的发展过程。

1959 年 9 月底开始布展，时间紧，任务重，尹达与邓拓带领专家组成员的历史学家废寝忘食，坚持在布展前沿。展厅内收藏文物 32 万件，珍本图书 1000 多种，以及很多珍贵的古书画。尹达夫人高岚一直在国立历史博物院工作，布展过程中，高岚与尹达、邓拓一起出主意，想办法，做了很多有益的工作。高岚也于 1959 年 10 月被任命为中国历史博物馆副馆长（中国历史博物馆于 1960 年年底完成布展，1961 年 7月 1 日向全国开放）。

50 年代末，社会上刮起了批判资产阶级思想的旋风，史学界也掀起了批判资产阶级学术思想的运动。于是，各种各样的批斗会如火如荼。1959 年署名"北京大学考古专业资产阶级学术批判小组"的文章《李济是美帝国主义一手扶持起来的所谓的"考古学家"》，在《考古》杂志第一期发表后，北大考古系将李济当成了靶子批判起来，批判李济是反动学术思想的代表等等。史学界和文物考古界以中央研究院史语所为攻击目标，批判胡适、傅斯年、李济等诸位史学界大家。

尹达不人云亦云，一次在学习小组的碰头会上，有人批判中央研究院史语所，说那是资产阶级学术思想的体系。尹达沉默几分钟后便站出来，斩钉截铁地说，安阳考古有什么错？这是 20 世纪中国考古的最大发现，对弘扬中国古代文明做出了很大的贡献，有啥可批判的？安阳殷墟的发掘，是光耀世界学坛的大事，像我们刚刚建好的中国历史博物馆一样，是个成果。我们这样一味地批判，对争取考古界的专家学者归国发展很不利。

尹达慷慨激昂抨击时弊似乎并没有产生多大的效应，不久后一次例会上，一位热衷政治的青年学者大喊大叫起来，我们不要被资产阶级考古学的学术思想所侵蚀，一定要清除其学术思想的影响。尹达平静地劝那位年轻的学者，说现在资产阶级的考古学在中国并未形成体系，所以也不用大张旗鼓地批判。凡搞学术研究的，要重视科学，要与主导思想相符合，把力量放在立的方面。要以立为主，从实际出发，不要不着边际地乱放炮。这时，一位学者站出来支持尹达，就拿安特生做批判目标。尹达不领情，打断他的话，说就拿安特生来说，他做了一些工作，造成了一些影响，我们指出他的错误，但不妨碍我们进行科学研究和学术交流，而且，他本人已经承认错了。尹达还说，安特生对新中国很友好，我们还要邀请他来中国访问呢。

国民党时期的"中央研究院"不能批，外国考古界的专家安特生也不能批，总得有个批斗的目标，否则开批斗会批谁去。于是，他们就将矛头对准一些学者错误的论断进行抨击和批判。尹达仍持不同看法，说有些学者的论点和论据都是无关紧要的，不予理睬为好，批判他倒是提高了他。今后，我们批判要针对学术，不要针对人进行人身攻击，我们还要考虑到政治后果。尹达一番话，大家有些觉醒，再开批判会时，大家打哈哈，有时竟鸦雀无声，说些大路边上的话，大家知趣，说完散会走人。

会后，有人找到尹达说，各条战线都在批判资产阶级思想的产物，这年头批斗会就像一阵风，刮得遍地开花。年轻人有想法，愿跟随时代潮流，不是坏事，太不给青年人面子不太好吧……尹达脸色顿时凝重起来，瞟了他一眼说："缺根筋。"那人碰了一鼻子灰，脸一红走了。

如果说，批斗会上的青年学者是点火器，那么尹达就好比是消防员，史学界批判资产阶级学术思想的火苗刚一引燃，就被尹达刚直率真的脾气灭掉了。一时间，小组讨论会对资产阶级思想的批判不知从何处下手。

说到这里，不得不提中国科学院考古研究所争取 1948 年年底随国民党一起逃到台湾的考古学专家李济等人归国之事。

早在新中国成立前后，当时兼任中国科学院考古研究所所长的郑振铎就在上海、香港打探李济的动向，此后还多次约谈留在大陆的李济独子李光谟做李济归国的争取工作。1958 年郑振铎壮志未酬，空难而去，留下了长长的遗憾。等了十年，机会终于来了。1959 年秋，李济夫妇应邀赴美做一年时间的学术访问，预计来年 8 月返回台湾。尹达、夏鼐以为是天赐良机，给中国科学院领导汇报后，策划了几套方案。

1960 年 7 月 18 日，得知李济夫妇乘坐的国际客轮在澳门码头停歇的消息后，尹达、夏鼐、牛兆勋、王仲殊等抓紧实施计划，希望能"晓之以理，动之以情"，让李济留下来。"晓之以理"由考古研究所副所长牛兆勋负责，"动之以情"由李济的儿子李光谟负责。当时李光谟正在农村搞社教，尹达将他找来，说给他找了个去见父亲的机会，顺便让他劝父回来与其一起生活。

牛兆勋以国际某旅行社高级管理人员和夏鼐同学的身份与李济夫妇会面。一切办妥后，牛兆勋与李光谟准备于 1960 年 8 月 6 日出发去广州。临行前一天，牛兆勋去夏鼐办公室汇报工作，夏鼐念师心切，便给李济写了封信，请他转交李济。李光谟在牛兆勋处看到这封信后，觉得"兹事体大"，李光谟带上信去找尹达。尹达看后，沉默良久，长叹一声："夏作铭好糊涂！"便将信扣下了。

当客轮抵达码头时，牛兆勋拜会了李济夫妇，说他是夏鼐的同学，要宴请李济夫妇，并"晓之以理"说，希望李济能回归祖国，中国科学院考古研究所所长位置一直给李济留着，国家和人民希望他归来多做贡献。李济思考片刻说，他回大陆会连累台湾的亲友，会伤害好多人，也不会为民族做多大贡献。当李济得知尹达为考古研究所所长、夏鼐为考古研究所副所长时，心中仿佛多了些安慰，脸上掠过一丝微笑说，刘照林（尹达）、夏鼐早有资格担任所长了。

　　待船停泊，李济夫妇进入珠海拱北海关休息室时，牛兆勋用茅台酒宴请李济夫妇，席间，邀李济夫妇去北京或其他地方参观旅游，看看祖国的变化。李济叹口气说，即便参观访问一趟，回去也要冒很大风险……饭后，大家都退去，李光谟与父母单独谈话。李光谟谈了李济过去的旧识，某某在哪里工作，有哪些成就，李济打断他的话，只谈家事和孙子的情况。一个小时的时间到了，李济夫妇哭着离开了休息室。李光谟因不能越界，只能含泪目送二老离去。

　　李济的拒绝，恐怕与 1959 年北京大学考古专业批判他的事有关。此刻，大陆以阶级斗争为纲的政治运动正如火如荼，借他个胆也不敢回来。

　　被尹达扣下的信函，其实是夏鼐给李济写的劝降书，它来自南朝梁文学家丘迟的《与陈伯之书》："暮春三月，江南草长，杂花生树，群莺乱飞。见故国之旗鼓，感平生于畴日，抚弦登陴，岂不怆恨！所以廉公之思赵将，吴子之泣西河，人之情也，将军独无情哉？想早励良规，自求多福……"尹达考虑用劝降书这种方式劝李济回归，会让李济难堪，尹达就将夏鼐的信留下了。

　　20 世纪 60 年代初，中国正处在政治运动的敏感期，社会上风行"拔白旗，插红旗"的情况，尹达在考古界及时提出"立中有破，边立边破"的发展方针，当时，有人悄悄提醒尹达，说尹达的做法是反潮流，不问政治。尹达婉言解释，学术结构，要有政治目标，就是要建立马克思主义中国考古学体系。目前最紧要的问题，是在全国范围内，把各个阶段的各种文化遗存搞出一个科学的完整的体系。我们是搞社会科学的，不要一提"瓦罐排队"，就全然否定。我们要树立一股正流。由于尹达坚定了信念和正确的理论，在浓厚的政治斗争的氛围下，全国的考古工作避免了一些错误潮流的冲击和影响。

十三　轻装上阵

尹达在编写《中国历史》时，吸取了编纂《中国通史简编》的经验教训，也有所创新。在延安时因人手少，没能按作者的专业进行分工。《中国历史》的编写一开始，尹达就按其专业进行分工。参与编写《中国历史》的几十位史学工作者，虽然都学有所长，有的甚至造诣很深，研究成果颇丰，但要写一部高质量、有特色的《中国历史》长卷，还需更严谨并保持风格的统一，既要民主，发挥专家们的积极性，又要集中思想。在修改和讨论的过程中，他能吸取多方面的意见和建议，将不同意见统一到讨论成果上。

中国科学院历史研究所一所、二所既有分工，又有合作，没必要分设。于是，中国科学院提出申请，1960 年 2 月 26 日，中央批准历史研究所第一、二所合并为中国历史研究所，郭沫若任所长，尹达、侯外庐任副所长。由于郭沫若事务太多，历史研究所的具体工作仍由尹达负责。这年，历史研究所也有了新的办公住所，搬迁到建国门内贡院西街甲十三号。相比之前的办公条件，这里较为宽敞，每人一间房子，还配有沙发椅等家具。

两所合并后，尹达因兼任考古所所长一职，在史学界有"尹三所"之说。

新中国建设初期，因工作需要，尹达身上被安有五十多个兼职。兼职也要履行职责的，这些部门会议很多，尹达经常马不停蹄地在会场里穿梭，很难坐下来搞学问。一个人的精力是有限的，这些牵强的包袱，背负着无限大的责任，如果不去掉，天天忙应酬，工作量这么大，任务很难完成。于是，尹达辞掉《历史研究》主编一职，社会上五十多个兼职也一起辞去。他要轻装上阵，心无旁骛，抓主要矛盾，快出成果。为使《中国历史》图文并茂，历史与文物有机结合，尹达在所内成立了一个历史图谱组，任务是到全国各地博物馆收选图片并制作图片，张政烺负责组织实施。

1960 年 3 月 30 日，尹达出席第二届全国人民代表大会第二次会议，会议期间，尹达忙着开会、讨论、阅读文件。4 月 10 日会议结束后，尹达立即投入到《中国历史》原始社会史部分，将考古学与历史学结合起来，将自己几十年的研究成果融入书中，将考古学的术语翻译成社会历史语言。为率先完成任务，常常加班到深夜，有时，误了公交车，深夜骑自行车回家，第二天照常上班。1960 年 6 月，尹达终于完成了《中国历史》古代史部分初稿的编写任务。随后，其他部分的初稿也相继完成，尹达校对后，立即印发给部分史学工作者和有关单位征求意见，随后再召集大家进行讨论。专家们将修改的意见和建议及分歧整理成文字材料送给尹达，尹达搜集分类后，经历史研究所同人认真研究和讨论，修改后形成二改稿，再次印发给史学界的专家学者征求意见，再修改后，《中国历史初稿》雏形出炉。

《中国历史初稿》杀青后，尹达送给郭沫若审阅，郭沫若对奴隶社会、封建社会这两部分看得非常仔细，并作了多处的校改，批注了几十条意见，郭沫若在信中谦虚地说："就注意所及，想初步提出一些意见做编写组的同志们参考。"

尹达将郭沫若校对修改的一些问题，再次与编写组的专家学者们坐下来商议，大部分采纳了郭沫若的看法，进行了修改，但有些意见并未采纳，大家意见仍有分歧，尹达不得不站出来发表他的看法，往往能征得大家的认同。

1960 年 12 月，中国科学院哲学社会科学部召开第三次扩大会议，尹达代表《中国历史》编写组向郭沫若和学部委员、有关专家等汇报《中国历史初稿》的编写进展情况、遇到的问题、修改情况等，其汇报材料题为《中国历史初稿的编写情况、体会和存在问题》，郭沫若院长和学部委员及专家们听后，对尹达及编写组付出的努力、辛苦、进度、成果都非常满意，尹达及编写组受到了赞誉。

十四　秉公办事

尹达任考古研究所所长期间，曾到西安去指导工作。一是看看研究室的工作情况，二是看看几个考古工作队的发掘情况。陕西省考古所书记王家广，听说尹达来西安，便立即来汇报陕西省考古所的工作情况。

此时，尹达才知道，陕西省考古所自 1949 年成立后，一直没有办公地点，寄设于西北大学历史系。王家广一直在尹达面前诉苦，因没有办公场所，很多工作受到了制约，他多次向省委、省政府请求无果，希望尹达想办法解决。尹达看在眼里，急在心上。考虑到陕西省是文化大省，是几代王朝的都城和陵寝所在地，文物、古迹、遗址较多，陕西省考古所应该有一席之地，发挥更大的作用。尹达为了让研究室、考古队与陕西省研究所相互配合、合作，更好地开展考古研究工作，做出了将中国科学院考古所西安研究室大楼的西半部分约 2500 ㎡，借给陕西省考古所使用的决定，还分给陕西省 1000 ㎡ 的宿舍楼，家具全部让陕西省考古所使用。王家广非常感动，当即表示感谢，陕西省考古所决不辜负上级的期望，一定为考古工作多做贡献。

尹达从陕西回来后，王家广便跟到了北京。王家广一见尹达，先感谢，再表决心，然后大谈工作思路和设想。尹达对王家广很是欣赏，提出希望陕西省考古所能发挥自身优势，积极配合和支持考古工作队的工作。毕竟中央的机构到地方需要他们协调，俗话说，强龙不压地头蛇。

尹达话未说完，竟被王家广打断，并向尹达提出一个请求，说考古所在西安的几个考古队最好是归陕西省考古所管辖，这样更有利于开展工作。

尹达闻听此言，勃然大怒，拍案怒斥王家广，一个省级机构凭啥领导中央机构？你是贪心不足蛇吞象，不久前，你们连个窝都没有……此时，尹达才明白王家广的来意。王家广还想争辩，企图说服尹达，尹达正在气头上，指着门口，怒不可遏地请王家广出去，快出去。

王家广被尹达赶出了办公室，连连后退，一见石兴邦，便诉说委屈。石兴邦于 1961 年调到陕西省考古所任副所长，北京还有他办公的地方，刚回北京办些公务，正巧碰上这一幕。石兴邦见王家广一脸窘迫地从尹达办公室出来，忙问出了什么事情。

王家广摆着手说，以前觉得尹所长和蔼可亲，好说话，想争取点事情。现在看来，严肃得很，严肃得很，那事不说了，不说了，再也不说了。

石兴邦安慰王家广说，同志们若有困难，尹所长总是和蔼可亲帮你解决问题。若让他看到不公的事，他可是个铁面无私、秉公办事、硬铮铮的男子汉。再说了，尹所长说得在理，你也不要太往心里去。王家广说，他赶紧离开北京到陕西去，马上回去。

从此，其他省市的考古研究所再也不敢向尹达提管理中国科学院考古所的下派机构之事。

十五　史稿出炉

　　尹达将《中国历史初稿》定稿后，呈送给郭沫若审阅，郭沫若认真看过后，对"奴隶社会"这一册，又找出了 41 条错误和可疑的问题，于 1961 年 2 月反馈给尹达。尹达非常重视，逐条进行修改和审查。随后又多次与郭沫若商谈需要修改的内容及不同的看法。郭沫若与尹达商量后，决定于 3 月 21 日在北京饭店召开由范文澜、翦伯赞、黎鹏等参加的征求意见座谈会。会上，大家畅所欲言。尹达一一听取大家的不同意见和建议，也谈了他对问题的看法。尹达认为，《中国历史初稿》还需要大范围征求意见，定论中华民族的历史，需要一个民族的记忆和智慧来书写。他建议将《中国历史初稿》先印刷出样稿，分发给各大学院校的历史系去讨论，广泛征求意见和建议。

　　学部党组根据尹达的意见，成立史稿征询意见组。刘导生为组长，尹达、刘大年等为成员，在全国重要的历史文化大省、区，以及各地的文教机构、学校和研究单位，搜集对史稿的意见和建议。尹达、刘大年他们像春秋战国时期孔子周游列国一样，每到一处，宣讲辩证唯物史观的意义、史稿的内容和时间界定等等。

　　是年 3 月，尹达兼任高教部文科教材历史教材编审组副组长、全国历史指导委员会委员、国务院哲学社会科学历史组副组长。在一次教育部召开的文科教材会议上，尹达建议将这部《中国历史初稿》，作为大专院校历史系的试用教材。

　　4 月初，《中国历史初稿·古代部分》印刷成 7 册，分发给全国各高等院校历史系，以及有关历史研究机构，开展学习和讨论。6 月，尹

1961 年 1 月，历史研究学术委员会扩大会议合影。刘导生（左一）、陈垣（持手杖者）、尹达（右二）

达安排编写组下去搜集讨论的意见和建议，又安排编写组对搜集的近7000 条意见和建议进行归纳、分类。接着，尹达又组织 4 个编写组的人员对 7000 条意见和建议逐条进行甄选、研讨，并提出修改和处理意见。尹达几乎每天都主持这样的讨论会，满负荷的工作量可以想象。秘书劝尹达，能否休息几天，尹达斩钉截铁地说，恨不能一天掰成两天用，哪有时间休息。

《新中国的考古收获》即将出版，尹达还要为该书撰写后记，熬了数个昼夜，后记于 8 月 22 日杀青。《新中国的考古收获》终于当年 12月由文物出版社出版。

年末，《中国历史》的编写工作和进展情况要向中宣部进行汇报，汇报材料由尹达主持编写，题为"《中国历史》编写进入一个新的阶段"，将 4 个编写组的情况综合起来写，形成草稿后，送给郭沫若院长审阅，并在草稿的眉页上写着："向领导汇报，是否先用我们四位的名义（外庐、大年、家英和我）？等三改三印时，用郭老的名义向领导汇报？"秘书将草稿送给郭沫若，第二天，得到批复，郭沫若在汇报材料的天头上写着"同意，就用四位的名义"几个大字。月底，尹达率4个编写组的负责人，向中宣部领导汇报《中国历史》编写情况。中宣部副部长、文化部副部长在郭沫若院长的陪同下，听取了尹达的汇报后，给予极高的赞誉，提出要打造精品之作的希望。

时间转瞬即逝，转眼到了1962年，新年的到来，让尹达感到了时间的紧迫感和工作的压力感。尹达常常感到有些累，但《中国历史》的编写工作到了最关键时刻，他丝毫不能松懈。初稿即将出炉，尹达对书名进行了反复的琢磨，他认为《中国历史》这个书名外延过大，对历史的定论有些过早，还须时间、空间和科学的进一步论证。1月初，尹达找郭沫若谈了他对书名的看法，郭沫若斟酌后，将《中国历史》定名为《中国史稿》。

时任文化部副部长的周扬看过《中国史稿》的前言部分后，提出了修改意见。3月3日，尹达认真看过后，便采纳了周扬的修改意见，将修改后的前言部分打印出来，又转送给郭沫若把关，经郭沫若同意后，《中国史稿》的前言部分也正式定稿。

3月6日，尹达又召集田昌五、林甘泉、杨向奎、郦家驹对《中国史稿》第一、二、三册最后进行统一修改定稿。在当时，中国科学院历史研究所的秘书室主任是田昌五，副主任是林甘泉、郦家驹，有尹达手下的"三驾马车"之称。

3月27日，尹达作为全国人大代表出席第二届全国人民代表大会第三次会议，这次会议开了21天，直至4月16日才结束。

会议一结束，尹达立即投入到《中国史稿》第一册的出版工作中，是年6月出版了《中国史稿》第一册。

《中国史稿》第一册出版后，尹达累倒了，因肺病住院治疗。在医院住了十多天，用药后症状有所减轻，出院后在家休息了一段时间。尹达觉得自己担任的工作太多太繁重，反而什么都不精，什么都做不好，还是让有能力的人去承担一些社会义务为好。尹达向中国科学院提出辞去中国科学院考古研究所所长的请求。中国科学院党委考虑到尹达的实际情况，于年底批准尹达辞去考古研究所所长职务的请求，任命夏鼐担任考古研究所所长一职。

十六　回顾展望

视事业为生命的尹达趁 1962 年 6 月至 7 月病休的这段时间，重新阅读了新石器时代考古的资料。为总结新石器时代的研究成果，便着手撰写《新石器时代研究的回顾与展望》一文。他以《新中国的考古收获》一书为基础，综合了新中国成立以来十年考古的重大发现和收获，利用全国范围内 3000 多处遗址的丰富资料和内容，"忙里偷闲，深夜捉笔"，一气将这篇文章写出了四分之三的篇幅。

9 月病情好转后，尹达即回去上班。边为事务性的工作奔走，边继续修改文章的部分内容，直到 1963 年 4 月底又间断写《新石器时代研究的回顾与展望》一文。此时，院领导又安排他出访朝鲜，尹达再次将文章搁置下来。

访问朝鲜会有参观和座谈活动，座谈必须了解朝鲜的考古动向，在交流和座谈时有思想准备。尹达安排秘书找来朝鲜的一些资料，谈什么，怎么谈，有些问题还需与朝鲜驻中国大使馆进行协商。由于语言原因，还需翻译人员当场翻译，解读史料，尹达忙得天昏地暗。

1963 年 5 月 20 日，尹达作为中国科学院代表团成员出访朝鲜。中国科学院党组书记、副院长张劲夫为团长。他们访问的目的主要是了解朝鲜考古学、史学方面近些年的研究成果和理论动向。尹达参观了一些发掘遗址，先后在朝鲜的考古及民俗研究所座谈 5 次，尹达负责推介中国的考古发掘情况和近些年的研究成果。朝鲜方面也将他们的研究成果和未来发展方向做了交流。一般安排是参观完遗址和发掘现场后，大家就坐在一起进行交流和座谈。临近访问结束，又在朝鲜的历史研究所进行座谈。出访收获很大，代表团于 6 月 13 日返程回国。

从朝鲜回来后，尹达集中精力，继续撰写《新石器时代研究的回顾与展望》一文。该文历时近一年之久，终于 1963 年 8 月竣稿。

9 月，中央党校历史教研室邀尹达去作考古学报告。尹达欣然应允，向党的领导干部宣传中华民族的历史，提高他们的理论修养，增强他们的民族自信心和自豪感，也是史学工作者应尽的责任和义务。他愿将《新石器时代研究的回顾与展望》一文拿出来在中央党校进行论证。尹达在中央党校将枯燥的考古学理论讲得很鲜活，特别是介绍中国的考古遗址和遗物时说，这是祖先留给我们的瑰宝，也是打开研究中华民族历史渊源的钥匙，同时借助这个机会向干部们宣传了保护文物的责任和意义。

授课结束，尹达将"现状与展望"部分拿出来，印发给考古界的同人和学者，征求意见。当时，中国政治正在以抓阶级斗争为纲，历史研究所的张永山和罗琨等同志在山东省黄县参加劳动锻炼，接受贫下中农再教育，尹达将铅印稿交给田昌五让他们转给张永山和罗琨，并在扉页上分别写着：嘱送永山同志阅读。嘱送罗琨同志阅读。

尹达这样做，一是让他们阅读修改，提出不同的意见，二是告诉他们不能盲从了政治，荒废了学业。尹达作为思想文化阵地的领导，既要他们领悟上级精神，也想让他们有所作为。

尹达一直有个愿望，想在历史所组建原始社会史研究小组，这两个人是他培养的主要骨干。当时，他俩到山东省黄县接受贫下中农再教育，是不允许读书搞研究的。尹达只能采取迂回的办法，告诉他们继续走治学之路。

1963 年 10 月，《中国新石器时代》一书即将再版，尹达仍有不满，为此，撰写了再版后记，追述《中国新石器时代》结集出版后又遇到的新情况、新问题，以及编写《新石器时代研究的回顾与展望》一文的经过和需要说明的一些问题，强调了史学和考古学之间的关系，突出综合研究、交叉研究是今后努力的方向。再版后记写道："《新石器时代研究的回顾与展望》这篇东西，只是在考古学的范畴之内把现成的资料作一次极其初步的探讨，它只是个人进一步研究的预习，或者说是一个跳板；如果工作、精力和时间许可的话，还想从考古学这方面再钻研一番，比较系统地研究一下其中的一些问题。如果工作、精力和时间许可的话，我还想在这一基础上进而钻研我国氏族制度的历史。我将以最大的努力争取新石器时代考古学家的帮助和协作，以实现这个愿望。"

《新石器时代研究的回顾与展望》征求意见稿反馈后，尹达从多方

20 世纪 60 年代中期尹达工作照

搜集的信息里，认真修改，标题改为《新石器时代考古工作的回顾与展望》，在《新建设》刊物十期上刊登，11 月又在《考古》刊物上发表。

《中国新石器时代》再版时，《新石器时代考古工作的回顾与展望》一文也收录其中。

此时，中国科学院给尹达分了套大房子，在建国门外永安南里中国科学院宿舍。

1963 年 10 月 10 日，时任中国科学院哲学社会科学学部委员的嵇文甫去郑州出差时，突发脑溢血，不幸逝世。噩耗传来，尹达万分悲痛，嵇文甫与他是河南老乡，尹达在开封读书时，嵇文甫曾是河南大学教授、文学院院长。尹达河南大学毕业后，参加中央研究院历史语言研究所考古组在安阳殷墟的考古发掘，读中央研究院的研究生。尹达与石璋如因没固定的住所，每当发掘结束，他俩依然住在河南大学。一有空闲，尹达一定去听嵇文甫讲课。嵇文甫的文学课讲得生动感人，风趣隽永，从不拿讲稿。嵇文甫对历史的认知和研究颇深，尹达常常向嵇文甫请教。嵇文甫长尹达 11 岁，对尹达提出的问题总是耐心解答。那时，嵇文甫与尹达已成为良师益友。嵇文甫调到中国科学院以后，尹达与他的交往更深，两人探讨一些问题常常到深夜，嵇文甫看过尹达的书稿和文章后提的问题恰到好处。嵇文甫的书稿写成后，也常常拿给尹达过目。

尹达饱含深情地于 1963 年 11 月 5 日撰写了《悼念文甫同志》一文。尹达写道："我们失去了一位社会活动家，失去了一位质朴的学者，失去了一位循循善诱的老师，失去了一位同志。""嵇文甫同志逝世的消息传来之后，整夜不能入睡，一幕幕的往事重现出来。"此文发表在 11 月的《历史研究》第五期上。

11 月 27 日尹达出席了第二届全国人民代表大会第四次会议，尹达一边开会，一边安排《中国史稿》第二册出版的工作。终于 1963 年 12

月完成了《中国史稿》第二册出版的任务。

十七　配套成龙

　　撰写《中国历史地图集》也是尹达参与和负责的一项大工程。从1955 年开始到 1965 年，战线拉了近十年，磕磕绊绊，图集仍未出炉，这对编者、主持者无疑是一场考验和煎熬。在组织和编写过程中，问题层出不穷，逐个去解决的同时，往往能不断地开启人的心智。编写这部庞然大物，各方面的人才都要到位。

　　编纂《中国历史地图集》之缘起，应追溯到 1954 年秋。在一次会议结束后，毛泽东找吴晗谈话，提出《资治通鉴》应搞个标注本，还说读历史时应有一部历史地图集放在手边，以便随时查看。吴晗领任务后，即找范文澜和尹达商议，三人商议后决定，由吴晗、尹达负责组织。1954 年 11 月，在北京成立了由吴晗、范文澜领衔，中国科学院历史研究所一所副所长尹达，二所副所长侯外庐、翦伯赞等著名历史学家组成的重编改绘《历代舆地图》委员会。《历代舆地图》，是清代杨守敬编绘的，所以称"杨图委员会"，简称"杨图"。"杨图委员会"决定聘请历史地理学家谭其骧主持，制图出版由地图出版社负责。

　　1955 年年初，谭其骧从上海复旦大学来到北京，到中国科学院历史研究所一所主持重编改绘《历代舆地图》工作。直到 1956 年冬天，谭其骧搞了两年，只搞出秦朝和西汉两朝的图，有些问题也没弄清楚。复旦大学催谭其骧回去，说他是复旦大学的教授，不给学生上课，整日待在北京，别的教授有意见。谭其骧很为难，找尹达请辞，说他必须回去。

尹达可不敢让他回去，说这个问题须让"杨图委员会"讨论。谭其骧在会上将问题和遇到的困难摆出来，大家觉得重编改绘《历代舆地图》不适应时代要求，于是，"杨图委员会"研究决定编绘《中国历史地图集》，必作长期规划。考虑到谭其骧的实际困难，由谭其骧带回上海主持编绘。范文澜任顾问，具体工作由吴晗、尹达负责。吴晗因工作太多，无暇顾及，重任又落到了尹达身上，就这样尹达又成了编辑《中国历史地图集》的实际负责人。

谭其骧回上海前，找尹达抱怨：一边教书，一边绘图，啥时才能完成任务。你说给我配俩人，到现在也没落实，累死我算了。

关于给谭其骧配人之事，尹达的确表过态，工作一忙竟将此事忘得一干二净。这事可不敢赖账，尹达两眼一眯作沉思状，大脑中突闪出两个人来。尹达对谭其骧说，两个人选，你看合适不？一个是山东大学历史系毕业刚分配到历史研究所的邹逸麟，一个是上海复旦大学毕业的王文楚，他们都是上海人，对北方的环境不适应，相中就带走。

谭其骧不客气地说，带走就带走。又提一个问题，到上海在哪儿办公呢？尹达让谭其骧放心，他想办法。尹达即与地图出版社联系，将办公地点交由他们处理。随后，地图出版社在上海苏州河北岸的河滨大楼为编绘组租了一个套房。

邹逸麟、王文楚接到任务非常高兴，他们于1957年1月去上海报到。参加编纂《中国历史地图集》的还有：上海复旦大学著名的中西交通史专家章巽、人民出版社新华地图社中国历史地图编辑吴应寿。这样队伍一下子壮大到5个人（谭其骧、章巽、吴应寿、邹逸麟、王文楚），大大推动了编绘工作的进度。

1957年夏，"反右"运动遍布全国各地，就连《中国历史地图集》编绘小组也未漏网。有人说，上海河滨大楼的编绘"杨图"小组里，没有一人是共产党员，是资产阶级的独立王国，不能任由他们这样发展，必须在共产党的领导下工作。谭其骧给尹达写信汇报情况，问怎么办。尹达回复谭其骧四个字：悉听尊便。

在这种历史背景下，1957 年 9 月，《中国历史地图集》编绘小组搬到了复旦大学的校园里，受历史系领导。

在编辑过程中，谭其骧发现杨守敬所用地图精确度差，有遗漏，且失误的地方多，尹达立即与地图出版社联系，商谈如何解决这个问题。1958 年年底，尹达决定在地图出版社召开有史学界专家学者参加的工作会议，会上经过讨论，决定彻底扬弃"杨图"的旧体系，重新设计方案，以新的测绘资料为底图，保证地图集的精确性。

以往的历史地图，一个朝代绘一幅全图，且简略，位置也不准确。清代杨守敬《历代舆地图》采用了将全国分解为数十幅图的方法，中原一带的地名过于密集，很难辨认。随着朝代的更替，疆域、政区及地名变幻无穷，有时，一个朝代就有很多变化。从浩如烟海的历史脉络中，挖掘出当时的地名位置，其难度难以想象。为使《中国历史地图集》能顺利、完整、精准地编绘出来，尹达还邀请南京大学历史系主任韩儒林、云南大学历史系主任方国瑜、中央民族学院傅乐焕教授、民族研究所冯家升研究员、近代史所王忠研究员、考古研究所所长夏鼐等负责边疆地区及石器时代的编绘任务。

尹达将《中国历史地图集》的编绘工作与编写《中国史稿》的工作结合起来，也有意培养这方面的人才，在历史一所组建了历史地理研究组。通过编写这几部巨著，尹达觉得应多一些这样的机构。尹达与吴晗商量后，向周恩来总理写出关于在国家测绘总局建立历史地图室的申请，经周恩来总理批复后，国家测绘总局测绘科学研究所成立了由 30 人组成的制图和设计室，1958 年任命刘宗弼研究员为制图和设计室主任。

《中国历史地图集》的编绘工作全面展开后，历史研究所一所是重要的协作单位，尹达派出一所的陈可畏、田尚、陈有忠等五人去上海复旦大学历史地理研究室参加编绘工作。

为编写好一部以中国历代疆域政区为主的地图集，1961 年复旦大学历史、地理专业分配到历史研究所一所的 10 名学生，尹达全部派到了《中国历史地图集》的编绘工作上。

尹达在研究中国历史的过程中，发现"中国"这个词语，在中国历代史书上虽多次出现，但其含义却不相同，有时是指中原王朝，但以中原王朝去写一部中国历史，显然会将少数民族排除在中国历史之外，为此，1964 年 8 月，他写出《史学遗产与史学革命》，试图将他对"中国"一词的深度解读告诉大家。此交给《红旗》杂志编辑部，作为内部参考资料。

这年中共中央在全国城乡开展社会主义教育运动，中国科学院也分有任务。10 月中旬，尹达赴山东省海阳县下院口村参加"四清"运动，并任分队长。所谓"四清"运动，即清思想、清政治、清组织、清经济，反贪污受贿，反铺张浪费，反投机倒把，反分散主义。

尹达带队来到下院口村，住进了村民的家中。当时的中国农村正处在严重的经济困难时期，社教的首要任务就是访贫问苦，抓阶级斗争，然后开动员大会，整理发放宣传材料，在群众中宣传党中央的有关政策，并将村里的"五类分子"集中起来劳动、学习开会。尹达带着"五类分子"，白天搞生产劳动，晚上在空旷的场子里开大会，尹达讲国家的政策和大好形势，尹达讲完，还要让"五类分子"各自发言，谈谈劳动和学习改造心得。

当时，基层的工作机构比较多，公社有工作队，村里有工作组，这些组织还要开碰头会，尹达要定期给县里写汇报材料，反映"五类分子"的学习和改造情况。

尹达住在一个不太富裕的村民家，没住多久，这个家庭就断炊了，尹达还要到镇上去买粮食，补贴农民家用。因是寒冬，尹达白天带头参加生产劳动，晚上开会搞政治活动，手脚冻裂了，一到晚上钻进被窝，稍微暖和些，手脚痒得钻心难受。村民告诉尹达，晚上开会回来，先将冻脚搓热乎再睡，或许好一些。尹达照办了，但仍觉奇痒难忍。

因要参加第三届全国人民代表大会第一次会议，于 12 月 20 日，提前离开了下院口村。会议一直开到 1965 年的 1 月 4 日才结束。期间"四清"工作交由副队长田昌五负责。

会议结束，尹达向谭其骧催进度。谭其骧叫苦，说这样复杂烦琐的工程，人手仍然不够，坚持要求增加人手。尹达将全国各大院校的历史人才翻了个遍，这才发现研究历史地图的人才实在太奇缺了。为培养历史地图人才，尹达于 1965 年 2 月给哲学社会科学部两位副主任姜君辰、张友渔同志致信，希望能尽快解决这个问题。

君辰、友渔同志：

这件事，我考虑至再，认为是完全必要的！因为历史地图的制图是历史学科的一项必不可少的东西。目前实在缺乏这样的人才。

"历史地理"的人才，已由复旦"历史地理"专业培养，且已分配给十名，这对于一个新的学科说，是完全必要的。"历史地理"人才，只能为历史地图提供"编稿"，提供编绘草图，并不能绘制或清绘历史地图！

因此，历史地图的绘制就要有专门的人才，才能说是配套成龙了。

目前，国家测绘总局虽说已有"历史地图绘制室"，已有二十多人在工作，但就历史地理及历史学科的需要说，还是远远不能满足需要的。

就最近几年说，"历史舆地图"的清绘就会因人力不足拖延下来。且"中国大地图集"中的"历史地图集"还未开始，将来会迫切需要比较熟练绘制历史地图的编绘人才！如果不早作打算，就会影响今后的工作。

从历史学的发展看，全国有二三十位绘制历史地图的专门人才，对各主要历史系都是完全必要的。

从科学院历史学科各所说，不论是历史所，近代史所或考古所，都需要这样的人才。

所以，我希望能从学部编制中增加五个名额；放在测绘总局，在编制"中国舆地图集"的过程，培养这一方面人才，是完全必要的。

切望加以考虑，是为至盼。

布礼！

尹达

六五、二

此时，中国科学院哲学社会科学部的主任由郭沫若兼任，实际负责学部日常工作的是学部党委书记刘导生，三位副主任是：潘梓年、姜君辰、张友渔。

学部的批复很快，赞成尹达的想法，也给予一定的支持。由此，历史研究所相应成立了历史地理研究室。

1965年，周恩来委托中宣部部长周扬召开会议，决定在中国人民大学成立"七人清史编纂委员会"，由中国人民大学常务副校长郭影秋担任主任委员，组员为尹达、戴逸等六人。尹达虽为组员，但很多事情郭影秋校长还是征求尹达的意见，很多资料也由历史所提供。

1966年"文化大革命"爆发，谭其骧被戴上"反动学术权威"的帽子关进牛棚，受尽折磨。《中国历史地图集》的编绘工作陷入停顿。

十八　访问缅甸

1965 年秋，学部交给尹达一个重要任务，让他带几名科学家到缅甸进行友好访问。出访前，尹达撰写了《中缅文化的交流》的学术报告，将两国的历史文化交流进行了一次较全面、系统的总结："中国和缅甸是紧密的邻邦，有两千多公里绵延不断的共同边界。虽说隔着崇山峻岭，山高水急，却是山连着山，水连着水。两千多年来，经过两国各族人民世世代代的友好往来，早已开辟了水陆往还的通道。沿着这些水陆通道，两国之间久已进行着经济文化的交流。"

"缅甸所产的棉花，在很久以前，就传入了我国；缅甸出产宝石，最著名的有琥珀、翡翠等，很早就输入到我国来了。"

接着，尹达从两国的器物上探讨其发展规律："从古工艺美术上看，两国的漆器、象牙雕刻、彩伞以及扇子等等，虽说具有各自的民族风格，但是，无论在风格上、制作手法上，以及彩画上，都有不少相似之处。"

尹达还从缅甸的建筑风格上，找到了中国的影子和交往、交流的印迹："我们两国长期的友好往来中，相互影响，互相观摩，这里面早已存在着某些共同的因素了。"

尹达挖掘历史根源，找出两国间共同的命运历史原因："19 世纪中叶，帝国主义者先后侵入了我国和缅甸，从军事、政治、经济、文化各方面来压迫、奴役、掠夺、剥削我们，也同样的压迫、奴役、剥削、掠夺缅甸……""他们用尽一切办法，隔断中缅两国悠久的历史的友好关系。由于殖民主义者的侵略和压迫，使中缅两国长期陷于经济落后，生活贫困的状况。"

撰写这篇报告，尹达翻阅了大量的文献资料，查找了很多典籍：《史记·西南夷列传》《汉书·地理志》《前汉时代西南海上交通之记录》《中国南海古代交通丛考》《魏志》《魏书·西戎传》《三国志》《新唐书》《旧唐书》《交广印度两道考》《丽水及骠国》《云南入缅甸之西南一道》《云南入缅甸之正西一道》《蛮书校注》《缅甸史》《后汉书·西南夷列传》《中国与亚洲各国和平友好的历史》《广志》《艺文类聚》《太平御览》《蜀都赋》《西京赋》《西域传》《正都赋》《平乐观赋》《汉画所见游记考》《沂南古画像石墓发掘报告》《四川汉代画像艺术》《骠国乐》《太常观阅骠国新乐》《唐要会》《高僧传》《汉魏两晋南北朝佛教史》《大唐西域记》《南海寄旧内法传》《大唐西域求法高僧传》《一切经音义》《宋史·蒲甘传》《可书》《十万卷楼丛书》等。

1965 年 9 月 26 日，尹达率社会科学家一行三人从北京出发，到缅甸进行友好访问。第一站到缅甸首都仰光，在缅甸学者的陪同下，与缅甸学术界进行了广泛的交流。尹达从两国友好的悠久历史往来、文化的相近、相交和渊源讲起，还举出一些典型的例证，来证明两国交往的历史和友谊，共同点和相似处，以及共同的命运和向上的理想愿望，深受缅甸学术界好评。

随后尹达又访问了曼德勒、蒲甘、石阶等地。所到之处，也都受到热情的接待。

1965 年 10 月，学部领导层进行了调整，关山复任学部党委书记，杨述任学部副主任。关山复主持学部工作，对学部的政治学习抓得非常紧。

第七章　风骨著史　丰碑留青

一　风云悸动

1966 年年初，中国的政局被一种新动向冲击，高层的问题、矛盾好像都到了沸点，大有洪流漫延之势。尹达在政治的激流涌动中，不得不驾一叶小舟，逐浪搏击。

2 月，尹达在原《史学遗产与史学革命》基础上将《史学遗产与史学革命》的一部分改写为《必须把史学革命进行到底》一文，在《红旗》杂志第三期上发表。尹达还写了《前记》附在文中："这篇文章是一九六四年八月写的，这次发表，只作了个别文字修改。文章里谈的史学研究中的一些错误倾向，当时只是作为一种社会现象来考察的，没有指名道姓地进行批判，但是，这里所谈的一些错误倾向是有事实根据的。文章中对史学革命的一些看法是否妥当，请同志们批评。"

文章发表后，尹达才知道陈伯达、康生、戚本禹等人将文章又进行了修改，使内容的批判性更加向左，文章字里行间都带着时代的锋芒和政治的烙印。本来，史学革命是一个文化学术语，意思是研究历史要探究历史的发展规律。此时，被别有用心的人当成一种倾向性的武器，挥向史学领域。尹达心中忐忑，惶恐不已，即刻找时任《红旗》杂志总编辑的陈伯达理论，质问他为什么不经他允许就篡改他的文章。陈伯达含糊其词，喋喋不休地赞美文章如何有分量，毛主席看后怎么怎么赞赏等等，就是不正面回答问题。尹达见理论未果，拂袖而去。从此，尹达与陈伯达之间有了心结。

3月2日，《人民日报》转载了《必须把史学革命进行到底》一文。本来，尹达这篇文章是对《史学遗产与史学革命》中左的观点进行改写，还写了《前记》说明问题。可文章已刊登，生米做成熟饭，尹达失望之极，也无可奈何。

4月5日，北京市委常委召开常委会议，奉中央政治局之命，决定批判吴晗、邓拓、廖沫沙，说他们犯下了修正主义错误，学术界必须要进行文化革命。一时间，北京城风声鹤唳，岌岌可危。

政治风暴面前，人们不得不放弃业务和工作随波逐流。尹达白天参加学习、会议、运动等等，到夜深人静时，将出访缅甸的报告《中缅文化的交流》补充些内容后，于1966年4月初定稿后送到《人民日报》待发表（于4月18日《人民日报》刊登）。

自50年代后期的政治运动开始后，尹达一向是将白天和夜晚的事情分得很清楚，白天参加政治学习、运动、会议。夜晚进行业务工作。他从不将精力集中在运动上，而是放在夜深人静的工作和业务研究中。

4月12日，《红旗》杂志总编室通知尹达13日上午到《红旗》杂志编辑部开会，并强调是重要会议。

《红旗》杂志社在沙滩中央宣传部大楼办公，尹达到时，编辑部好多人已就坐，陈伯达见尹达进来，打手势让尹达坐他右侧。

陈伯达开门见山地说，中央为加强对学术批判的领导，决定成立《红旗》杂志学术批判领导小组，小组由八人组成：陈伯达、尹达、王力、范若愚、关锋、戚本禹、穆欣、杜敬。这八个人除了他和尹达外，其他都在《红旗》杂志工作。陈伯达把脸扭向尹达，一副讨好的样子，右手拍着尹达的肩膀说，咱们两个"达"又可在一起工作了。说完，陈伯达得意地笑了笑。陈伯达讲话后，给每个小组成员安排任务。

小组每周开一次讨论会。一次，讨论会结束后，陈伯达追上尹达，要尹达写批判文章。尹达模棱两可地笑了笑。陈伯达也笑。上次他动了尹达的文章，尹达不满，一直疏远他。陈伯达又说，尹达是学部的"四大金刚"之一，是历史所的权威，政治与史学向来是分不开的，"以史为鉴"，足以见得尹达的那块阵地有多重要！劝尹达一定要跟上形势的发展，千万莫掉队。

尹达不置可否地又笑了笑。尹达明白陈伯达的用意，想再次拿他当枪使。吃一堑，长一智，他再也不会钻别人的圈套了。

学部"四大金刚"之说，史学界早有传闻，他们是经济所所长孙冶方、文学所所长何其芳、近代史所所长刘大年、历史所副所长尹达。

中国科学院的哲学社会科学部，简称学部，是领导和进行人文与社会科学研究的最高机构。名义上属于中国科学院，实际由中共中央宣传部领导。学部的主任和"四大金刚"有参加中宣部部长会议的权利。

1966 年 5 月，尹达带队访问越南，与越南的史学界进行学术交流。从越南回来后，本想就越南访问写点东西，此时，《中国历史地图集》的图幅基本汇齐，尹达还忙着审稿。按计划 1967 年年底图幅将全部编制完成。所以，越南行的文稿不得不放一放。没想到，这一放竟是无期。

此时，全国各大媒体和报刊杂志都在发表姚文元、戚本禹批判邓拓的文章，揭发邓拓是反党反社会主义的头目，诬邓拓是叛徒。

　　在《五一六通知》后的第三天凌晨，邓拓以死抗争，自缢身亡。

　　邓拓走了，含恨而去。邓拓的死让尹达非常纠结。接着，吴晗被正式揪出来批斗，5月下旬，学部各研究所除了批判吴晗，还批判"三家村""青春漫语"。学部将批判材料整理出来，再印发给各所，各所都开批判会。学部大院到处是大字报和标语："打倒吴晗！""吴晗是修正主义的史学权威！""打倒三家村！"等等。

　　蹊跷的是，尹达却稀里糊涂地被纳入中央文革小组成员。组长是陈伯达，组员有康生、江青、张春桥、吴冷西、王力、尹达、陈亚丁、关锋、戚本禹、穆欣。此时，这个小组也只是中央常委的秘书班子而已。接着，毛泽东将这个小组交由陈伯达组阁，陈伯达与江青商议名单后，稍有变动，在组员名单中将康生列为顾问，增加王任重、刘志坚、张春桥为副组长，姚文元为组员。去掉吴冷西。办公地点设在中南海钓鱼台14楼。

　　1966年5月28日，中共中央下达《关于中央文化革命小组名单的通知》，尹达被召去开了一次重要会议，领了会议精神。会后，陈伯达踌躇满志，一副志在必得的样子对尹达说，要运动了，我们都要抖起精神，大干一场，一显身手。

　　尹达也做好了充分的思想准备，以极大的热情投身到这场文化战线的革命运动。可"文化革命"运动究竟是什么呢？尹达理解的是反对文化战线的反党、反社会的修正主义、右派分子。运动要开始了，作为中央文革小组成员，尹达首先审慎地检查自己和所领导的组织，他认为，历史研究所不存在这样的问题，他们不反党，不反社会，都能艰苦朴素，兢兢业业搞史学研究，为新中国的历史研究事业努力工作和奉献，所以他庄严宣称：中国科学院历史研究所是史学界的红色堡垒。

二　引火烧身

历史所副所长侯外庐曾以"常谈"为笔名，给吴晗的《海瑞罢官》写过书评，受到株连。于是，中国科学院到处张贴着批判侯外庐的大字报。

尹达得知消息后，立即去看个究竟，果真如此，说侯外庐是"三反分子""黑帮""叛徒"。说侯外庐反党反马列主义反毛泽东思想，他执行了"右倾机会主义路线"，是右派翻天。尹达找到学部领导替侯外庐鸣不平，说侯外庐同志是历史所副所长，他与侯外庐共事多年，他工作兢兢业业，对党忠诚，从未发现他有反党反社会言论和行为，执行的都是党的政策，他翻谁的天？

6月2日，在戚本禹的策划下，历史所的几个造反派在批判侯外庐的大字报旁边，张贴批判尹达的大字报，批尹达执行了"右倾机会主义路线"。第二天，拥护尹达的人就将原来张贴大字报的地方覆盖上新的大字报，说尹达是历史所的"左派"，是中央文革小组成员，是"文化革命"的领导者之一，批尹达就是反动。随后，学部责令这几个造反派写检查，交学部处理。

随后，中央派到学部一个工作组，就此拉开了中国科学院"文化大革命"的序幕。

序幕拉开，批判侯外庐就成了中国科学院的一部大剧。于是，批侯外庐的大字报铺天盖地。尹达是历史研究所第一副所长，也是历史研究所的实际掌门人，批谁，反谁，尹达有权干预。尹达理直气壮地站出来说，侯外庐只是对《海瑞罢官》点评而已，这都是学术界的一点认知，与政治扯不上关系。说他了解侯外庐，侯外庐对党忠诚，对人民忠诚。作为中央文革小组的成员，尹达的反对意见，很有效。一时间，批判侯外庐的浪潮好像平息了些。

尹达保侯外庐之事很快有人汇报给陈伯达。陈伯达对尹达非常不满，将尹达叫到中南海钓鱼台 14 楼的办公室批评尹达。尹达不服，据理力争。陈伯达暴跳如雷，指着尹达的鼻子说，你要有政治头脑，更要有路线觉悟，都什么时候了，你还跟中央对着干！嗯?！

尹达说，我们可开辩论会，是非曲直摆一摆，不要动不动就给人扣帽子，批人整人，进行肉体折磨。尹达想象着通过辩论会，像主持编写《中国史稿》时，大家开始辩论得面红耳赤，道理讲清楚了，解决办法找出来了，情绪自然就平静了。当然，这只是尹达的一厢情愿。

陈伯达拍着桌子说，好，就开辩论会。

1966 年 6 月 8 日，中央文革小组派到中国科学院的工作组在学部食堂召开学部全体和红卫兵参加的万人"辩论会"。①

辩论会未开始，红卫兵先呼口号：打倒侯外庐！侯外庐是资产阶级的学术权威！侯外庐是黑帮分子！

面对群情激昂的呼声，尹达未退缩，他理直气壮地将侯外庐的工作精神，著述成就，为人处世态度，以及生活作风告诉大家，尹达将他们驳斥得理屈词穷，极力为侯外庐伸张正义。

陈伯达在会场上与尹达针锋相对，说学部问题非常严重，尤其是史学界，资产阶级的学术权威占领了史学阵地，我们一定要深挖，深批，深斗，让他们遗臭万年，永不得翻身！又含沙射影地说，有人出面保护"黑帮""三反分子"，这是一种严重的反党、反人民、反国家的行为，错误非常严重。请有些人想明白，不要做"保皇派"。陈伯达还说，他

---

① 《尹达史学论著选集·序言（侯外庐）》。

不会做"保皇派的保皇派"。意思是说，尹达保护侯外庐，他决不保尹达。陈伯达还奉劝尹达，不要引火烧身。

万人辩论大会结束后，尹达即召集历史研究所近 200 人的座谈会。以往座谈会讨论的是史学研究、编著方面的问题，这次座谈的是"文化革命"的问题，好多人对文化领域的革命提出质疑。大家都认为尹达是中央文革小组成员，借座谈之机想弄个明白，于是有人问尹达，什么是"文化革命"？尹达想了想，引用了陈伯达多次在中央文革小组会议上发威时讲的话："文化革命是把脑袋别在裤腰带上干革命，随时有掉脑袋的危险。"其实，"文化革命"究竟是什么，尹达也说不清楚。

时任中联部副部长的赵毅敏，在运动刚开始时，觉得在党内批判修正主义的错误是有必要的，防微杜渐嘛，还多次与尹达进行沟通，交换意见。尹达侄子赵战生在中国科技大学任教，学校的"文化革命"运动开展得轰轰烈烈，学校的师生分两派，东方红派、延安派。一派造反，一派保护。造反派批判校党委领导，全是些莫须有的罪名，年轻气盛的赵战生和一批留校的年轻党员们一起站出来为校党委鸣不平，写出"九评校党委的正确领导"一文张贴在墙上，结果遭到造反派的攻击。赵战生不解，回家问赵毅敏什么是"文化革命"，谁是谁非，到哪儿说理去。

赵毅敏时刻关注"文化革命"的新动向，由一开始的辩论会，呼呼口号动动嘴，宣泄一下情绪，逐渐到围攻、殴打、侮辱、打砸抢的暴力乱象，随着运动态势的转变，他有些迷茫，就拉上赵战生去中央文革小组驻地钓鱼台 15 楼找尹达。

赵战生一见尹达，就竹筒倒豆子般将学校闹嚷嚷的情况讲了一遍。尹达劝侄子说，运动刚开始，不要捂盖子嘛，要揭开看看。赵战生问尹达在学校如何站队，是对是错总得有个立场吧。尹达又说，你要站到中间去，不要站到哪一派去。要顾全大局。①

　　赵毅敏问尹达"文化革命"究竟要怎么搞。尹达说各个领域各行各业，每个人都应接受组织审查，找出问题没啥不好，改正错误，以利再战嘛。令赵毅敏费解的是，动不动就人身攻击，暴力侵犯，那些老革命、老干部、老学者承受如此残忍的皮肉之苦，对他们很不公平。尹达说运动的形式出了问题，应给予纠正，他会在中央文革小组会上提出来。此时，尽管弟兄俩对时局有些不满，但对"文化革命"的正确性仍充满了信心。

　　全国的造反派调子正在高潮期，而历史所的造反派受到学部的打压，造反派很不服气。7月16日深夜，历史所的造反派在学部大楼的门厅最显眼处张贴尹达的大字报，揭露历史所发生的打压造反派的事件。学部知道后，对历史所的造反派再次进行批评，并让他们承认自己是反党反社会主义，被关押起来。造反派在学部党组的打压下，不得不屈服，其中，造反派头头还"低头认罪"，并在深夜张贴了一张检讨书。

　　7月17日下午，关锋、戚本禹气势汹汹来到学部，找到学部工作组组长张际春，代表中央文革小组传达陈伯达的指示，要张际春立即召开会议为造反派平反。

　　为造反派平反的会议设在历史所的小礼堂，历史所近200人参加了会议。主持会议的关锋，乍一看身材矮小瘦弱，可一开口，嗓门大得像铜锣。讲话时挥动着手臂，像斧头般劈来劈去，来势汹汹，不可一世。他讲到，历史所应该与中央的革命精神保持一致，转变思想观念，要立即从行动上转过来，共同搞好"文化大革命"。接着，关锋宣读了陈伯达组长的三点指示：

-----

　　① 赵战生访谈。

一、郦家驹立即停职反省。

二、立即释放一切被关的群众。

三、切断尹达与历史所的一切关系。

尹达被停职了，但他并未沮丧，他相信真理永在。

深夜，侯外庐来访。侯外庐是步行走来的，气喘吁吁的样子很紧张。侯外庐一进门便迫不及待地说，尹达，这么晚了，还来打搅您。尹达给侯外庐让座，喊高岚倒水。侯外庐一屁股坐在尹达家的小凳子上，接过高岚端的白开水，咕咚咕咚喝了起来。喝完水，一抿嘴说，尹达，你说说，邓拓被逼死了，吴晗受这般屈辱……我被批来斗去，你又被停职了。这究竟要干什么呀？

尹达沉思一会儿解释说，要相信组织，相信党。侯外庐既感激又担心地说，您为我仗义执言，你可要当心啊。

尹达也安慰侯外庐，说无论遇到多大困难，都要坚强地活着。

1966 年 7 月 30 日，学部在食堂再次召开"辩论会"，陈伯达坐在主席台上，直视尹达的"错误"，说尹达不知轻重，跟反革命、反党、反人民分子走得太近，几乎走到了右倾路线的阵营，要尹达迷途知返，小心无产阶级专他的政。

尹达慷慨陈词，历数侯外庐的业绩。再次提出，学术的争论，要用学术批评的方式，而不是现在推到会场，跪着被打骂。陈伯达声色俱厉地说，尹达再执迷不悟，再保护侯外庐，他绝不做"保皇派的保皇派"。

1966 年 8 月上旬的一个下午，戚本禹带着关锋、曹轶欧、李讷来到学部，点名要见造反派的人。时任国务院文办主任兼学部工作组组长的张际春找到尹达的秘书翟清福，让他找造反派的人到学部大楼潘梓年办公室去开会。

翟清福领着造反派的几个人去见戚本禹，一进门，戚本禹尤显热情，说来来来，坐我身边。又说，有人说你们是我的人，我是你们的黑后台。检讨了吗？造反派的人说，检讨了。戚本禹说，让你们受苦了！戚本禹突然脸色一沉，狠狠地说，检讨收回，你们造反是对的。重新起来跟他们斗！

关锋说，据他们了解，这几天历史所发生了严重的镇压造反派的事件。今天，按照陈伯达和康生的指示，为造反派平反。希望以张老为首的工作组协助做好工作。

高压之下，张际春不得不承认错误。关锋要求张际春将局面扭转过来。此时，关锋伸手看了下腕表，说，七点了。八点召开历史所全体人员会议。于是，历史所的人立即行动起来，分头通知人来开会。

晚八点多，历史所的小礼堂里挤满了人，关锋、戚本禹、张际春及工作组全体人员都在会场。关锋代表中央文革小组宣布为历史所的造反派平反。要求大家一起揭露郦家驹等人镇压造反派的罪行。随后，历史所成立了"文革小组"，直接由戚本禹指挥。

随着红卫兵组织的蓬勃发展，8月27日，学部也成立了第一个造反派组织"学部红卫兵联队"，历史所也成立了"红卫兵支队"。

1966年8月底，陈伯达患肺炎住院治疗。8月30日，中央下文由江青代理中央文化革命小组组长，从此，江青牢牢掌控了中央文革小组的大权。江青要求中央文革小组成员必须在中南海钓鱼台14楼办公，且吃住也在14楼，离开时必须向她请假。尹达与其他文革小组成员一样，带着洗漱用具、换洗衣服和被褥住进了钓鱼台14楼。

陈伯达出院后，再次找尹达谈话，希望他站稳无产阶级立场，与侯外庐之类划清界限，让尹达写出批判侯外庐的理论文章，发表在《红旗》刊物上。

尹达断然拒绝了陈伯达的无理要求，反击说，他是一名中共党员，是一位坚持真理的无产阶级革命战士，不愿做违背良心的事。此时，陈伯达说："尹达，人各有志啊。我已保护不了你了。江青组长请你回历史研究所接受审查。"

尹达早看透他们的行径，也早想离开中央文革小组。尹达拍案而起，说："道不同不相为谋。什么中央文革小组，我不干了。"尹达愤然离去。

当时，尹达在钓鱼台 14 楼还放着衣物、牙具和书刊、笔、本等物。此时，有人善意地告诉尹达，请他将房间的衣物带走。60 岁的尹达甩开膀子，大步流星地走了出去，边走边说，不要了，这里的一切都不值得带走！①

尹达刚回到家，学部的红卫兵联队和历史所红卫兵支队的人已尾随而来。红卫兵一进门就大声呼喊口号：打倒尹达！尹达是"反动学术权威"！尹达是"牛鬼蛇神"！

尹达并未胆怯，而是理直气壮地与他们吵了一场，接着一拨一拨地来，轮番轰炸，尹达与其理论得嗓子嘶哑，精疲力尽。

所谓审查，就是开批斗会，政治学习等等，江青给尹达扣了一顶"反动学术权威"的帽子。

9 月初的一天，早八点，戚本禹奉江青、陈伯达之命，召集历史所造反派开会。戚本禹乘坐着轿车来到历史所，下车后吩咐司机将小车停到历史所办公楼的后边，派头十足地走进会议室。

早已等候在会议室里的造反派见戚本禹走进来，报以热烈的掌声。戚本禹双手示意大家坐下，由于激动，便开门见山地说：现在历史所是你们当权了！有人疑惑地问，那，尹达呢？

戚本禹故意轻描淡写地说，尹达，路线错了呗。哎呀，可惜了！我原来觉得尹达学问很大，通过前一段的接触才知道，原来也一般般。都

---

① 赵战生访谈。

说他很严谨，有时也信口开河。我记得有一次，他硬说赛金花还活着，就住在天桥附近。哼哼哼哼……冷笑几声后，会议室鸦雀无声，死一般寂静。

过了会儿，造反派有人讨教，顾颉刚怎么办？戚本禹脸色一沉说，凭他攻击鲁迅也该打倒！转而一想，又说，尹达在历史所掌权多年，你们几个势单力薄，要团结大多数，批判资反路线要讲策略。

参会人员陆续到齐，造反派对尹达的批判开始了。"牛鬼蛇神"们在学部大院游街的时候，尹达被迫戴上了一顶纸糊的帽子，跟着大队人马走了一圈。尹达被推到会场，任由他们罗列罪名，横加指责。

开完批斗会，尹达刚睡下，突然，一群人将门砸开。尹达、高岚与孩子们赶紧穿上衣服，躲在墙角里，任由来人发疯、癫狂。这群人，见人就推倒，见东西就砸，尹达家的锅、碗、水壶，还有一些简陋的家具被砸得稀里哗啦，狼藉一片。

1966 年 9 月 12 日至 17 日，学部进行了长达七天的辩论会，红卫兵与反对派一对一发言、辩论，唇枪舌剑，双方都使出了浑身解数，个个喊得声嘶力竭，结果也没分出胜负。

尹达犯愁，再这样闹腾下去，《中国史稿》《中国历史地图集》的编纂工程就无人问津了。尹达对学部的年轻人无知造反及鲁莽、幼稚的行为感到气愤，对混乱的政局表示担忧，他情不自禁地写了首打油诗，塞进抽屉："众人都已开会去，此地空余办公楼。屉里稿稿无人瞅，伟大事业使人愁。"

1967 年 3 月 16 日，中共中央印发的所谓《薄一波、刘澜涛、安子文、杨献珍等为首自首叛变材料的批示》和附件公布后，"六十一人叛徒集团案"震惊全国，之后，中央文革小组召开了揪叛徒大会，接着在高级干部中刮起了"抓叛徒""揪叛徒""深挖叛徒"的狂风骤雨，全国的报刊杂志上号召"革命群众"认真清查敌伪档案，把隐藏在各地区、各部门、各角落的叛徒、特务、里通外国的坏分子清查出来，根除后患。

于是，全国各地的造反派行动起来，成立抓叛徒组织，多少高干的历史都被晾晒出来。此时，东北大连海运学院的造反派以赵毅敏1931年11月在奉天被捕入狱又获释为由，调查赵毅敏。中联部的造反派联合大连海运学院的造反派，不分青红皂白就将赵毅敏污蔑成叛徒、苏修特务等。

赵毅敏白天还与周总理接见外宾，晚上，一群人翻墙而入，砸开房门，拿着手电在屋里乱翻，当看到墙上挂着赵毅敏与夫人徐秀凤的合影，也被取下来，在照片上用红笔打"×"说，这些是资本主义的东西，打叉打叉。然后踏上一只脚踩了踩说，叫他们永不得翻身。

赵毅敏从此被打倒了，停职在家，接受造反派的批斗，有批斗大会就将赵毅敏拉扯出来，斗争结束再送回家中。一次，中联部造反派又来拉赵毅敏出去批斗时，赵毅敏在家不慎煤气中毒，经抢救苏醒后，造反派说赵毅敏是"畏罪自杀"。为防止赵毅敏再次"畏罪自杀"，中联部造反派将赵毅敏控制起来，关在中联部地下室里，由造反派日夜围攻、监视。

康生亲自出马，审问赵毅敏，并给赵毅敏戴了很多顶不实的帽子。

随后，赵毅敏家被查封了，全家人被赶出四合院，无家可归。赵战生将奶奶尹氏送到尹达那里。造反派并未放过尹氏，跑到尹达家指着她骂，说她是地主老婆，养了两个坏儿子，往她脸上吐唾沫，甩鼻涕，气得尹氏晕厥过去。①

尹达被批斗后回到家，得知哥哥的家被抄了，还封了门，全家人没地方住。五万元的存折也在抄家时被收走了。存折是赵毅敏与凌莎在捷

---

① 刘增珍访谈。

克斯洛伐克担任《和平和社会主义问题》杂志中方主编所得的稿费。尹达意识到问题的严重性，赶紧拿着自家的存折取了些钱，给侄子赵战生送去 660 块钱，要赵战生给赵毅敏买些牙具、棉衣等，送到赵毅敏被关押的地方。

此刻，历史所年轻干部叶桂生生病住院，尹达知道刚毕业的学生没有积蓄，赶紧跑到医院给他交了住院费，又给他留下些零用钱，让他安心养病。从医院回来，尹达感到世事难料，便给在沈阳工作的女儿刘增珍写信要她速速来京。此时，女婿刘俊秀已从沈阳军区司令部战勤科转业到沈阳地方工作，刘增珍也于 1959 年夏从青岛市公安局调到了沈阳和平区化工厂任支部书记，1961 年又调到沈阳市服装研究所任书记。

刘增珍来京后，尹达从存折中取出一些钱交给女儿，叮嘱女儿，若他有不测，要她关照两个上学的弟弟。

赵战生因父亲、叔叔的问题也受到了株连，被迫一天到晚写揭发赵毅敏是叛徒的材料。不久，赵毅敏被关押到通县北京卫戍部队某团驻地，从此与家人失去了联系。

学部的批斗会如火如荼，开会时，红卫兵会将尹达捆着带走，要么挨斗，要么陪斗。尹达儿子尹正读中学，尹地读小学，眼睁睁看着自己的爸爸被人绳捆索绑地带走了，心如刀割，哭喊着让他们放了爸爸。

高岚的日子也不好过，因是反动学术权威的家属，又在历史博物馆的领导岗位上，单位也有运动，她自然是被运动的对象。规定她每天未上班前，将历史博物馆庭院、厕所的卫生打扫好，为此，高岚每天五更起床，累得头晕目眩。

红卫兵抄家时，将尹达的书籍、手表等都拿走了，在抽屉里翻出一万块钱的存折，红卫兵恶狠狠地说，拿走，饿死这个保皇派一家。[1]

---

① 赵战生访谈。

因《中国史稿》是由尹达主持编写的，所以批尹达时，也批《中国史稿》。在学部的高级干部会议上，尹达愤怒地拍着桌子，据理力争。尹达说，《中国史稿》是党和组织分配的工作，凭什么说他是反动学术权威？这种胡搅蛮缠、乱扣帽子的运动有什么意义？有人提出让尹达认清形势，认清"文化大革命"。

是啊，尹达早该认清什么是"文化革命"。在早期，尹达的确没有认识到位，现在弄清楚了，是它造成了这一代人心灵的兵荒马乱、信仰的分崩离析和道德的无所适从。尹达终于从"反右"再到"文化革命"的政治运动中清醒过来。它造成了知识分子的群体哀歌，知识分子在这场翻云覆雨的政治变局中，开始了新一轮的凶险莫测的人生之路。前些日子，多少人问过这个问题，尹达总是含糊其词地为其辩解。如今，既然你们让认清"文化革命"，尹达只有心口一致，他玩了个冷幽默，辩论会上尹达大声说："文化革命是什么？就是让我们洗澡，互相都看见了，原来你有一个鸟，我也有一个鸟！"

一时间，会场鸦雀无声，面面相觑。短暂的静默后，所有在场的人又哄然大笑起来。

会后，造反派认为尹达此言有意侮辱"文化革命"，随后就将尹达隔离审查，管制起来，关押在中科院的仓库里。从此，不让回家，吃住在仓库。工资停发了，只给少许生活费。高岚因不配合学部的红卫兵揭发尹达，工资也被停止，给少许生活费。有时红卫兵带走高岚让其揭发尹达，一连数日不许回家。高岚苦苦哀求，说家里还有个未成年的孩子需要照顾，待她安顿好孩子再接受审查，红卫兵才放她回去。

大儿子尹健在北京郊区农场工作。农场的生产劳动特别苦，每天喂牛、挤牛奶、出牛粪、种地等，在劳动时还受了工伤，但他严格要求自己，从不以干部子弟自居，苦活累活抢在前头，每天还要参加农场的政治学习等活动，不允许请假，所以也无法回家照顾弟弟。二儿子尹正在北京第五中学读书，还要参加学校的活动。高岚被放行回来，立即带着三儿尹地去赵毅敏家求助，希望赵毅敏夫人徐秀凤伸出援助之手。这时，赵毅敏被监禁，徐秀凤也是被运动对象，无法收留孩子。就这样，尹地一人在家，任由红卫兵、革命群众推来搡去，有时，尹地一连几天都找不到东西吃。他胆小、脆弱，心理受到了严重的创伤，一见陌生人就瑟瑟发抖，饥饿、恐惧、孤独、无助等将他摧残得骨瘦如柴。

尹达的一句冷幽默，掀起了学部造反派写他大字报的高潮。批尹达是"恶毒攻击文化大革命"。批来批去，铺天盖地的大字报，频繁出现"鸟事"两个字，为此，也赢来很多人围观。大家看后，人们竟忍俊不禁，捧腹大笑，但笑过之后，又冷静思考，他们不得不竖起大拇指，称尹达智慧过人，寓意深刻，堪称传世名言，石破天惊！

学部为开批斗会，在学部院里空旷处搭起一个席棚，席棚里有一处高台，是给被批斗的人留的，被批的人要么站在上边，要么跪在上边，席棚里用砖和木板垒起一条条长凳子，能容纳一千多人。观众可以坐着参加批斗会。

1967 年春天，历史所的文革小组对尹达进行了为期一周的批判。

开会前，学部的红卫兵会敲锣打鼓地游行呼口号，到天安门前迎接中央首长的最高指示。批斗会开始时，宣读最高指示，接着，主持批斗会的红卫兵一声断喝——将反动学术权威尹达带上来。接着，几个彪悍的红卫兵，驾着尹达的胳膊，连推带搡地摁倒在地。有时，尹达还高昂着头，其中一人会将他的头一直狠狠地摁着，直到尹达没有还击的力气为止。原来追随尹达的人也被文革小组的人拉拢过去，站出来揭发尹达，说尹达某年某月某日，派他去找吴晗。还说尹达口头说与翦伯赞有矛盾，私下里翦伯赞给尹达送辣椒面和信。质问尹达与吴晗、翦伯赞都有什么矛盾？尹达在如此凶猛的攻势下，有时只能保持沉默，但却遭到更大的攻击和羞辱。

　　尹达被严格地管制着，不让吃饱，还被刁难，饭热的时候不允许吃，饭凉时再端过来。尹达横下一条心，不管遭受多大的折磨和屈辱都要吃饭，睡觉，保存实力，他等待看这些人的下场。

　　有时，他们也带尹达游街。大街两旁，是观众和打乱棍的群众。群众对"黑帮""反动派""叛徒""走资派"等恨之入骨，一见这些人出现，就会挥舞着棍棒乱打乱骂。

　　人群中一双双愤怒的手向上举着，呼喊着口号：打倒尹达！打倒侯外庐！打倒……尹达在侯外庐的后边，有人猛踢侯外庐一脚，侯外庐受到了莫大的屈辱，气得原地打转转。尹达赶紧凑上前，咬牙切齿地低语道，忍着，这伙人不会有好下场。话音未落，那人又朝尹达飞起一脚，并恶狠狠地骂道，一群臭知识分子，没一个好东西。

　　1967 年 7 月 30 日，中国科学院革命委员会成立。自此，批斗尹达已成常态。"文化大革命"以前，大家都尊称尹达为尹所长、尹老。被打倒后，大家送他外号尹老夫子、尹布衣等。造反派的人直呼他老尹，还有人贬他为尹老左。灾难面前，尹达很坦然，所有称呼，只要加个"尹"字，尹达全应了！

　　1968 年，戚本禹被隔离审查后，尹达的日子才稍有好转。

　　1968 年 2 月，尹达的二儿子尹正中学毕业后，响应国家号召，知识青年"屯垦戍边"。尹正与北京各中学的 55 名学生，经周恩来总理批准赴云南援疆搞建设。尹正走了，他要离开京城，离开爸爸被批斗的地方，他欲展翅高飞，闯出一片天地。儿子走后，尹达非常牵挂，可给儿子写信也受限制，信函必须检查，尹达不好多说什么，只说些鼓励和鞭策的话。

　　尹正到云南东风总场疆锋农场五队支边，即建设兵团一师二团四营七队，地址在云南省大勐龙。因劳动积极，舍得拼命，被誉为"拼命三郎"。尹正在给尹达的信中说，支援边疆建设，决不给爸爸丢脸。

　　尹正是一个坚强、自信、忍耐力很强的人。他刚到农场时，农场分给他开荒的任务。荒芜的土地上，荆棘遍野，杂木丛生，盘根错节。他拿着斧头，将一根根树根砍断，才能刨出来一点点土地。尹正包干的那片林子里，有一棵参天古树需要伐掉，那树粗到三人才能围抱一周。尹正发誓，不将该树伐掉，绝不回营休息。尹正日夜守在树坑里，饿了吃口干粮，渴了喝口冷水，困了就在树坑里打盹，连续十几个昼夜，他一人终于将那棵参天大树伐掉。尹正拼搏的意志，忘我的精神，在农场成为佳话，后《云南日报》以《披荆斩棘的青年人》为题报道了尹正为西南边陲努力工作、勇于奉献的事迹。①

　　1968 年年底，首都工人解放军毛泽东思想宣传队进驻学部，对中国科学院军事化管理，将各所按军队编制编成一个连，将人员编成几个排，所有人都吃住在所里。要求历史所过去对立的两派结对子，彼此交心，一帮一，一对红，进行政治学习。

　　历史所对立的两派矛盾缓解了很多，有的人良心发现，还给尹达承认错误，希望尹达大人不计小人过。尹达看得开，说过去的都让它过去，一切向前看。

　　尹正非常担忧尹达的处境，生怕尹达在困境中走绝路，所以，尹正将一个个好消息传到北京，希望尹达能看到希望，坚定活下去的信心。尹正的成绩的确让尹达感到了宽慰，此刻，尹达要求不高，只要不殃及孩子，孩子们不挨斗，能像正常人那样活着就行。

　　1969 年秋，尹达要去干校学习，侄子赵战生的学校也要外迁，尹达与赵战生商议，让母亲尹氏先回乡躲避。赵战生叫来大姑的儿子魏南山，将尹氏接到滑县牛屯的老宅里。尹氏回乡后，思儿心切，不久，抑郁而死。

---

① 尹达儿媳李德信访谈。

三 "干校"生活

1969 年深秋，学部的"五七干校"在河南信阳。学部全体都要到"五七干校"上学。经济研究所和文学所的人先行一步。学部敲锣打鼓欢送他们启程，他们先到河南信阳罗山县距县城 5 里处的楠杆，11 月，又迁到息县的东岳公社。

男人们集体住在东岳公社棉花厂的仓库里。用木板、门板、小床等并排搭成通铺，大家并排住在一起。

1970 年夏，历史研究所奉命去信阳参加"五七干校"的学习和劳动。尹达将 16 岁的尹地一个人留在家中，携夫人高岚去了息县。

尹达到"五七干校"，分配的第一份工作是挑大粪。东岳公社轧花厂内有一处旱厕，尹达负责将旱厕的粪便挑到粪堆上，再从地里挑些黄土倒进厕所内。当时，人多厕所小，学部的人们排队进旱厕，但不影响尹达的清洁工作，往往是一边有人大小便，他一边打扫卫生。每天清洁一次，但不能与正常的劳动相冲突。

学部的"五七干校"由军队管制，白天生产劳动，晚上政治学习。天不亮起床，去田野参加生产劳动，干到天亮再回来吃早饭，饭后再上工，中午有时会将饭送到田野里，大家吃完饭休息半个小时，继续劳动。晚饭后，集体学习，大家围坐在轧花厂的院子里学习中央文件，学习《人民日报》、《光明日报》、《红旗》杂志和中央首长的指示精神。学习后，继续开批判会，开展批评与自我批评，交流学习心得，写学习笔记。尹达觉得政治斗争的星沫子，从喧嚣的京城追到宁静的乡村。但每当他望一眼田野风光，或是看到农民朋友朴实、厚道、善良的微笑，便会有一种生存在人间的感觉。

高岚与其他家属住在一起，一间屋住三四个人，平时不允许相互来往，夫妻间也不能随意谈话和交流，有事可书信联络。女同志的活计稍轻些，如择菜、打扫卫生、收发报纸等。因高岚是"反动学术权威"的家属，是被劳动改造的对象，所以分配的农活较重些，另外，她还负责打扫女厕卫生。

不久，东岳公社轧花厂投入生产，学部的"五七干校"必须从仓库搬走。东岳公社做出决定，让附近的村庄每家每户腾挪出一到两间房子，让学部的人住，吃住在农户家。学部明文规定，不准向农户介绍自己的姓名，不准讲北京的事情，不准与农户搞亲密关系。

如何解决住宿问题，学部决定选址自己动手盖房子。于是，男女老少齐上阵，砍树、打水、和泥、脱坯。脱坯是苦力活，拿笔杆子的手，干起农活，尤显拙笨。脱出来的土坯歪歪扭扭，没棱没角，一天下来，个个累得腰酸背疼。

此时，尹达 60 多岁，因强体力劳作，又缺营养，两鬓染霜，沧桑了许多。但尹达内心强大，意志不垮。无论怎样的体力劳作，尹达都一丝不苟。方坯脱得规整，棱角分明。尽管每天的农活都很吃力，但比起被批斗或被羞辱，心情舒展很多。

在学部的"五七干校"苦干两月余，是年秋，在农场里建起了住宅、厨房、会议室等 700 多间房子，一排排房子，整齐有序，古朴典雅，错落有致，给农村的旷野增添了一道亮丽的风景。

"五七干校"纪律严明，请假制度相当严格，有病必须到村卫生室开条子。下地劳动集合排队，要报号。劳动归来也是排着整齐的队，军宣队的同志还喊着"一、二、一"的号令。有时，大家劳动一天，累得精疲力尽，学习时不免睡意来袭，军宣队的同志就让大家唱歌提神儿，或围成圆圈跑步，集体体罚。

尹达与高岚人在信阳心在北京。尹地的衣食住行成了问题，他们决定求助在沈阳工作的女儿刘增珍。刘增珍接信后即赶往北京，带着馒头、咸菜、食油、干面条等照顾尹地。因工作关系，刘增珍不能长期留在北京照顾弟弟，她总是北京、沈阳来回跑。

苦难不仅能锻炼人的意志，有时也可孕育生存的芬芳，尹达内心的淳厚和善良是不可能被歪风击垮的。尹达平时话少，笑得也浅。但该说的话，必定语出争锋。一次，田间劳动休息时，学部的红卫兵凑到尹达脸前说，有人想问你，现在味道如何？是批判别人好？还是被别人当成靶子指着鼻子骂好呐？

尹达苦笑一下，若有所思地说，有一首诗不错，"飞鸟尽，良弓藏，狡兔死，走狗烹"，不知你会不会背？或许是良心发现，还是在生活和实践中有所醒悟和反思，那人不但没与尹达争执，也没向学部告状，沉默一会儿，径自悄悄走开了。

在那个革命无罪、造反有理的年代，尹达望着那个悄悄离开的年轻人的背影，突然觉得生活和未来还有希望。

大自然的恩赐，让尹达能在田间地头、沃土旷野里仰天长叹，一吐心中之怨。在窄窄的泥泞的小路上走走，多了些返璞归真的情怀，一些不快便能释怀。尹达相信，历史绝不会定格到这个时代，春天和黎明总会在不经意间到来。

尹正不断从云南建设兵团报来喜讯。倔强的尹正向组织申请到最艰苦的地方去，于 1970 年 6 月，他调到新建的云南生产建设兵团一师六团十五营，地址在勐腊县勐捧。尹正来信说，他种的香蕉、果树、甘蔗丰收了，他由一名不会使用农具的高中生，逐渐磨砺成一个劳动者，还被提拔为一师六团十五营副营长。儿子的喜讯，无疑是漫长黑夜里的一道亮光，照耀在尹达困厄的心坎上。尹达看完信，再装进信封里交由部队的同志转给高岚。

1971 年春，学部"五七干校"奉命停办，全体人员迁到信阳市明港镇一处废弃的兵营。劳动任务少了，政治学习、批斗会多了，揭发批判"五一六"分子的运动开始了。

1971 年 9 月 13 日林彪反革命集团覆灭，尹达仿佛看到了曙光。

他惦记起郭沫若来。"文化革命"初期，尹达相对自由的时候，郭沫若陷入了泥潭，那时，郭沫若身体不好，造反派还逼他写检讨书，郭沫若悄悄与尹达联系，让尹达代笔，替他写检查材料，写好后由尹达秘书翟清福给郭沫若送去。尹达被管制起来后，郭沫若遭难更多，两人也失去了联系。

郭沫若的处境稍有改变后，即向周恩来总理申请《考古学报》《文物》《考古》三份杂志复刊。周恩来总理批复后，这三份杂志才得以重见天日。

1971 年秋，尹达觉得政治气氛有些向好，立即给郭沫若写信，建议重新组建《中国史稿》的写作班子，将搁置下来的《中国史稿》完成。

郭沫若接信后，立即请示周总理，并建议将尹达和刘大年从"五七干校"调回北京。周总理批准后，郭沫若即函尹达与刘大年回京。

1972 年年初，尹达与高岚于一个寒风凛冽的日子，回到了阔别近两年的北京城。

第八章　忍辱负重　砥砺前行

一　忍辱负重

尹达一到北京，即马不停蹄地联系《中国史稿》编写组的同志。参与编写《中国史稿》的历史学家几乎都被批斗停职，或被逼死，原来的班底四分五裂。尹达就带着刘大年等几人一起到前海西街郭沫若的住所，听取郭沫若对重新启动编写、修改《中国史稿》的指示。

尹达与郭沫若多年无音信，此次相见，尹达已 66 岁，郭沫若已是 80 岁高龄。尹达一进门，见郭沫若颤颤巍巍地站在门口，两人四目相对，一个泪花闪闪，一个泪如雨注。在这种令人窒息的政治空气面前，他们竭力控制着忧伤的情绪，尹达问候，郭老身体还行？郭沫若嗯了声说，你也不错?！大家也都小心翼翼地问候郭沫若。大家谈话尤显谨慎，不谈国事，不诉委屈，只谈业务。心有灵犀，不用赘言。

尹达征询郭沫若的意见，郭沫若说他并未有新的指导思想，鼓励尹达努力把《中国史稿》编好。因田家英含冤离世，在当时是非颠倒、时局混乱的政治生态下，尹达认为五四运动至中华人民共和国这段历史无法编写，由谁执笔修改进行了讨论。郭沫若决定：《中国史稿》只写到五四运动。刘大年建议，将近代史部分分出去，独立成书，书名定为《中国近代史稿》。郭沫若同意刘大年的建议。尹达提出修改《中国史稿》还要充实一部分人进来，郭沫若说待学部会上定。会面时间很短，大家便从郭沫若家出来。

此刻，组织上并未恢复尹达历史所副所长职务，组织编写、修改《中国史稿》无职无权，更不消说当时历史所的物质条件，其难度之大，困难之多，可想而知。

《中国史稿》编写组的同志们积极投入到紧张忙碌的编修任务之中。修订过程中，尹达对出版的《中国史稿》第一册、第二册提出了很多修改意见，大部分章节需要重新编写。

困难不仅可以磨砺意志，有时还可激发一个人的创造力。尹达每天工作十几个小时，中午不休息，晚上还要加班到深夜，全身心投入到这部鸿篇巨制中。由于修改任务较重，尹达觉得人手仍是不够，请示郭沫若后，将正在咸阳挖周勃墓的石兴邦调到北京来。

石兴邦正在咸阳的窑洞里探宝，北京来电说有要事相商，顿时，年轻的心对北京的召唤充满了憧憬和向往。向尹达报到时，石兴邦的脸上洋溢着青春的异彩和光芒。

尹达见状，与石兴邦开玩笑说，看把你乐的，叫你来不是给你好吃的，把《中国史稿》修好，史学界和郭老对我们给予厚望，我要你限时将分配给你的任务完成，否则就要换人来接替。石兴邦信心百倍地说，请老师放心，保证完成任务。此刻，尹达没职没权，还是尚未"解放"的"重点审查对象"，"所长"不能叫，"老尹"不能喊，不尊他老师叫什么呢？

尹达在"文化革命"的运动中经历了那么多的磨难，还能如此乐观豁达，从容面对，工作起来劲头十足，他的精神感染着编写组的每一个人。

尹达对修改工作要求非常严格，希望大家众志成城，为史学界再立丰碑。修改中，与几十位各研究机构、观点各异的人统一认识，是多么不容易，往往是与这个谈完观点看法，又与另一位谈，再与其他人谈，谈完后，他再归纳整理提炼，然后大家再坐下来交流论证，求同存异，直到达成共识为止。

1974年年初，《中国史稿》第一册修改任务即将竣工时，"批林批孔"运动开始。郭沫若又遭诬陷，处境危难。1974年1月，江青在中央直属机关和国家机关"批林批孔"动员大会上，扯着嗓子喊，郭沫若来了没有？郭沫若答应来了。江青说，郭沫若"对待秦始皇、对待孔子那种态度和林彪一样"。会后江青、张春桥到郭沫若的家里，逼郭沫若写书面检讨。

江青向郭沫若发难，是因郭沫若的《十批判书》。《十批判书》认为孔子的主张顺应了社会变革的潮流，肯定了孔子和先秦儒家思想，对秦始皇和韩非的法家思想有偏见，批判秦始皇是一位空前的大独裁者，不给人民说话的权利。江青和张春桥说郭沫若用秦始皇来影射毛主席。

郭沫若与其争论起来，说他写《十批判书》的时候针对的是蒋介石。

江青不依不饶，与张春桥一起，逼郭沫若写检查，不写不走，遭到了郭沫若的拒绝与严正抗议。他们在郭沫若家待了半天未果。

随后，全国各地开展了轰轰烈烈的"批儒评法"斗争，编写和修改《中国史稿》的工作遭到严重干扰。尹达与编写组同人的日子越发艰难了。

由于1962年《中国史稿》第一册出版时，对孔子和先秦儒家的评价基本是按照郭沫若《十批判书》的观点。如何评价孔子，定论儒家学说，让尹达颇费心思。尹达从中国科学院出出进进，到处都能看到墙上张贴着"把批林批孔的斗争进行到底！"的标语。这是一个一切学术都必须服从政治的年代。随着"批儒评法"的声浪不断高涨，再保持1962 年对孔子的定论显然是行不通的。经过大家一番讨论，把孔子定义成"日趋没落的奴隶主贵族的政治和思想上的代表，一个著名的反动人物"。

随着路线斗争的不断深入，1975 年 11 月到了"批邓、反击右倾翻案风"时，尹达又被揪出来作为批判对象，《中国史稿》编写组也被工、军宣队勒令解散。

《中国史稿》第一册新一版在出版前，尹达仍处在被监视中，他冒着被扣上复辟的帽子的危险，召开了由多名史学研究者参加的座谈会。会上，尹达说，不仅原始社会要贯彻马克思主义理论，全书都要用马克思主义的观点来分析中国历史的发展实际。显然，尹达是想将对孔子的错误评论纠正过来，向学部汇报此事后未果。时学部仍掌控在造反派的手里，尹达对《中国史稿》已无动刀的权利。

1976 年 7 月，由郭沫若主编，尹达、田昌五、李学勤负责编写和修改的《中国史稿》第一册新一版，由人民出版社出版。

批林批孔运动结束后，《中国史稿》编写组的修订工作才得以恢复，遗憾的是《中国史稿》第一册新一版已出版，带有"批孔"痕迹的地方没能纠正过来，这是编写组所有人心中的痛。

《中国史稿》第一册新一版的出版发行，凝聚了几十位史学工作者的心血和智慧。这部巨著，既要熟悉各种历史资料、各方面的历史常识，又要掌握系统的考古资料，还要参考经科学整理的系统的文献资料。用马克思主义的科学方法去分析，并将之贯穿始终，其难度、其力度、其深度、其广度等等，可想而知。尹达在主持、编写、修改《中国史稿》第一册的过程中，为郭沫若出了很多主意，想了诸多办法，解决了很多难题，郭沫若采纳了尹达很多具有建设性的意见和建议。如果没有郭沫若海纳百川的胸襟和民主意识，就没有《中国史稿》集思广益的智慧和结晶。若不是郭沫若慧眼识珠，让治学严谨，又淡泊名利，具有无私奉献精神的尹达来主持编写《中国史稿》这部巨著工程，《中国史稿》的文化底蕴和厚重感也达不到其所呈现的高度。可以说，《中国史稿》既是郭沫若留下的遗产，也是尹达留下的遗产。

二　重整旗鼓

"四人帮"垮台后，全国各个领域都在拨乱反正，科研工作也逐步走上了正轨。

1977 年 5 月 7 日，中央决定哲学社会科学部从中国科学院中独立出来，改称中国社会科学院。历史研究所由此成为中国社会科学院的下属机构之一。尹达任历史研究所研究员，并恢复副所长一职，主持历史所工作。是年，尹达 71 岁。

重新走上历史研究领域的领导岗位，尹达倍感担子的重量。"文革"十年，历史研究工作陷于瘫痪，一些老字号的专家学者都相继谢世。有些学者投入毕生精力，耗尽心血写成的资料，在"文革"中或被付之一炬，或被困于摇篮，无疑对历史研究造成了难以弥补的损失。如何收拾残局，挽回些损失，历史研究所的工作要重新考量，一些科室的工作需要布局调整，科室缺人也要充实。尹达将人才战略提到议事日程，不仅要发展壮大队伍，营造师资力量和人才氛围，还要把历史所的优良学风传承下去，想到这里，尹达及时撰写《在史学工作中发扬党的

20 世纪 70 年代末，尹达（右一）、高岚（左一）
与同事

优良学风》一文，1977 年 9 月 15 日发表在《光明日报》上。

　　1977 年 8 月 4 日，郭沫若参加了何其芳的追悼会，会上他点名要见尹达，派人找尹达来。此时，郭沫若已 85 岁高龄，身体非常虚弱，说话有气无力。尹达进来时，郭沫若激动得一把握着尹达的手久久不放，或许是触景生情的缘故。郭沫若意味深长地说，老了，精力不够了，无暇顾及《中国史稿》其余各册的编写了，要尹达继续努力，完成任务。尹达承诺，再多的苦难，也会将此项工程进行到底。郭沫若大有交代后事之意，只见他两行热泪顺颊而下。一位老人，一位史学战线的标杆人物，大概是对新中国文化工程的临终遗愿吧。

　　这年，尹达被史学界提名推荐为中国人民政协委员，并出席中国人民政治协商会议第五届全国委员会第一次会议。会议从 1978 年 2 月 24 日开到 3 月 8 日。接着，几个大工程业已竣工，尹达也想抽时间到考古现场去看看，对新出现的问题做进一步的探讨。1978 年 3 月 20 日，尹达撰写《新石器时代·前记》时说："我准备抽出时间，到有关地方去看看那些新发现的遗址，对新出现的问题也做些必要的探讨，再写一本

《新石器时代》的续篇。"（《中国新石器时代》增订时改名为《新石器时代》，于 1979 年 2 月由三联出版社出版。）

1978 年 6 月 12 日，郭沫若与世长辞。噩耗传来，尹达悲痛万分，泪如泉涌。曾经的引路人，从"私淑弟子"到得力助手，从神交到一起谋划史学蓝图，可谓心照不宣，息息相通。如今天各一方，怎不伤悲！6 月 18 日，郭沫若追悼会在人民大会堂隆重举行。尹达早早来到追悼会现场，他要亲自送送郭老。

尹达追随郭沫若，循着郭沫若笔下的中国原始社会的研究之路，一直走到了新中国历史研究的制高点。多年交往，亲如兄弟，鲜活往事，历历在目。郭沫若是一位勤奋的学者，他顽强的革命斗志，沧桑的人生阅历，不平凡的成就和业绩，都给尹达留下了深刻的记忆。郭沫若无论是文学造诣还是史学成就，都给这个世界留下了精神财富。尹达将对郭沫若的感怀和思念诉诸笔端，怀着无比悲痛的心情写出《革命精神永世长存》一文，于 1978 年 6 月 24 日，刊登在《光明日报》上。

郭沫若的离世让尹达悟到了暮年危机，他要在有生之年，实现自己的理想和愿望。随后，尹达将工作思路做了调整，过去将部分精力投入到了考古学方面，现在他想将精力转移到史学理论研究方面。尹达阅读过很多典籍，从中看到中国史学的研究主要在封建社会，而近代的史学理论和史学著作几乎没有。尹达觉得对史学理论进行科学总结，是解答一系列新问题的义不容辞的责任。为此，他决定在历史所成立"史学史研究室"和"中国史学史"编写组。尹达在历史研究所工作会上说，"我想说一下，究竟中国史学史的问题和规律是什么，我不信就弄不清楚。""史学史"一词，是 20 世纪 20 年代梁启超先生提出来的。此后，白寿彝、吴泽、杨翼骧等也进行过研究。十年"文革"，这项工作几乎搁浅。尹达认识到，从考古到历史，再到史学史研究，符合逻辑顺序，符合科学发展的规律。考古是证史、补史，历史是述史，史学史才是探索社会文化发展的真谛。

尹达倡议推动中国社会科学院、高等学校开展马克思主义史学理论研究工作。于是，他邀约华东师范大学历史系主任吴泽进京商谈。

繁忙的尹达，由于过度操劳，致体力不支病养在家。吴泽带着华东师范大学历史系教授桂遵义进京后，得知尹达在家休养，速去尹达家里探望。两位饱经沧桑、历尽磨难的马克思主义史学家，一见面便推心置腹地探讨史学理论研究的问题。尹达倡议在历史研究所和华东师范大学史学所成立史学史研究室，招收研究生，培养史学理论人才，加强队伍建设。两人商定，由尹达牵头，计划成立由尹达、白寿彝、吴泽三位领头的全国性史学理论研究会，以推动马克思主义史学理论研究的全面展开。

尹达病倒后，历史所的石兴邦等人去他家看望他。尹达躺在病榻上，床头桌子上放了一盘胡桃仁。尹达顺手捏了颗塞进嘴里，幽默地对石兴邦说，最近写文章总觉得有些疲劳，脑子不够用，人说一天吃俩胡桃仁能补脑。

石兴邦一笑，说："唉！是该补补了，我的'伊壁鸠鲁'先生。"可见学生们对尹达是多么的亲切和爱戴。

尹达生活简单，喜欢吃面，中午一碗捞面，晚上一碗汤面。常常是素面加些盐、醋、蔬菜而已。他衣着朴素，平日里一身褪色的中山装。历史所送他个外号"苦行僧"。因勤奋工作，不计个人得失，胸襟开阔，志向高远，遨游学海，有人将他与西方哲人"伊壁鸠鲁"比肩，说他有高尚的理想、简单的生活。

尹达被逗乐了，又捏了颗胡桃仁塞进嘴里，一副很陶醉的样子。众人皆大笑起来。

即使养病在家，尹达也不能停止探讨史学问题，一位青年文学理论家找尹达探讨史学问题，尹达让他到家里来，一起探讨，尤其是中国民族性的问题。尹达认为民族性是个很复杂的问题。一个人不仅要了解自己，还要适应周围的人，这叫知己知彼。知己知彼，就是要了解彼此的性格。若要了解一个民族，就得去研究历史。我们的祖先在历史上表现如何，这就是民族性的具体表现。民族性的代表在哪里，靠的是历史学家的判断力。

尹达又与其探讨儒家思想。尹达讲，儒家理论在中国古代社会几千年来长期支配着中华民族的思想，深究起因，可以说儒家理论在某些方面是中国民族性格的一种表现。儒家理论千头万绪，一言以蔽之，"极高明而道中庸"。高明即远见，中庸即守恒。中不偏，庸不易，不偏不易正是自然科学的守恒定律。综上所述，无论是自然界还是人世间，平衡才安定，安定能发展，发展会繁荣，繁荣就是守恒。所以，历史学家、有识之士在历史上一直提倡"生态平衡"。接着，尹达评价十年"文革"，可以说是社会严重失去了某种平衡，才导致社会的动荡和不安。

谈完民族性，接着那位文学青年问尹达什么是史学史。

对什么是史学史，尹达阐述得非常清晰，他说，我们这个民族懂得"守恒"，才有几千年连续不断的文明。这个文明发展的过程，是人类社会实践的过程，其成败荣辱，可资借鉴。以历史唯物主义的观点来研究其经验，而研究者记录的理论就是史学史。

1978 年 1 月，为尽快改变科研队伍严重缺乏人才的现状，中国社会科学院党组决定，立即启动招收研究生的各项准备工作。中国社会科学院研究生院成立后，尹达想趁自己还有精力，多带几个研究生，得到了研究生院领导的支持，招收了 4 个研究生：刘隆有、谢保成、杨正基、罗仲辉。①

---

① 中国社会科学院研究员谢保成访谈。

1979 年 6 月 9 日，中国社会科学院历史研究所学术委
员会留影。前排右起：张政烺、胡厚宣、翁独健、尹达、
侯外庐、邓广铭、白寿彝、王敏铨。

经过近半年的筹备，1979 年年初，尹达率先在中国社会科学院成立了史学史研究室，并创刊史学理论研究阵地《中国史研究》杂志。接着，华东师范大学成立了中国史学研究所，北京师范大学成立了史学研究所，开始对中国历史学的发展进行全面系统的探索。

1979 年 2 月，尹达又将《中国史稿》第二册新一版出版。

1979 年 4 月，中国考古学会成立，尹达被选为中国考古学会第一届理事会副理事长。

1979 年 6 月 9 日，中国社会科学院历史研究所学术委员会成立。

1979 年 6 月 15 日，尹达出席中国人民政治协商会议第五届全国委员会第二次会议。会议期间，为纪念郭沫若逝世一周年，他撰写了《郭老与中国古代社会研究》一文（刊登在《中国史研究》第二期上）。

尹达对工作做通盘考虑，先秦史研究室科研人员的组成结构不理想，与古代史所不相称。为培养原始社会史和西周史方面的人才，实现他对先秦史研究室结构调整的夙愿，尹达又招收了一名研究生曲英杰。

尹达对学生要求很严。尹达有句名言：做党员要做布尔什维克，做学者要做党的理论战士。

　　尹达对史学史研究室的任务非常明确，考虑到中国史学源远流长，史家辈出，鸿篇巨制辉煌，研究成果颇丰，这是一份珍贵的史学文化遗产。尽管前人留下了很多有价值的总结性著作，但还须用马克思主义加以研究，发掘精华，剔除糟粕，总结经验，以供借鉴。特别是近现代史学研究方面基本是空白，新中国成立前虽然有人写出过近代史学的著作，但都存在不少的问题。关键是他们没有用马克思主义去观察，去分析，所以出现许多谬误。旧学者对马克思主义史学家不屑一顾，以为马克思主义史学家编著的历史著作，都是为共产党做宣传的，不是真正的学术著作，因而研究马克思主义史学及其发生发展，研究它和近现代中国其他史学的关系，研究它的历史价值和社会价值，都迫在眉睫和很有必要。

　　尹达看上中央党校一名党史教员刘茂林，他是学历史的。此人非常崇拜尹达，两人交流几次后，尹达很欣赏，便试着给他下了个任务，让他写篇论文，命题为《食货之今昔》。月余，刘茂林通过历史所的叶桂生把论文送给尹达。

　　尹达看后非常满意，安排在《中国史研究动态》1980年第四期上刊登。爱才心切的尹达便想将其调进历史所。

　　1979年年底，尹达将刘茂林、叶桂生叫到办公室，想了解刘茂林的情况。谈到史学研究的人才匮乏时，他说，马克思主义的史学大家在世的已经不多了，郭（郭沫若）老、翦（翦伯赞）老、范（范文澜）老都不在了，吕（吕振羽）老、外（侯外庐）老身体不好。我们对于他们的著作研究得很不够，或者还没有做。这是一项伟大的工程，我们搞史学的责无旁贷，对其一个个去研究，然后再综合研究。当务之急，是先抢救活资料。外（侯外庐）老现在有思想史研究所在帮忙，吕（吕振羽）老现在还没有助手。他希望能将刘茂林调到历史所史学史研究室工作，刘茂林欣然应允。又说眼下先借调，帮史学史研究室做些工作。让叶桂生和刘茂林先帮助吕振羽，并要求他俩在生活上、业务上多多用心。记录吕（吕振羽）老学术上的回忆和见解，这些对于研究史学都是一笔很珍贵的材料。

《中国史稿地图集》这一大工程，经过几十年的精心打造，终于可以出版了。尹达为其写了前言，将这一宏大工程的编纂过程、艰辛的劳动和所有人员智慧和辛勤的付出，都一一记述在内。

尹达本想大干一场时，身体总在捣乱，大脑反应有些迟钝，躺下休息几天体力才能恢复，他有种生命即将走到尽头的危机感。尹达不得不考虑后来的事情，他走了，未竟的事业还得继续，一些计划还得落实。史前史的研究他交给了历史所。先秦史的研究室，决定成立"史前学会"，挂靠到历史所，交由周自强和石兴邦筹备。

三　时不我待

吕振羽的身体每况愈下，脑子也时清醒时糊涂，这让尹达有种紧迫感，时不我待呀，他赶紧安排叶桂生、刘茂林去吕老那里工作。1980年1月18日，叶桂生、刘茂林走进吕振羽的世界。

吕振羽在"文革"中受到了非人的折磨，身体很弱，说话显得力不从心，记忆力也减退很多。但还能回忆出一些有价值的东西来，才气过人的叶桂生、刘茂林，善于从吕老只言片语、点点滴滴的记忆中挖掘东西，夫人江明也帮吕老回忆，两人整理了一些资料，但吕老终因体弱多病，半年后离开人世。根据吕老的遗愿，刘茂林沿着吕老的思路继续研究下去。

为培养新人，尹达再次召叶桂生和刘茂林谈话，又给刘茂林布置作

尹达晚年

业，要他对 30 年代初中国社会史论和马克思主义史学的关系写篇文章。刘茂林从尹达办公室出来，埋怨说尹达光给他出难题。叶桂生也觉得难度不小，两人商量一起来做，叶桂生提观点，刘茂林主笔，三个多月的日夜煎熬，几易其稿，终于完成任务。尹达看后很满意，答应推荐到《中国史研究》刊登，于 1983 年第一期上发表。

1980 年 4 月，尹达被选为中国史学会第二届理事会常务理事。

1980 年 5 月，尹达二儿子尹正调回北京中国人民解放军空军雷达53 团工作。尹正是尹达的骄傲，不仅才貌出众，且品学兼优，学识渊博，业务精湛。1974 年 8 月，尹正被云南建设兵团保送推荐到上海复旦大学物理系计算机专业学习。1977 年 10 月毕业分配到北京空军雷达53 团计算机室工作。1978 年，调到武汉雷达学院计算机系从事教学。在武汉雷达学院任教期间，与教研室同事一起编写 183 计算机教材，为空军雷达系统培养人才提供了宝贵的资料。尹正称得上是科研战线的精英人才。尽管尹正回到了北京，尹达因工作整日忙得团团转，与儿子也是聚少离多。尹达见到儿子就说，科研来不得半点虚假，偷不得懒的，希望尹正精钻业务，再上台阶。有时，尹达也拍着儿子的肩膀，鼓励儿子说，儿子将来一定比老爸强。在钻研业务、忘我工作的敬业精神方面，尹正继承了尹达的基因。无论在哪个领域，他都是出类拔萃、凤毛麟角的人物。

1980 年 8 月 28 日，尹达出席中国人民政治协商会议第五届全国委员会第三次会议。会议 9 月 22 日闭幕。会议期间，尹达还在忙《中国史稿》第三册的出版工作，与出版社编辑座谈出版事宜。《中国史稿》第三册第一版于 1980 年 10 月由人民出版社出版。

华东师范大学历史系主任吴泽要编辑《中国史学集刊》，尹达即与吴泽商议，撰写《郭沫若与古代社会研究》一文在集刊上发表。尹达伏案一个多月，添加了些内容，于 11 月 30 日，完成了《郭沫若与古代社会研究》的续编。尹达将 1945 年在延安时期所写的《郭沫若先生与中国古代社会研究》作为前编。所谓续编，是尹达在 1949 年以后，作为郭沫若的助理，长期与郭沫若在一起工作的感受、体会和追忆。

1980 年下半年，尹达要为史学史研究室 1981 年的工作做一个计划，将他带的四个研究生刘隆有、谢保成、杨正基、罗仲辉与叶桂生、翟清福、刘茂林都叫到一起，高兴地说，有你们几个我心满意足了，明年史学史研究室四个研究生毕业后都留下来，加上桂生、清福、茂林，你们七个人，将明年的工作制定一个规划，并将任务进行分解。

说到这里，尹达突然想起来，刘茂林的工作该有个说法。尹达问刘茂林，如果调他来历史研究所，中央党校是否同意。尹达让刘茂林回去与领导商谈后再做打算。刘茂林给中央党校写调动请示报告后，校方找他谈话，说不考虑他调出的问题，劝他安心工作。随后，校方发展他入党，接着又提拔他为教研组副组长。

尹达为将刘茂林调到历史研究所做了一些工作，但事与愿违，尹达不忍放弃，与中央党校多次协商，达成刘茂林与史学史研究室兼职合作的协议，刘茂林成了一位史学史研究室的正式编外人员。

1981年，中国科学院以尹达为导师又招收王震中、邹昌林、周星三名学生，作为先秦史研究室的研究生。

1981年11月28日至12月14日，尹达出席中国人民政治协商会议第五届全国委员会第四次会议。

会后，尹达着手《郭沫若全集·历史编·八卷》的编辑出版工作。这个任务是1978年10月周扬安排给尹达的。郭沫若逝世后茅盾向中央提议，郭沫若先生有些遗著未有出版，为纪念这位无产阶级革命家和著名的学者，他建议成立"郭沫若著作编辑委员会"，编辑出版郭沫若的著作，成立郭沫若纪念馆。中央应允茅盾的提议，并指定周扬负责筹划此事。周扬先成立了郭沫若著作编辑出版委员会，委员会下设办公室，任务就是编辑、出版郭沫若文集。经过几个月的酝酿，于1978年10月２４日，在政协东大厅会议室召开了郭沫若著作编辑出版委员会成立大

1981年9月26日，与部分第一届毕业研究生在历史研究所2号楼前合影。前排右起：李学勤、邱汉生、胡厚宣、尹达、谢国桢、钟允之

1981 年 2 月，尹达在厦门鼓浪屿

会，周扬任主任委员，委员由于立群、尹达、冯乃超、冯至等 26 人组成。

郭沫若著作编委会搜集郭沫若生前出版过的著作 38 卷，分成"文学编""历史编""考古编" 3 部分，其中《文学卷》20 卷，《历史编》8 卷，《考古编》10 卷，此外，还有不少未发表过的作品、书信。尹达被分配负责《郭沫若全集·历史编》8 卷的编辑出版任务，拟分别由人民文学出版社、人民出版社、科学出版社出版。这项工作于 1979 年全面铺开。4 月，编委会办公室由中国科学院迁入前海西街 18 号郭沫若生前的寓所。尹达将《郭沫若全集·历史编》的编写工作谋划得非常认真，也多次主动与于立群和郭沫若的子女商量，与人民出版社的社长、编辑多次交流书的内容、开本、排版、图片的设置等等，事无巨细，尹达都耐心为之。

1981 年的 12 月 6 日，尹达参加了郭沫若著作编辑出版委员会召开的第二次会议，会议做出了人事安排，增补石西民为编委会副主任，讨论了郭沫若诞辰 90 周年的纪念活动，《郭沫若全集》编辑原则等问题。会议提出，在郭沫若诞辰 90 周年（1982 年 11 月 1 日）之前，文学编、历史编、考古编等部分卷本必须问世。

　　尹达的工作量一下子增加了许多，他只觉得自己的时间不够用，脑子有点木。学生们都劝他多休息，但话是那么说，这一堆的工作摆在那儿，能休息吗？使命使然，尹达不得不拖着病弱的身体，顽强拼搏在史学研究的第一线。每每写文章，或阅读史料，或处理公务，尹达觉得有种昏昏欲睡的感觉。越这样，尹达越恐慌，难道真老了？高岚劝他，年龄不饶人啊！注意身体，不要一有事情就亲力而为，该放下则放下，让年轻人去干。尹达承认自己是一个即将衰朽的老人，那个世界已经开始向他招手了，他感叹：时不我待啊！生命中最宝贵的时间不多了，越这样越要考虑留下一些东西来。他必须拼搏，拼到最后。尹达面对自己的学生时，恨不能将自己所学倾囊相授。

　　《甲骨文合集》即将出版之际，尹达为其撰写前言。《甲骨文合集》的编纂工作 1959 年开始启动，"文革"时期被迫停止，粉碎"四人帮"后才恢复编写。1978 年初夏，样稿出来后，郭沫若非常高兴，在病榻上见编辑组的全体同志，并答应为《甲骨文合集》写前言，可待《甲骨文合集》即将出炉时，郭沫若病情加重，未及动笔，就与世长辞了。撰写《甲骨文合集·前言》的任务又落在了尹达的身上。《甲骨文合集》是"十二年远景规划"中的一个大型项目，尹达作为重要的组织者，有必要将这一项目"工作进行的过程作必要的说明"。1982 年年初，尹达放下手中的工作撰写前言，2 月 1 日，《甲骨文合集·前言》撰成，编入《甲骨文合集》第一册，1982 年由中华书局出版。

　　2 月，《中国史稿》第四册第一版出版，样书放在尹达面前时，他陷入了沉思：在中国政治斗争风起云涌的年代，还能取得这样的成果，不容易呀。回想当初一起编写的同事、战友，有的含冤死去，有的拖着病弱的躯体与命运抗争，而自己在经历了苦难和挫折之后还能重见天日，还能见到一部部历史长卷问世，心中是多么的激动和自豪啊！尹达又将样书与前三本摞在一起，摸了又摸，他感慨万千：《中国史稿》经历了二十多年的风风雨雨，坎坎坷坷，终成正果。其中耗费他多少心血和汗水啊！从中年写到暮年，尽管自己的研究成果少了，但组织国家的大型项目、为国家培养的人才却多了，一个人的精力是有限的，鱼和熊掌是不能兼得的。人生一世，草木一秋，该留下的都留下了。

感慨之余，尹达忽想起不久前去世的史学家尚钺来，鼻翼一酸，泪雨滂沱。尚钺这位为追求客观真理而奋斗一生的史学家、教育家，在受尽苦难之后，于 1982 年 1 月 6 日因病逝世。1950 年尚钺任人大中国历史教研室主任时与尹达要好，三十多年的交情了，说走就走了，尹达特别伤感。平日里，尚钺也参加史学界的活动，他会找尹达探讨历史学方面的问题，非常投缘。尹达怀着对尚钺的无限怀念，百忙中写出《深切怀念马克思主义史学家尚钺同志》一文，文章 3 月 7 日杀青。

尹达对尚钺的评价极高："尚钺同志一生的丰富的革命经历和坎坷的治学道路，在当代的历史学家中是少有的。他的坚定的革命意志，顽强的治学精神和实事求是的科学态度，表现了一个马克思主义史学家的可贵的品质。""作为一个马克思主义历史学家，尚钺同志在对祖国历史的探索中，有他自己鲜明的个性和气质。"尹达写道："在十年浩劫中，尚钺同志遭到'四人帮'的疯狂迫害，丧妻失子，精神上、肉体上都受到了极大的摧残。但是，他依然保持着革命者的本色，坚定不移，相信黑暗终会过去，胜利一定属于人民。他以富有远见的乐观精神，鼓舞着一同遭到'四人帮'迫害的同志，度过了苦难重重的岁月。"尹达称赞尚钺是一位具有史德之人。是一位真正的马克思主义史学家。文章在《中国史研究》第二期上刊出，后作为《尚钺史学论文选集》的代序。

第九章　恣意乡愁　厚土留香

一　应邀赴郑

　　1982 年年初，尹达接到了河南省社联的邀请函，邀请他参加河南省社联第二次代表大会。河南是他的家乡，又是他出生、学习、生活、创业的地方。河南有无数历史沉淀的宝藏。他对河南有着难以诉说的温暖和思念。家乡的召唤，亲情的期盼，尹达欣然应允河南社联的邀请，决定参加这次会议。

　　尹达离开家乡多年，这次回来总是有话要讲的。怎么讲？讲什么？尹达坐下来认真梳理一下，将讲稿的题目定为《坚持用马克思主义指导社会科学研究——在河南省社联第二次代表大会上的讲话》。一个多月的酝酿和编写，讲稿基本出炉。会议很重要，此时尹达已是 76 岁高龄，历史所安排他的研究生谢保成作为随行秘书全程陪同，照顾尹达的生活起居，并起草文稿，整理讲话记录，负责各项活动安排。

1982 年 4 月 12 日上午，尹达穿着浅灰色中山装，手拄一根木质拐杖，偕秘书谢保成坐轿车去北京机场，乘坐民航 3106 航班离开北京，14 时飞机抵达郑州机场。

中州大地的四月，春光明媚，风和日丽，尹达一下飞机，就被一种久违了的中原气息包围着，清新和煦的风吹着，他情不自禁地深深吸了口气，顿觉神清气爽。尹达拄着拐杖，从容走出机场。

中共河南省委对尹达的到来非常重视，安排省委宣传部副部长冯登紫一行在机场迎接。尹达刚出站口，冯登紫部长便迎上前与尹达亲切握手，嘘寒问暖，说："尹老一路辛苦了！"尹达说："飞机上睡一觉，醒来就到河南了。真快！"尹达与前来迎接的人一一握了手，随后与谢保成一起上了冯登紫部长的轿车，轿车将尹达拉到河南宾馆。

河南宾馆的建筑风格具有浓郁的民族特色，红檐、青瓦，是省会迁到郑州后建的第一座高档宾馆。服务员将河南宾馆 221 房间打开。套房里放着鲜花，尹达住套房的里间，秘书谢保成住套房的外间。河南省委、省政府安排省社联王化南具体负责尹达在郑州期间的全程服务。河南宾馆的服务很到位，餐厅按照尹达的要求，一日三餐送到房间。

尹达在房间稍事休息后，河南史学界、考古界的旧识纷纷来访。随后，省委书记张树德与宣传部、省社联、省社科院等部门的领导来看望尹达，他们将大会的日程安排告诉尹达，并请尹达为会议作报告。尽管尹达来之前准备了报告材料，但他还是谦虚地说，听完讨论会的发言再作报告。

4 月 13 日上午，河南省社联第二次代表大会开幕。尹达出席开幕式。午后，尹达给谢保成安排工作，让他做好下午听讨论会的准备，要求认真记录每位代表的发言。下午，尹达参加分组讨论会。

散会后，尹达的女儿刘增珍带着两个女儿来到河南宾馆探望尹达。当谢宝成将尹达的女儿和外孙女领进房间时，尹达怔住了，问："妮，你咋来了？谁叫你丢下工作来的？"

刘增珍一时难以掩饰心中的喜悦，激动地说："爸爸，是省上让来的。"

谢保成赶紧解释，省领导为了让他们父女见面，在尹达未到郑州之前，已经派车去接她们了。尹达这才缓缓语气说："见个面赶紧回去，不要影响工作，也不要给省里添麻烦。"刘增珍母女陪着尹达在 221 房间共进晚餐后，尹达还没顾上与女儿、外孙女说上几句话，郑州大学的齐心、李民来访，他们一直聊到晚上十点才结束。尹达送走客人，这才得空与女儿长谈。尹达亲切地问刘增珍："想爸爸了？"刘增珍眼泪婆婆地说："想了。"尹达语气缓和地给女儿解释说，他是怕给省里找麻烦。刘增珍理解尹达，说她懂。就这样父女俩叙开了家常。谢保成为了让他们静静地畅叙父女之情，领着刘增珍的两个女儿在楼下的休息室谈起了文学。刘增珍是个善解人意的女儿，她知道爸爸开会很忙，不便太多打搅父亲，跟爸爸说了一个小时的话，就恋恋不舍地离开了 221 房间。到省里给她们娘仨安排的房间里去休息。第二天清晨，刘增珍娘仨陪尹达在 221 房间吃了早饭后，便回长垣县。刘增珍从大连又调到了丈夫的家乡河南省长垣县工作。本来省里安排专车送她们回去的。刘增珍怕给省里添麻烦，拒绝专车送，她们乘坐长途汽车回到了长垣县。

按照会议议程，4 月 14 日是学科讨论，上午尹达参加历史学会代表团的讨论，河南史学界的代表有胡思庸、张文彬、高敏、郑涵、戴可来、郭豫才、荆德行等，尹达听取了大家的发言。下午尹达参加考古学会代表团的讨论，河南考古界的代表安金槐、许顺湛、裴明信、欧潭生、杨宝顺、韩绍诗等参加会议并发言。尹达听得非常仔细认真，晚饭后，尹达根据讨论时大家提出的问题进行答复和解惑，他口授，让谢保成记录并整理，增减讲稿内容。

4 月 15 日上午，尹达在大会上作题为《坚持用马克思主义指导社会科学研究》的报告。尹达论述了社会科学根本性的共同问题，坚持以马克思主义理论为指导思想的问题，社会科学研究与现实、政治的关系问题，坚持社会主义方向和党的领导的问题。

4月16日，尹达在省委领导的陪同下参观河南省博物馆、文物研究所。午饭后，河南的主要新闻单位要求采访尹达。尹达同意采访，向秘书交代记者们都提哪些问题，然后安排采访时间。尹达在河南有两位故交，一位是河南省政协副主席张百源，一位是河南省文联主席于黑丁。尹达百忙之余，亲自登门拜访了二位。

4月17日上午，尹达参加大会，大会闭幕后，尹达与参会人员合影留念。接着，尹达陆续接待了新闻媒体的采访。新华社河南分社、《河南日报》的记者，《河南画报》《河南青年》，河南四家哲学社会科学刊物《中州学刊》《郑州大学学报》《河南师大学报》《史学月刊》的主编或编辑也相继参访与交流。尹达还与中州书画社古籍编辑室的编辑庄昭会谈。大会秘书组送来尹达讲话的简报清样，尹达阅后进行了简单修改并定稿。

下午，尹达与历史学会的代表合影留念。按原定日程，尹达于4月18日离开郑州。谢保成在外间整理行装时，将会议材料、赠书和纪念品等往皮箱里装，尹达看见那件仿唐三彩马时，语气坚定，让谢保成立即将纪念品送回去。尹达很严肃地告诉谢保成，以后遇到这种情况，及时处理。我们搞考古的，家里不能有文物，即使是仿制品也不行。谢保成不敢怠慢，立即找王化南退回。王化南为难起来，谢保成谨慎地说，请他务必拿回去，否则让尹达看见会发脾气的。王化南这才将纪念品拎了回去。

没想到的是，会议结束后河南省社科院、郑州大学、河南师大的领导纷纷前来邀请尹达去他们那里看看，并提出来《史学月刊》是否从开封搬到郑州来的议题，征求尹达的看法和意见。《史学月刊》是河南师大（即尹达读书时的河南大学）与河南省历史学会主办的历史学专业刊物。河师大是尹达的母校，想起母校，尹达萌生了别样乡愁。近段，尹达总觉得精力不如往常，记忆力也有所下降。一踏上家乡的这块土地，尹达感到特别温暖，灵魂仿佛有种归宿感，于是，尹达改变了4月18日回京的行程，他想在郑州停留几日，再到开封回母校去看看。尹达将计划告诉谢保成，让他转告河南省委、省社联、省社科院，并告知中国社科院和北京的家人。

尹达留在郑州后，河南省社科院、郑州大学、河南师大等立即组织活动，邀尹达去作报告，尹达均应允。

4月19日上午，尹达突然感觉身体有些不适，困乏头晕心悸，王化南立即联系医生为尹达诊断，未查出异常，医生说可能是劳累所致，让尹达注意休息。下午，尹达应邀参加郑州大学历史系组织的座谈会，会上贾洲杰、许永章、高敏、史苏苑等先后发言，尹达听大家的发言后让秘书记住几个问题。会后，尹达去东生活区十三楼拜会齐心，与齐心聊了会儿历史学方面的问题便回宾馆。

4月20日上午尹达参加省社科院历史所组织的座谈会，听取了大家的发言和建议。中午，尹达与秘书一起，结合两天来的座谈会内容，以及大家所关注的问题，答疑解惑，与秘书商谈下午的学术报告内容，按照他的意思，让秘书草拟讲稿。下午，尹达在郑州大学历史系作学术报告。尹达报告的题目是《关于史学研究中的几个问题》。报告结束后，在此与齐心约谈。晚饭后仍有人前来拜访，因尹达近些天太累，被秘书拒绝了。

二　母校演讲

按日程安排,尹达赴母校开封。

4 月 21 日早餐后,省社联派车将尹达与秘书送至开封宾馆。开封市委宣传部、河南师大等单位的领导在宾馆等候,陪尹达一起共进午餐,中午尹达休息。河南师大还派一名副教授魏千志同志作为尹达在开封的专职联系人。下午,尹达参加河南师大召开的座谈会。座谈会结束后,尹达的叔伯侄子刘增杰夫妇前来探望。尹达与侄子叙旧,聊家乡的一些旧事,以及侄子的事业走向。尹达感慨,来到青年时代给予他梦想的地方,自然就聊到他上学时的事情,他搜索着自己记忆中母校的片段,想起他当年上学时住过的地方,尹达提出到他当年住过的地方去看看。在侄子夫妇的陪同下,尹达来到了当年他住过的东二斋,并在东二斋前合影留念。

尹达在东二斋的小道上,来回走着,想想他们兄妹三人,在青年时代与河南大学有着不解之缘。哥哥赵毅敏在河南省留学欧美预备学校学习近五年,尹达断断续续在河南大学学习近八年,妹妹刘涑在河南大学附中前身——北仓女中读过高中。尹达对脚下的这片土地有着深深的眷恋。

晚上,老同学刘秀峰、郭豫才、王象之、毛建予为他接风洗尘,大家在酒楼还喝了点酒。虽然都是年逾古稀之人,此情此景,他们都兴致勃勃,侃侃而谈,不时问候老同学的近况,追忆当年学校的逸闻或趣事。老同学顾不得年龄如何,只是不停地给尹达敬酒,秘书谢保成见状赶紧接过酒杯,代尹达品尝佳酿。大家谈兴很浓,尹达也非常兴奋。秘

尹达在河南师范大学东二斋与侄子、侄媳、秘书留影。左一刘增杰爱人，左二尹达，左三刘增杰，左四谢保成。

书提出明天还有活动，大家这才恋恋不舍地结束了这个酒会。

回到宾馆后，尹达还要准备第二天下午的讲话稿。尹达特意交代谢保成一定要将《甲申三百年祭》中的一段文字加写进讲话稿里。因为座谈会上，大家对前不久姚雪垠来学校作报告时提出的观点有争论，此刻，尹达想解决这个问题，他要在谈理论与史料关系问题时，讲讲这个问题。尹达与秘书一直工作到深夜，尹达将讲话的大致情况交代与秘书，先去休息。谢保成坚持到夜里1点多才将讲话稿整理出来。

尹达到开封后就想看看潘家湖宋城遗址发掘工地，22日上午成行。尹达还在龙亭等处留影纪念。此时，尹达已显得非常疲惫，身体虚弱不堪，但他仍触景生情，讲述自己当年在河南古迹研究会的往事，考古见闻和学到的知识。参观回来，用过午餐，秘书谢保成赶紧让尹达休息。尹达稍事休息后，下午在母校作讲演。

河南师范大学的礼堂挤满了人，未找到座位的人只好站在礼堂的门口听。尹达的演讲题目是《从考古到史学研究的几点体会》（后由秘书谢保成整理后在《河南师大学报》1982年7月第4期上发表）。尹达演讲的主题是向母校汇报自己半个世纪的所有经历、人生感悟，以及所从事学术道路的体会。尹达说："今天，能够回到河南师大（今河南大学），向自己的母校汇报我在半个世纪左右的时间所经历的道路、感受，以及从事学术工作的体会，向母校的师生同志们交交心，非常兴奋！尽管自己不自量力，上午到龙亭、潘家湖发掘工地跑了半天已经精疲力竭了，但是一想到将与母校师生见面、谈心，这种急切心情又支撑着我这虚弱的身体来了。回来看到母校师生员工高昂的气质和精神面貌，使我由衷的高兴！"还说："河南大学是我走上进步道路的起点！"谈到理论与史料的关系时，说自己的"学术工作经历，可以说就是在处理理论与具体材料的关系的过程中，一步步地走过来的"，"理论与资料本来是编写历史中不可或缺的两个方面。在一定的理论指导下，根据史实编写

尹达（中）与魏千志（右一）、秘书谢保成在河南师范大学

1982 年 4 月 22 日，尹达在母校作学术报告

历史，这是中国史学发展进程中长期遵循的路数"。尹达在演讲的最后谈了如何继承祖国文化遗产的问题。尹达讲演时心情有些激动，情绪波动很大，开始声音尚可，但到了后来，由于疲惫显得少气无力，以致后边的人听不清楚。秘书非常担心，连日来他拖着羸弱的身体开会、听会、作报告、参观、聚会等等，所以，尹达做完报告后，秘书立即搀扶着尹达回宾馆休息。

4 月 23 日早饭后，尹达在开封的老同学前来叙旧，大家在宾馆前留影。接着河南师范大学校史编写组来采访，尹达与前来采访的编写人员座谈交流。

午休后，河南师范大学派车将尹达送到郑州，仍住在河南宾馆。

4 月 24 日上午，省委书记张树德、省委宣传部副部长冯登紫等得知尹达回到郑州，便前来宾馆看望尹达。尹达对于这些天了解的《史学月刊》各方情况，谈了一些看法。他认为郑州是省城，《史学月刊》拿到郑州来固然有它的方便之处，但还是觉得应尊重历史，仍在开封办为好。张树德和冯登紫尊重尹达的观点。

4 月 25 日，谢保成将尹达在郑州大学历史系的讲话稿整理出来后，

1982 年 4 月 23 日，尹达与秘书谢保成在开封宾馆门前留影

让尹达过目，尹达认真地看了一遍。因为有些是即兴演说，记录时有漏掉之处，这些问题恰恰是重点和关键。这一天，尹达闭门谢客，专心致志修改讲话稿。二人讨论稿子直到晚上才定稿，题为《关于史学研究中的几个问题——在郑州大学历史系的学术报告》（后在当年《郑州大学学报》哲学社会科学版第 3 期上发表）。

4 月 26 日，尹达乘飞机离开郑州。河南半月行给尹达的生命图画增添了浓浓的色彩，这也是他有生之年最后一次回河南。

三　衷心愿望

尹达一到北京，惦记《中国史学发展史》的编纂工作，将思绪从

家乡拉回现实，梳理下情绪，立即成立编写组，与研究室工作人员研究
制定《中国史学发展史》编写原则："以马克思主义、毛泽东思想为指
导，对中国历史学的起源、发展，直至逐步形成为一门科学的基本过程
和规律予以探索和总结；确切地划分其发展阶段，阐明各阶段史学的特
点及其内在联系；对中国丰富的史学遗产进行批判、总结，重点放在史
学理论和史学思想上。"然后分工编写。

1982 年夏，历史所开会，尹达针对有些人热衷于拉长文章篇幅挣
稿费的问题，提出了自己的看法和意见，在会上严厉批评："我们有些
人，为了多拿稿费，拉长文章篇幅，就像老太太撒尿，一撒一大片！"
顿时，会场上有些小小的骚动，尽管这个比喻尹达常说，但在尹达即将
退休离任之时，仍能认真地对待文风问题，实属难得。

1982 年 7 月，76 岁的尹达终于完成了他的工作历程，不再担任中
科院历史研究所副所长一职，任中国社会科学院历史研究所顾问，光荣
退居二线。

由于年龄和身体原因，尹达的工作没有像以往那样按部就班，行政
工作和业务也不是那样忙碌，但尹达心中仍有很大的愿望和计划，希望
能在人生余下的这段时间写点心仪的东西，了却自己的心愿。

胡厚宣的《甲骨探史录》即将出版，邀尹达为其作序，尹达欣然
应允。尹达放开思绪，展开论述，于 9 月为《甲骨探史录》写了前言。
该书由三联书店出版。

《甲骨探史录·前言》后发表在《中原文物》第三期上，题目改为
《尹达同志谈考古学研究》。

深秋，尹达感觉身体不适，胸闷咳嗽，到医院检查后，确诊患肺癌
晚期，住进了首都医院。

尹达的家人和朋友，一时难以接受这个事实，痛苦焦急。赵毅敏得
知尹达病重住院，心情非常沉重，立即赶往医院探望尹达。尽管赵毅敏

已从中纪委副书记的岗位上退下来，工作不再紧张忙碌。1982 年 9 月中国共产党第十二次全国代表大会上又被选为中顾委委员，工作、会议、活动依然很多，仍旧繁忙。赵毅敏仍要抽时间来医院陪陪弟弟，赵毅敏安慰尹达，好好治疗，会好起来的。

面对生死，尹达异常冷静，面对离别，尹达倒是多了些伤感，他对赵毅敏说，哥啊，弟的身体就这样了，可能要先走一步了，您多保重。赵毅敏一时语塞，上前拉着尹达的手，泪如雨注，说相信尹达一定能治好。尹达长叹：人生一世，草木一秋，自然规律。该来的挥不去，该走的留不住。瞬间，尹达的眼泪便夺眶而出。赵毅敏赶紧用毛巾为尹达擦拭泪水。尹达给赵毅敏交代遗愿，他死后将他的骨灰撒进河南段的黄河里……

尹达的病因已到晚期，无须手术，只是保守治疗。尹达清楚，上苍给他的时光不多了，眼下要抓紧时间将该做的事情做好，遵医嘱，按时用药、治疗，一切如常。

本来，尹达在退休后是有想法的。十一届三中全会以来，考古学发生巨大变化，史学界对新石器时代的研究进展很快，尹达为之兴奋，他准备抽时间到那些遗址去看看，探讨新出现的问题。尹达一度满怀信心，说："我虽年逾古稀，但还有充沛的精力，去实现这个诺言！"如今，他将身体交给了医院，身心也备受煎熬，尹达的愿望，也只能让遗憾所取代。

1982 年是郭沫若诞辰 90 周年，史学界拟定召开纪念郭沫若诞辰 90 周年学术报告会。尹达是注定要写点什么的，11 月 16 日一天天临近了，如何写，尹达构思成熟后，指定学生谢保成来起草。10 月 22 日，尹达让夫人高岚给学生谢保成打电话，让他下午 3 点 30 分到首都医院。尹达和高岚都是比较注重守时的人。师母电话，谢保成不敢怠慢，大步流星地走到尹达病房的外间时，见师母高岚已等候多时。高岚一见谢保成进来，很高兴，她看了看手表说，提前来正好，尹达早等在那儿了。谢保成遂轻轻推开尹达病房的门，悄声问了句："老师好！"尹达满意地看着他的得意门生，说了句："来了。这么早。"谢保成轻轻坐在沙发里，拿起笔，恭敬地听尹达吩咐。

尹达将纪念郭沫若的文章定名为《郭沫若所走的道路及其杰出的学术贡献》。尹达先谈了他所认知的郭沫若，以及对郭沫若先生的评价，包括很多方面。尹达详细交代谢保成这篇文章的具体写法，开篇、立论、层次、结尾等等。两个多小时过去了，尹达口若悬河，侃侃而谈，丝毫未觉疲倦，更不像是有病之人。学生很体贴，给尹达将水倒上，问尹达是否需要休息。尹达这才意识到，外面还预约了一位访客。此时，夏鼐探望尹达，被高岚挡驾多时了。尹达让谢保成赶紧将夏鼐叫到病房，夏鼐一进门幽默地说了句："现在见你一面也如此的难呀！见皇上也不过如此吧。"尹达风趣地说："难倒不难，但不自由了。"谢保成以前不认识夏鼐，尹达将谢保成介绍给夏鼐，希望日后多指点。大家聊了会儿，谢保成先走，尹达与夏鼐又聊了起来，话题有点稠。高岚劝说，这是病房，不是中科院。夏鼐知趣地说："哟，吃饭时间到。改日再来改日再来。"说完，夏鼐迅速走出病房。尹达还想挽留，可夏鼐已走出门口。尹达望着夏鼐的背影，一阵惆怅。两位史学家早在"中央研究院"历史语言研究所安阳殷墟考古时就相识，风风雨雨几十年，建立起了深厚的友谊，一个面临生死劫难，一个为其担心受累，此刻见面，怎不想倾谈一番……

1982年12月2日，陕西半坡博物馆与陕西省考古研究所共同创刊学术杂志《史前研究》，邀请尹达撰写创刊词。尹达欣然同意，尽管他拖着病弱的躯体，还是将自己的愿望和对历史研究的责任诉诸笔端，写了《衷心的愿望》一文，副标题为：为《史前研究》的创刊而作。

尹达在这篇文章中倾诉了很多心里话，他说："一个半世纪前，对于有文字记载以前的社会组织'社会的史前状态'几乎完全没有人知道。""在我国，原始社会历史的研究，虽说已有半个世纪的历史，但是，真正开展起来，却是解放之后的事。""三十年来的史前考古的成绩是很大的，从旧石器时代到新石器时代，从南到北，从东到西，在祖国大地发现了极为丰富的遗迹遗物。这正是一部真实可靠的祖国人民的社会生活实践所留下的极为珍贵的'无字地书'。千百万年来，祖国历史的创造者，在这里曾经一代一代地艰苦奋斗，把他们生活中的吃穿用各个方面辛勤劳动所创造的实在的具体内容陆陆续续遗留在大地之下，随着时代的推移，这部用社会劳动写下的史书，按照历史前进的程度，透过遗迹遗物的层层堆积，像课本一样，一页页真实地展示在我们的面前。这样，祖国有文字记载以前的社会历史的面貌就会再现于世，应当说，这是历史科学中的一件极大的好事。"

尹达还利用为《史前研究》写创刊词的这次机会，对史前史有争议的"传疑时代""伪古史"等，进行了分析和阐述："三十年来的考古学和民族学的发展，充分说明在我国有文字记载的历史之前，确实存在着我们的祖宗在这里劳动实践所遗留的社会史迹。""从地望上，从绝对年代上，从不同文化遗存的差异上，都可以充分证明这些传说自有真正的史实素地，切不可一概抹杀。"尹达还提了些希望："我热切地希望着我们史前考古学者、民族学者、古史学者密切配合，从各个学科的角度深入探索下去，使祖国有文字以前的社会历史的本来面貌再现于世。这对祖国历史学将是一个重大的贡献。""使我国的没有文字记载下来的这段历史成为用现代语言写出的'中国古代社会'科学著作来。"

住院期间，尽管尹达忍受着疾病的折磨，但他从未将自己当成一个病人。当时，吴泽主编的中国当代史学家丛书《贺昌群史学论著选》，邀尹达为其作序。尹达不辞辛苦，不仅深切缅怀贺昌群先生，也将他为史学研究做出的成果给予肯定。1983 年 1 月 1 日，完成《贺昌群史学论著选》序言。

1 月初，秘书谢保成将其讲课时的笔记整理出来，拿给尹达过目，尹达看得非常仔细，躺在病床上逐字逐句进行修改，将题目定为《马克思主义与中国历史学的发展》，此时，全国正在征集"纪念马克思逝世一百周年学术报告会论文"，尹达同意将此文稿作为这次报告会的论文印发下去。论文分三个部分：一、简要回顾和总结我国史学自产生以来的发展历程和优良传统；二、从三个方面论证马克思主义传入中国以后推动中国历史学的新变革。一方面，社会发展的规律性，另一方面是关于历史的主体，再者是中国史研究的范围。三、怎样开创历史科学研究的新局面，对于历史理论与史学理论进行明确区分。

1983 年年初《史前研究》创刊，尹达为创刊写出的《衷心的愿望（代序）》刊登在杂志上，学生翟清福将杂志送到首都医院，尹达一见杂志，兴奋不已，赶紧从病榻上坐起来，手捧杂志认真翻看，停了会儿，他看了看翟清福说："这是我最后一次宣传马列主义了！"

翟清福理解尹达话之含义，赶紧宽慰尹达："先生，您，机会有啊……"

尹达伸出手摇晃两下，示意他不要再说下去："知天命了。"

翟清福知道老师的时日不多了，何必欺骗他呢，倒不如将老师生前想做的事情或者说该做的事情做好，不留遗憾。尹达对历史研究所寄予了很多希望，师徒二人谈了很多话，解决了很多工作中存在的问题，提出了很多设想，以及今后研究的方向等等。

1 月 26 日，国家文物委员会成立，委员为来自文物、考古、建筑等方面的专家学者，尹达也在被邀之列。高岚劝尹达住院期间不要乱跑。尹达则说，活着能为国家做点事，是很有意义和价值的事情。高岚和家人便不再阻拦。尹达是在学生谢保成的搀扶下参加的成立大会，并任国家文物委员会委员。

《郭沫若所走的道路及其杰出的学术贡献》这篇文章写出后，经过多次修改、斟酌，在1983年《史学研究》第二期上刊登。

四　寂寥乡风

尹达住院治疗一段后，病情稍稍稳定，便出院休养。出院后，尹达住在了北京郊区劲松附近的沙板庄。

乡村的条件极其简陋，上次公厕都要走半里路，尹达本就病弱的身子在乡间小道上摇晃，更显单薄。

住在乡下，与世人隔绝一般。远离城市的喧嚣，与亲人、朋友疏离，尹达感到非常孤独，内心充满了困惑。时候不多了，尹达心中积攒了很多话，不说一说，谁知道他在想什么？因有话要说，尹达不得不拖着病弱的身子，挤公交车前去探望一些老朋友、老同事。一次，他想念在延安抗大时的老同学、老同事曾彦修，坐班车找到曾家，一方面聊一聊过往的事情，同时也想诉说一下自己的苦闷和委屈，尹达将自己家庭生活的尴尬，讲给曾彦修。尹达还对曾彦修讲："如果有一天，我们要见马克思的话，心中是否有愧？"这句话也是尹达平时常念叨的一句话。曾彦修说："做事凭良知。我们忠于党，忠于国家，忠于我们的社会科学事业。我想，你心中是无愧的！"曾彦修明白尹达话中的含义。尹达在"文革"初期曾是"中央文革小组"的成员，在那个极度荒谬的时段里，尹达受极左思潮的影响，也写过一些极左的文章，在当时有些负面的影响，尹达为此感到羞愧和内疚。但是，当尹达看清了"中央文革小组"的真实面目时，奋不顾身地据理力争，保护史学界的同志，在

1983 年尹达在北京近郊沙
板庄留影

"泥菩萨过河自身难保"的情况下，能与当时强大的势力集团抗争，不惜引火烧身，挨批挨斗，也中断了自己视若生命的史学研究事业，实在难能可贵。

1983 年 5 月，中国考古学会进行换届选举，尽管尹达重病在身，仍坚持出席会议，会上还被选为中国考古学会第二届理事会副理事长。

6 月，尹达病情加重，再次住进首都医院。此时，尽管尹达已病入膏肓，但国家和人民并未将他遗忘，仍推荐他为中国人民政治协商会议第六届全国委员会委员，给予他极高的政治名誉。此时，尹达重病在身，未能出席中国人民政治协商会议第六届全国委员会第一次会议。

《中国史学发展史》初稿完成后，编辑们前来探望尹达，尹达又提了些要求，希望他们继续修改。编辑们答应，一定认真修改。

6 月，尹达主持编写的《中国史稿》第五册由人民出版社出版。谢保成将书送到尹达的床前，让尹达放心。尹达示意谢保成将书拿来，他认真地翻看着，顿时，两行热泪滚滚流出。谢保成赶紧拿毛巾擦拭，男儿有泪不轻弹，他懂得尹达历经万难，实属不易。况且尹达主持编写的《中国史稿》第六册、第七册，还在编写中，壮志未酬，竟要告别亲人和朋友，事业和追求，遗憾归去，岂能无泪？

五　骄子归来

1983 年 6 月 29 日，尹达病重，急送医院抢救。

7 月 1 日，尹达的病房由学生谢保成轮值，中午，尹达吃力地抬了抬头，环顾四周看了又看。谢保成忙走上前问尹达，老师找什么？尹达瘦削的脸上露出了浅浅的笑容，然后慢慢闭上双眼，静悄悄地走了……

7 月 1 日是中国共产党的生日，尹达在党的生日这天离开人世，他若见到马克思，心中一定会坦然。

7 月 4 日，中国科学院历史研究所将尹达逝世的消息公布于众。

讣　告

中国共产党党员，我国著名的马克思主义历史学家、考古学家，全国人民代表大会第一、二、三届代表，中国人民政治协商会议第五、六届全国委员会委员，中国社会科学院历史研究所研究员、顾问，原哲学社会科学部学部委员尹达同志，因患癌症，医治无效，于一九八三年七月一日上午十一时七分，在北京首都医院逝世，终年七十七岁。

根据尹达同志生前遗言和家属的意见，丧事从简，不举行追悼会和其他悼念仪式。

　　兹定于一九八三年七月十一日下午三时半至五时，在八宝山革命公墓向尹达同志遗体告别，特此讣闻。

中国社会科学院历史研究所
一九八三年七月四日

　　尹达的丧事在哥哥赵毅敏的关心下，由中国社会科学院历史研究所主办，于 1983 年 7 月 11 日，在北京八宝山革命公墓举行遗体告别仪式。赵毅敏、李伯颉、穆青、刘导生、关山复、夏鼐、梁寒冰、熊德基、东光、吴友文、杨向奎、胡厚宣、张政烺等社会各界人士，以及家属、学生数百人参加了遗体告别仪式。

　　遵尹达遗嘱，将骨灰撒在河南的黄河段。中国社会科学院派尹达生前的秘书谢保成于 7 月 12 日带着中国社会科学院的公函到河南省委办公厅联系撒骨灰事宜。

　　河南省领导对尹达的遗愿非常重视，中共河南省委书记、省人大副主任张树德亲自到尹达秘书下榻的宾馆与谢保成商议，听取中国社会科学院的意见和要求，当即表示：具体事宜由省社科院办公室负责。谢保成与河南省社科院进行了分工：谢保成负责联系先生的骨灰抵达郑州的时间；河南省社科院负责联系船只、车辆、安排生活等。

　　尹达同志病逝的消息刊载于 1983 年 7 月 13 日《人民日报》第五版上。

　　著名的马克思主义历史学家、考古学家

　　尹达同志在京病逝

　　根据尹达同志遗言，不举行追悼会和其他悼念仪式，骨灰撒在黄河里。

　　1983 年 7 月 16 日 10 时 30 分，中国社科院历史研究所党委书记孔令士、秘书翟清福，尹达大女儿刘增珍、女婿刘俊秀，大儿子尹健、儿媳林大金，三儿子尹地一行乘坐特快列车，护送尹达的骨灰盒到达郑州火车站。河南省社联、河南省社科院的领导，尹达的学生谢保成、侄子刘增杰等一同到火车站去迎接。

一下火车，女儿刘增珍抱着父亲的遗像失声痛哭。大儿子尹健抱着装有父亲遗骨的骨灰盒，双目垂泪。河南省社联、河南省社科院的领导多数是尹达的旧交，一见尹达遗骨和遗容，触景生情，禁不住也潸然泪下。尹达，史学界一颗闪耀的明星，河南人的骄子就这样离开他们，驾鹤西去……

尹达回到了家乡，魂兮归来。

祭撒仪式设在郑州花园口处的黄河南岸，时间定在 11 点 30 分。黄河岸边摆放着一张小桌子，桌上安放着尹达的遗像和骨灰盒。桌后依次摆放着河南省人大常委会、河南省社联、河南省社科院以及历史所、考古所、文物所等部门送来的花圈。

参加祭撒仪式的有河南省委书记、河南人大常委会副主任张树德，

1983 年 7 月 16 日 10 点 30 分，尹达先生骨灰运抵郑州火车站，河南省社联、河南省社科院负责同志等到火车站迎接遗照，尹达长子尹健怀抱骨灰盒、女儿刘增珍怀抱遗像。

1983 年 7 月 16 日 11 时，在郑州花园口堤岸举行尹
达先生骨灰祭撒仪式。河南省委书记、省人大常委会副
主任张树德（右六）致词

河南省社会科学院历史研究所的领导，河南省委宣传部、河南省社联、
河南省社科院、河南师范大学等单位的负责人及代表。河南省的领导都
面向东站着，尹达的亲人背靠黄河，面向南站着。黄河岸边停着一艘黄
河水文站测量水文的工作船。

　　祭撒仪式由中国科学院历史研究所书记孔令士主持。祭撒仪式开
始，首先向尹达遗像默哀，三鞠躬。河南省委书记、省人大常委会副主
任张树德致悼词。

　　随后，大家登上了等候多时的轮船。船缓缓驶向河心，在漩涡和泥
流中盘旋着，画成一个圈，好像是有意挽留尹达疾驰而去的脚步。尹达
的子女怀着沉重的心情，忍痛将尹达的骨灰一把把撒向滚滚东去的黄河
激流之中……

　　《中国史学发展史》经过大约一年时间，完成初稿编写，尽管尹达
未来得及完成主编工作，但该书的编写、修改都是按照尹达生前的意愿
进行的。该书的编写及出版，是尹达史学生涯的一个总结。该书在探索
中国历史学发展基本线索和演变规律方面，在学术创新方面都具有划时

尹达骨灰祭撒

代的意义。

由尹达主持编写的《中国史稿》第六、七册，也在 20 世纪 80 年代中后期印刷出版。

尹达去世后，史学界的同人以及他的学生纷纷为他撰写纪念文章，表达了对尹达的深切怀念。

中国社会科学院历史研究所、中国史学史研究室将尹达的史学论著进行了搜集和整理，于 1988 年 6 月，为其出版了《尹达史学论著选集》；2006 年，尹达诞辰 100 周年之际，为其出版了尹达先生百年诞辰纪念文集《从考古到史学研究之路》。相信，尹达在天之灵，将会得到慰藉。

后记

　　尹达是中国著名的马克思主义历史学家、考古学家，是新中国历史学科的重要组织工作者。尹达平凡而伟大的一生，生动地再现了中国历史学科、考古学科在中华大地上萌芽、产生、发展的过程。

　　为尹达作传，也是与尹达心灵世界对话的过程，从一些真实的过往，来剖析人性的真伪，社会的百态，我觉得历史比小说更好看，更值得人们考量、遐想。于是，我做足功课，认真认真，再认真。

　　早在 2002 年撰写《赵毅敏传》时，就曾萌生为尹达作传的念头。那时，两次去北京香山公寓拜访尹达夫人高岚。第一次见高岚女士是在 2002 年 12 月中旬某日上午。赵毅敏儿媳李力为向导，中纪委老干处处长田俊杰派车将我和李力送到高岚女士居住的养老院——香山公寓二楼的一个居室里。初相见，高岚女士很热情，倒茶又让座。未承想，李力将我的来意说明后，她的情绪有些微妙的变化，并示意李力让我回避。我识趣，浅浅一笑从高岚女士的房间里走了出来，慢悠悠地走到一楼大厅。大厅里很冷，正值隆冬，外面下起了小雪，一朵朵洁白的雪花不时地从大厅的门缝里飘了进来，落在我的脚下，我便百无聊赖地踩着雪片一个人做游戏。

一小时后，李力下楼有些难为情地说，二奶奶有点固执，说给"大爷"（延安时期，人们称赵毅敏为赵大爷，此后，赵毅敏、尹达的家人称弟兄俩为大爷、二爷）作传，无可厚非。若为尹达作传，她愿提供史料。言外之意，不随其心意，她不配合。我强调说，高岚女士是赵毅敏与尹达在延安时期的见证人，调访她很重要。继而，我请李力转告高岚女士，待我写完《赵毅敏传》再写《尹达传》不迟。李力乐意转达，几乎是小跑着上了二楼。不大会儿，李力兴冲冲地下得楼来笑着说，就这么定了。二奶奶请吃饭。我读着李力的表情，顿觉一股暖流在胸中徜徉。

高岚女士下楼时，手里拎了个白色碎花的小布兜，笑盈盈地说，让老家的同志久等了。今儿，天冷，喝点小酒，我请客。是年，高岚女士已81岁高龄，精神饱满，步履稳健，领着我们进了一家小酒馆。她点了四菜一汤。菜未上来，大家便直奔主题。显然，为尹达作传，高岚很激动。她说，为尹达写一部书，是她多年的心愿。但她对作者是有要求的。接着，她开始了对我的考核，问我年龄、出过什么书、学历等等。我悉数作答。她思索片刻摇晃着头说，年轻点儿，阅历浅点儿。几乎是瞬间就否定了这一计划。她的理由是现在写《尹达传》资料不够充实，时机不够成熟。她希望我能先多了解一下考古、史学方面的一些知识和常识，待我的写作成熟一些再写不迟。说实话，写《尹达传》我也顾虑重重、诚惶诚恐：从考古到历史研究，知识面广、内涵丰富，与尹达交集的皆为大师，这些知识和事件能否完美地表述、重现出来心里没谱。最后，高岚女士愿为《赵毅敏传》提供资料，还风趣地说，成人之美，锦上添花之事还是要做的哟。高岚女士为我和李力每人斟了杯酒，我们边吃边聊。往事将高岚女士带进一个个历史阶段和经历奋斗过的岁月，她的情绪起伏很大，谈到动情处，只见她的泪水顺着脸颊往下滑。她谈了尹达带着妹妹与石璋如一起投奔延安的经过，周恩来将尹达留在延安的情景，还有尹达与赵毅敏在延安相认时因激动两人抱得太紧将赵毅敏胸前的怀表表蒙挤压碎裂的场面，以及延安整风、刘涑牺牲等情况，史料难得，弥足珍贵。2003 年夏，我再次去香山公寓调访高岚女士，那时，我们已成旧识。此后，便开启了电话采访，我俩一聊就是两三个小时，电话费飙升到四五百元。高岚女士严谨的工作作风和乐学勤思、求实进取的学风深深地感动着我。

《赵毅敏传》出版后，我对撰写《尹达传》几度动议又几度搁笔。2006 年，尹达二儿子尹正给我联系，他希望由我执笔来写《尹达传》。不凑巧，当时我开始了长篇小说的写作，腾不出时间，此事就此搁浅。2015 年春，赵毅敏儿媳李力来电，再次说服我撰写《尹达传》，说二奶奶（指高岚）同意写《尹达传》了。可我考虑，要写好一个大人物的传记，调访任务太大，在没时间、缺经费等困难面前，我犹豫了。

直到 2016 年年底，滑县人民政府副县长赵自勋、滑县文广体旅局局长焦百勇去河南省文物局汇报工作时，谈起尹达以及他对考古的贡献时，时任河南省文物局副局长孙英民同志想为尹达修缮故居，以表示对尹达的敬仰和怀念。赵县长便给我打电话，询问尹达故居情况。我告诉他们 20 世纪 80 年代末拆掉了，遗址早已成了商铺。孙英民又问有没有尹达传记之类的书。我回答说，有关于尹达的论述资料和回忆文章等，未见有尹达的传记。赵县长问，为赵毅敏写传，为啥不给尹达写传？我将写《尹达传》的实际困难摆了出来：一是调访任务重，二是难写。赵县长不容分说，当机立断：调访费县政府出，难度问题你想法克服。作为滑县籍的作家，理应为滑县籍的英杰立传。我无话可说，立即马不停蹄地向县政府打报告要经费，找县长批复，然后直奔北京调访、查资料。

在赵毅敏儿子赵战生的关照下，我找到了很多有价值的资料和书籍，从他那里了解到尹达在"文革"时期的一些事情，他还为我提供一些知情人的电话，如中科院历史研究所研究员谢保成老师、陕西考古研究所原所长石兴邦等。谢保成老师还推荐了有关回忆尹达的纪念文章及书籍。

2019 年 12 月，赵毅敏女儿凌楚陪我到北京医院会见高岚女士。路上，凌楚悄悄告诉我，二奶奶脑子时醒时迷，时好时坏。让人感到欣慰的是，我一进高岚女士的病房，她竟能认出我来。高岚女士的声音依然是那样的清脆，笑声依然是那样的爽朗，说家乡的同志来了，我们见过面的。我掐指一算，哟！17 年过去了，高岚女士 98 岁了，她记忆力真好。可见她对写《尹达传》是多么的渴望和期待啊！我下榻在离北京医院较近的速 8 崇文门同仁医院店。上午 9 点、下午 3 点去高岚女士的病房聊天，直到她有困意我才离去。我在北京一住就是二十多天，收获满满。

其间，我也想调访尹达的大儿子尹健，几次相约，他均以身体不适拒绝了。

调访尹达，不仅北上，还要南下：尹达的出生地在滑县牛屯镇。牛屯镇政府给予我很大的帮助，先后召开了几次由刘家后人参加的座谈会。了解到刘家不为人知的故事，印证了很多疑惑的问题。刘家后人一致认为应该找尹达女儿刘增珍问问情况。

刘增珍健在吗？刘家人仅提供了刘增珍和爱人刘俊秀在长垣县工作并退休的情况。正一筹莫展之际，2017 年夏，我赴河南省委党校学习，与长垣县老干部局局长朱彦昌同班，我就将找刘增珍、刘俊秀之事委托与他。朱局长很仗义，拍着胸脯说，你找对人了，放心吧，活要见人，死要见档。一星期后，反馈消息：刘俊秀已过世，刘增珍现定居郑州，与二女儿刘志勇住在一起，并拿到了刘志勇的电话号码。正是踏破铁鞋无觅处，得来全不费工夫。顿时，我如喝了杯香浓的咖啡般兴奋，即邀朱局长到酒馆喝一壶庆祝庆祝。朱局长不落俗套，说举手之劳，何足挂齿。小酒先留着，待大作出炉，喝他个一醉方休！

　　某星期六，我按图索骥，找到刘志勇家。刘增珍早已拿出父亲留给她的遗物和照片焦急地等在客厅。讲述了尹达过往的点点滴滴，丰满了很多故事。此后，我多次去郑州登门拜访。一次，刘增珍将我送到门口，忽然拉着我的手激动地说，为爸爸出书，她愿出点钱做出版费用。我说，出版费不用她考虑。她还说，她想多要几本书，给亲朋好友送一送。我保证：绝对没问题。令人遗憾的是，就在《尹达传》即将出版之际，刘增珍于 2021 年 5 月 2 日与世长辞。时年 91 岁。

　　为印证史料，我拜读了多位史学家的传记书籍，如：《李济传》《郭沫若传》《翦伯赞传》《邓拓传》《石璋如先生口述历史》等。

　　一提搞历史研究的人，大家就会联想到一个正襟危坐、之乎者也、学究气十足的老人，呆板、不近人情，其实不然，尹达不仅是一位知识面宽泛的学者，还是一位有真性情、有涵养、有风骨、有领导风范的组织者。

　　写人物传记，尤其是写一位史学研究工作者，怎样才能将其人格的魅力、朴素的生活、出众的才华活灵活现地展现出来，我殚精竭虑，废寝忘食，以期达到一个水准，将一部厚重之作呈现给读者。

　　掩卷沉思，仍感到尚有不足之处，还请读者多多包涵。资料搜集得还不够齐全，有的未去调访，有的未能深挖。由于作者水平有限，高度把握得还不够到位，文章写得也不尽善尽美。有两点遗憾，一直让我纠结：一是 2006 年，尹达二儿子尹正曾提出由我来写尹达传，没想到一搁竟十年。当我着手要写时，尹正却驾鹤西去，若当时动笔，资料或更丰满更详实；二是写《尹达传》在北京调访时，尹达夫人高岚已是近百岁的老人，她有时清醒，有时糊涂，有些故事情节表述含糊不清，为去印证这些事情，增加了调访难度和工作量，拖延了时间。

　　《尹达传》经过五年的反复打磨，二十余万字的书稿终于出炉。当一沓书稿堆放在办公桌上时，不仅有不负重托的如释重负，更有一路走来的感动与感激。滴水之恩，当涌泉相报，可是我却不知如何报答，感谢所有支持和帮助过我的人。

河南省文物局对撰写《尹达传》非常关注。感谢河南省文物局原副局长孙英民的关心和支持！

滑县县委、县政府对调访、编辑、出版《尹达传》给予了大力支持。感谢滑县政府副县长赵自勖同志！感谢滑县文广体旅局局长焦百勇同志！感谢滑县县委党史办原副主任张社军同志！

尹达的亲朋好友为我提供了大量资料。感谢尹达夫人高岚！感谢尹达女儿刘增珍！感谢尹达侄子赵战生、侄媳李力！感谢尹达侄女凌楚！

感谢中国社会科学院历史研究所研究员、中国社会科学院研究生院历史系教授、博士生导师谢保成同志！感谢中国社会科学院历史研究所原所长、中国社会科学院学部委员林甘泉同志！感谢陕西省考古研究所原所长、陕西省社科院原副院长石兴邦同志！

是为后记。

2021 年 6 月 26 日于安阳安惠苑

参考书目

《尹达史学论著选集》

《尹达集》

《中国原始社会》

《中国史学发展史》

《新石器时代》

《从考古到史学研究之路》

《马衡日记》

《石璋如先生口述历史》

《赵毅敏纪念文集》

《郭沫若传》

《戚本禹回忆录》

《夏鼐日记》

《夏鼐先生的治学之路》

《夏鼐先生纪念文集》

《李济传》

《翦伯赞传》

《郭沫若学刊》

《郭沫若书信集·上下卷》